ANCIEN JAPON

par

G. APPERT

Professeur à la Faculté de droit de Tōkio

Avec la Collaboration de

Mr H. KINOSHITA

Bibliothécaire en chef de l'Université Impériale du Japon

TŌKIO

1888.

PRÉFACE.

Le présent travail s'adresse à ceux qui veulent se procurer ~~sur les~~ institutions de l'ancien Japon, ses mœurs, ses arts, sa littérature, sa noblesse et les principaux faits de son histoire des renseignements précis.

Nous ne prétendons toutefois qu' à une exactitude relative, la seule qu' on puisse encore ambitionner. Si l'histoire du Japon n'est pas une terre vierge, du moins n'est-elle que superficiellement défrichée. Les méthodes historiques qui, en Europe, ont permis de renouveler l'histoire, sont encore lettre morte, ou peu s'en faut, pour les Japonais[1]. Les documents abondent, mais la critique exégétique n'en est pas faite. Les annales enregistrent de nombreux faits particuliers: mais le vrai s'y mêle au faux, parfois à l'invraisemblable.

Ce sont pourtant ces faits et ces documents que nous avons voulu faire connaître. Tels qu' ils sont, on ne peut les ignorer, surtout si l'on veut comprendre les œuvres artistiques ou littéraires qu' ils ont inspirées.

Cet ouvrage est donc surtout un répertoire de ce que les Japonais savent ou croient savoir de leur passé, un instrument commode de travail mis aux mains des chercheurs, un Dictionnaire offert aux collectionneurs de

---

[1] Nous entendons laisser en dehors de nos appréciations les trop rares travaux publiés par les érudits Européens. Quelque soit leur valeur, ils n'ont pu faire encore ce qui doit être l'œuvre de plusieurs générations.

curiosités Japonaises. A l'exception de quelques travaux spéciaux comme les *Chronological Tables* de M. *Bramsen* et les publications de M. M. *Anderson* et *Fenelossa* sur la peinture, les sources auxquelles nous avons puisé sont exclusivement indigènes.

Pour écrire les mots Japonais, nous avons adopté l'orthographe aujourd'hui usuelle de la *Roma-ji kai.*

Je crois acquitter une simple dette de reconnaissance en signalant ici ce que je dois à mon savant collaborateur. Il m'eût été impossible, sans les patientes recherches qu'il a bien voulu faire, de mener à fin mon entreprise. Je saisis l'occasion d'exprimer également à Mr Iwasaki Naohide ma gratitude pour l'utile concours qu'il m'a souvent prêté.

G. Appert.

INDICATIONS SUR LA LECTURE

DES

DATES JAPONAISES.

Les procédés employés par les Japonais pour écrire les dates ont varié, et, aujourd'hui même, l'uniformité n'existe pas encore sur ce point. Toutefois les indications qui suivent permettront aux Européens de lire, dans la presque totalité des cas, une date imprimée. (La lecture des dates manuscrites est parfois plus difficile et demande une certaine habitude des caractères cursifs).

Ecartons tout d'abord, pour n'y plus revenir, le système qui consiste à compter les années depuis l'avénement de *Jimmu-Tennō*, comme les Romains comptaient depuis la fondation de Rome. (L'année actuelle 1888 devient dans cette chronologie l'an 2548). Cette innovation est demeurée sans application pratique, même dans les documents officiels.

Presque toujours une date est désignée soit par le rang qu'elle occupe dans un règne—soit par sa place dans une des ères (*nengō*) —soit par la combinaison de l'un de ces deux systèmes avec celui du cycle sexagénaire.

Le premier procédé, généralement usité quand le fait à relater date des premiers siècles, ne laisse place à aucune difficulté. Nous donnons plus bas la liste des Empereurs avec la date de leur avénement et les caractères de leur nom respectif. Il suffit, pour lire une date ainsi écrite, de retrouver dans la liste ci-dessous les caractères du nom de l'Empereur désigné et de connaître les chiffres Japonais.

Exemple: 推古天皇十二年 se lira: *Suiko Tennō* 12e année, soit: an 604 ap. J. C.

On remarquera qu'une même année (du calendrier) ne figure jamais à la fois dans le règne de deux Empereurs. Ainsi l'Empereur *Ichijo* abdique en 1011 et son successeur *Sanjo* monte sur le trône en 1012. *Sanjo-Tennō* abdique en 1016 et son successeur *Go-Ichijo* prend le pouvoir en 1017. La raison de cette particularité est que les chronologistes Japonais ne font pas commencer un règne au jour vrai de l'avénement du souverain. Ils prennent pour point de départ le 1er jour de l'année suivante du calendrier Japonais. On sait par exemple que l'Empereur *Ichijo* abdique le 6me mois de l'année 1011(1). Cependant le règne de son successeur, dans les chronologies, ne date que de l'année 1012. On ne devra donc pas s'étonner de lire qu'un Empereur est encore dans la première année de son règne 15 ou 18 mois après son avénement.

Pour les années postérieures au VIIIe siècle, les Japonais préfèrent généralement se référer au *nengo* c. a. d. indiquer l'ordre de l'année en question dans l'ère à laquelle elle appartient. 元祿十四年 se lira: 14e année de *Genroku*, soit l'an *1701* après J. C. Il suffit, pour lire une date ainsi écrite, de pouvoir lire les caractères du *nengo* et les chiffres et de connaître la 1e année dudit *nengo* dans la chronologie Européenne. On trouvera tous ces renseignements plus loin.

On a vu ci-dessus que l'année de l'avénement d'un Empereur était comptée toute entière au règne de son prédécesseur. Au contraire, quand le *nengo* était changé, l'année dans laquelle s'opérait le changement comptait toute entière au *nengo* nouveau. Si chaque nouvel Empereur avait choisi un nouveau *nengo*, dès son avénement, comme on l'a dit par erreur, la 1e année de l'ère

(1) Par suite de la différence du calendrier Japonais et du calendrier Grégorien, cette abdication se place en réalité au mois de juillet de notre année 1011.

nouvelle eût figuré au règne de son prédécesseur dans les chronologies. Il est facile cependant de constater le contraire. C'est que l'Empereur ne changeait le *nengo* qu'à l'expiration de son deuil c. a. d. dans l'année qui suivait son avénement. Toutefois de la rétroactivité du *nengo* il résulte qu'un acte est parfois daté d'une année qu'on ne trouve pas dans les chronologies. Ainsi on trouve des actes datés de la 9e année de *Encho* (931), alors que les chronologies font durer cette ère 8 ans seulement. C'est que l'acte fut fait avant le choix du *nengo* suivant.

La recherche d'une date serait, en somme, assez simple, si la place de chaque année dans un règne ou une ère était indiquée par un chiffre, comme nous l'avons supposé jusqu'ici. Par malheur, les Japonais avaient emprunté aux Chinois et employaient généralement ce que j'ai appelé le système du cycle sexagénaire. Ce cycle était formé de 60 combinaisons des 2 séries de signes appelés respectivement *Ju-ni-shi* et *Jikkan.*

La 1e série comprenait 12 signes (*Ju-ni-shi*) dont nous donnons la prononciation et la traduction.

子	*Ne*	Le rat	午	*Muma*	Le cheval
丑	*Ushi*	Le taureau	未	*Hitsuji*	La chèvre
寅	*Tora*	Le tigre	申	*Saru*	Le singe
卯	*U*	Le lièvre	酉	*Tori*	L'oiseau
辰	*Tatsu*	Le dragon	戌	*Inu*	Le chien
巳	*Mi*	Le serpent	亥	*I*	Le sanglier

La 2e série (*Jikkan*) se compose des 10 signes suivants :

甲	Ki	no	e	己	Tsuchi	no	to
乙	Ki	no	to	庚	Ka	no	e
丙	Hi	no	e	辛	Ka	no	to
丁	Hi	no	to	壬	Mizu	no	e
戊	Tsuchi	no	e	癸	Mizu	no	to

Les mots *Ki*, *Hi*, *Tsuchi*, *Ka* et *Mizu* désignent les 5 éléments de la cosmogonie Chinoise : Le bois, le feu, la terre, le métal et l'eau.

En rapprochant et répétant indéfiniment les *Ju-ni-shi* et les *Jikkan*, on obtenait les 60 combinaisons suivantes :

1	甲子	16	己卯	31	甲午	46	己酉
2	乙丑	17	庚辰	32	乙未	47	庚戌
3	丙寅	18	辛巳	33	丙申	48	辛亥
4	丁卯	19	壬午	34	丁酉	49	壬子
5	戊辰	20	癸未	35	戊戌	50	癸丑
6	己巳	21	甲申	36	己亥	51	甲寅
7	庚午	22	乙酉	37	庚子	52	乙卯
8	辛未	23	丙戌	38	辛丑	53	丙辰
9	壬申	24	丁亥	39	壬寅	54	丁巳
10	癸酉	25	戊子	40	癸卯	55	戊午
11	甲戌	26	己丑	41	甲辰	56	己未
12	乙亥	27	庚寅	42	乙巳	57	庚申
13	丙子	28	辛卯	43	丙午	58	辛酉
14	丁丑	29	壬辰	44	丁未	59	壬戌
15	戊寅	30	癸巳	45	戊申	60	癸亥

On peut comprendre dès lors le procédé employé. Pour déterminer une date exactement, on indiquait : 1° le règne ou l'ère dont elle faisait partie, 2° les 2 signes du cycle sexagénaire correspondants.(1)

Exemple : 元祿辛巳

On lira : *Gen-roku Ka-no-to Mi.*

Or la combinaison *Ka-no-to Mi* étant la 18e du cycle, alors que la 1e année de Gen-roku, (soit l'année 1688 ap. J. C.) correspond à la 5e, il en résulte que la date en question est l'année 1701 de notre ère (2)

(1) C'est comme si l'on disait : en 55, sous l'Empereur Napoléon. Notre siècle n'est qu'un cycle plus commode que le cycle sexagénaire.

(2) On trouvera, dans notre chronologie, pour la 1e année de chaque ère et de chaque règne, à côté de l'année Européenne, les signes du cycle sexagénaire correspondants.

Aucune ère Japonaise n'ayant duré 60 ans, la même combinaison des *Juni-shi* et *Jikkan* n'a pu se reproduire 2 fois dans la même ère. Aucune confusion n'est donc possible quand l'écrivain Japonais nous donne : 1° le *nengo*, 2° les 2 signes du cycle. Il en est de même quand le *nen-go* est remplacé par le nom d'un Empereur qui a régné moins de 60 ans (ce qui est le cas pour tous les Empereurs postérieurs au IVe Siècle) (1). Pour ceux qui ont régné plus de 60 ans, une confusion est possible. Mais comme ils appartiennent à des époques à demi-fabuleuses, l'inconvénient est minime.

Le système que nous venons d'exposer, s'il est compliqué, permet du moins d'arriver à une précision presque parfaite. Malheureusement, en datant les documents ou les livres, les auteurs omettent parfois l'un ou l'autre de ces signes, tous indispensables cependant (2). Tantôt ils indiquent le *nengo* et l'un des *ju-ni-shi* seulement, tantôt le *nengo* est oublié (3). Ainsi la même date 1701 s'écrira :

元祿辛巳十四年
元祿辛巳
元祿己七月 (7e mois).
巳七月
辛巳七月

De pareilles indications, suffisantes pour les contemporains, ne laissent pas que d'être embarrassantes pour nous. Ainsi la com-

(1) Est-il besoin d'ajouter que la 1e année de chaque ère ne correspond pas du tout à la 1e combinaison du cycle sexagénaire (甲子)? Ce sont 2 procédés de supputation des années indépendants l'un de l'autre, qui se suivent pour ainsi dire parallèlement. On ne recommence la série des 60 signes que quand la précédente est épuisée.

(2) Nous mêmes datons parfois nos lettres d'une façon analogue: (15 *Mai* 88 ; ou : *Mardi* 15 *Mai*.)

(3) Rien de plus fréquent dans les documents, même officiels, de l'époque des Tokugawa. Toutefois l'indication du mois existe toujours dans ces cas là.

binaison 辛巳 se représentant tous les 60 ans, on peut hésiter, si on la trouve seule, entre les années 1641, 1701, 1761 etc. Il est juste d'ajouter que presque toujours une étude attentive du document permettra de suppléer à ce qui manque, et lèvera les doutes.

Nous n'avons jusqu'ici recherché que le moyen de trouver *l'année* d'une date. Quant aux mois et aux jours, on les désignait, par un chiffre :

Ex : 五月四日 4e jour du 5e mois (1) ;

ou ainsi : 大寶元年三月甲午
c. a. d. Ere de *Tai-hō*, 1e année, 3e mois, *Kp-no-e Muma*(2).

Nous renvoyons ceux qui désireraient de plus amples détails sur la supputation des mois et jours à l'excellent travail de M. Bramsen (*Japanese chronological tables*), nous bornant à quelques remarques strictement indispensables.

Les Japonais, en empruntant aux Chinois leur calendrier, avaient adopté pour l'année civile le mois lunaire de 29 ou 30 jours : d'où la nécessité, pour rétablir la correspondance des mois aux saisons, d'intercaler tous les 33 mois un mois supplémentaire. Ce mois, de 29 ou 30 jours lui-même, prenait le nom (3) du mois précédent avec le préfixe : *Uruo* (Ex : *Uruo ni gatsu*, s'il suivait le 2e mois).

Le premier jour de l'année Japonaise ne correspond jamais au 1er Janvier de l'année Européenne. C'est ainsi que le premier

(1) Quelquefois encore l'écrivain Japonais détermine le mois au moyen de la saison.

Ex : 春二月 2e mois du printemps.

Il suffit alors de savoir que le printemps commençait le 1er jour du 1er mois; l'été le 1er du 4e, l'automne le 1e du 7er et l'hiver le 1er du 10e.

(2) Quoique les mois aient leur place dans le cycle, jamais on ne s'en sert dans l'indication des dates. Pour les jours même, ce mode de désignation est hors d'usage depuis plusieurs siècles.

(3) L'usage de désigner les mois, comme chez nous, par des noms distincts n'existait guère que pour le 1er, le 11e et le 12e. Les autres étaient indiqués par leur numéro d'ordre. Cependant chaque mois avait son nom. (Voir plus bas.)

jour de la 14e année de *Genroku* correspond au 8 Février 1701; le 1er jour de l'année suivante, au 28 Janvier 1702 etc. Il en résulte que tel fait, rapporté dans les chronologies Japonaises à telle année de l'ère chrétienne, appartient en réalité à l'année suivante (l'année Japonaise commence toujours un peu plus tard que l'année Européenne correspondante) (1). Devions-nous tenir compte de ces petites erreurs ? A vrai dire, pour être absolument exacts, il nous eut fallu.

1° Replacer l'avénement de chaque Empereur à sa date véritable;

2° En faire autant pour les *nengo;*

3° Corriger, conformément à l'observation ci-dessus, la date d'une partie des faits qui eurent lieu dans les deux derniers mois de chaque année Japonaise. Ces corrections, à leur place dans une histoire du Japon, eussent présenté pour nous moins d'avantages que d'inconvénients. Elles auraient été tout-à-fait contraires à notre but, qui est de faciliter l'étude des historiens et la lecture des documents *Japonais.* Nous avons donc preféré suivre le système des chronologies Japonaises. Chacun d'ailleurs peut, à l'aide des indications ci-dessus données, remédier en partie à leurs incorrections.

Caractères utiles à connaitre pour lire les dates.

年	*Nen*	année	水無月	*Minazuki*	Juin
元年	*Gwan-nen*	1e année	文月	*Fumizuki*	Juillet
月	*Gatsu*	Mois	葉月	*Hazuki*	Août
正月	*Sho-gatsu*	Janvier	長月	*Nagazuki*	Septembre
如月	*Kisaragi*	Février	神無月	*Kaminashizuki*	Octobre
彌生	*Yayoi*	Mars	霜月	*Shimotsuki*	Novembre
卯月	*Uzuki*	Avril	極月	*Shiwasu*	Décembre
皐月	*Satsuki*	Mai			

(1) D'après les calculs de M. Bramsen *(loc. cit.)* le retard est exactement de 17 à 46 jours.

閏	*Uruō*	Itercalaire
日	*Nichi*	Jour
晦	*Misoka*	Dernier jour du mois
朔	*Tsuitachi*	Premier jour du mois
春	*Haru*	Printemps
夏	*Natsu*	Eté
秋	*Aki*	Automne
冬	*Fuyu*	Hiver

LISTE DES EMPEREURS

(TENNŌ 天皇)

DANS L'ORDRE ALPHABÉTIQUE.

Nota : **a**) On trouvera plus loin (dans la chronologie) les Empereurs à leur date respective.

b) Nous avons donné leur nom posthume. Il est beaucoup plus connu et plus usité des historiens que le nom qu'ils portaient de leur vivant. Ceux qui seraient curieux de connaître ce dernier, pourront le trouver dans *l'Empire du Japon* de Metchnikoff.

c) Les noms écrits en *lettres droites* sont ceux des Impératrices.

d) Les dates antérieures à Jésus-Christ sont écrites en *chiffres italiques.*

e) Il s'est trouvé, au XIVe Siècle, deux cours et deux dynasties impériales. Nous avons indiqué par la lettre N les Empereurs de la dynastie du Nord et par la lettre S ceux de la dynastie du Sud, pendant cette période.

f) Enfin nous avons jugé utile de faire connaître, par une croix placée devant leur nom, les Empereurs qui ont abdiqué ou ont été renversés. Ces abdications, en effet, étaient presque toujours fictives : l'ex-Empereur continuait à gouverner plus ou moins, après la date indiquée pour la fin de son règne officiel.

Ankan	安閑	534- 535
Ankō	安康	454- 456
Annei	安寧	548- 511
†*Antoku*	安德	1181-1183
Bidatsu	敏達	572- 585
Buntoku	文德	851- 858
Buretsu	武烈	499- 506
Chokei. S.(1)	長慶	1368-1383
Chūai	仲哀	192- 200
†*Chūkio*	仲恭	1222-1222
Daigo	醍醐	898- 930
†*Enniu*	圓融	270- 984
†*Fushimi*	伏見	1288-1298
†Gemmei (Gemmiō)	元明	708- 714
†Genshō	元正	715- 723
Go-Daigo	後醍醐	1319-1338
†*Go-Enniu. N.*	後圓融	1372-1382
†*Go-Fukakusa*	後深草	1247-1259
†*Go-Fushimi*	後伏見	1299-1301
†*Go-Hanazono*	後花園	1429-1464
†*Go-Horikawa*	後堀河	1222-1232
Go-Ichijō	後一條	1017-1036
†*Go-Kameyama. S.*(2)	後龜山	1368-1392
†*Go-Komatsu*	後小松	1393-1412
Go-Kashiwabara	後柏原	1501-1526
Go-Kōgon. N.	後光嚴	1352-1371
Go-Kōmiō	後光明	1644-1654
†*Go-Mizuno-o*	後水尾	1612-1629
†*Go-Murakami. S.*	後村上	1339-1367
Go-Momozono	後桃園	1771-1779

(1) Beaucoup d'historiens refusent de compter *Chokei* parmi les Empereurs.

(2) Si on admet le règne de *Chokei*, *Go-Kameyama* ne monte sur le trône qu'en 1384.

Go-Nara	後奈良	1527-1557
Go-Nijō	後二條	1302-1307
Go-Reizei	後冷泉	1046-1068
†*Go-Saga*	後嵯峨	1243-1246
†*Go-Sai-in*	後西院	1655-1662
†Go-Sakuramachi	後櫻町	1763-1770
†*Go-Sanjō*	後三條	1069-1072
†*Go-Shirakawa*	後白河	1156-1158
Go-Shujaku	後朱雀	1037-1045
†*Go-Toba*	後鳥羽	1184-1198
Go-Tsuchimikado	後土御門	1465-1500
†*Go-Uda*	後宇多	1275-1287
†*Go-Yōzei*	後陽成	1587-1611
†*Hanazono*	花園	1308-1318
Hanshō	反正	406- 411
Heijō (*Heisei*)	平城	806- 809
Higashiyama	東山	1687-1709
Horikawa	堀河	1087-1107
Ichijō	一條	987-1011
Inkiō	允恭	412- 453
Itoku	懿德	*510- 477*
Jimmu	神武	*680- 585*
Jingu-Kogō	神功皇后	201- 269
†Jitō	持統	690- 696
Jomei	舒明	629- 641
†*Junna* (*Junwa*)	淳和	824- 833
†*Junnin* (*Ōi*)	淳仁	759- 764
†*Juntoku*	順德	1211-1221
Kaikwa	開化	*157- 98*
†*Kameyama*	龜山	1260-1274
Keikō	景行	71- 130
Keitai	繼體	507- 531
Kensō	顯宗	485- 487

Kimmei	欽明	540- 571
Koan	孝安	*392- 291*
Kōbun (*Ōdomo*)	弘文	672- 672
Kōgen	孝元	*214- 158*
Kōgon. N.	光嚴	1332-1333
†Kōgioku	皇極	642- 644
†*Kōkaku*	光格	1780-1816
†Kōken (1)	孝謙	749- 758
Kōkō	光孝	885- 887
Kōmei	孝明	1847-1866
Kōmiō. N.	光明	1336-1348
†*Kōnin*	光仁	770- 781
Konoe	近衛	1142-1155
Kōrei	孝靈	*290- 215*
Kōshō	孝昭	*475- 393*
Kōtoku	孝德	645- 654
Kwammu	桓武	782- 805
†*Kwazan*	花山	985- 986
†Miōjō (Miōshō)	明正	1630-1643
Mommu	文武	697- 707
Momozono	桃園	1747-1762
Montoku	文德	V. Buntoku
Murakami	村上	947- 967
Mutsuhito	睦仁	1867 ...
†*Nakamikado*	中御門	1710-1735
†*Nijō*	二條	1159-1165
Nimmei (*Nimmiō*)	仁明	834- 850
Ninken	仁賢	488- 498
Ninkō	仁孝	1817-1846
Nintoku	仁德	313- 399
Ōdomo	... ...	V. Kōbun
Ōi	大炊	V. Junnin

(1) Cette Impératrice remonte sur le trône en 765 sous le nom de *Shótoku*.

Ōjin	應神	270- 310
†*Ōkimachi*	正親町	1558-1586
Reigen	靈元	1663-1686
†*Reizei*	冷泉	968- 969
Richū	履仲	400- 405
Rokujō	六條	1166-1168
†*Saga*	嵯峨	810- 823
Saimei	齊明	655- 661
†*Sakuramachi*	櫻町	1736-1746
†*Sanjō*	三條	1012-1016
Seimu	成務	131- 191
Seinei	清寧	480- 484
†*Seiwa*	清和	859- 876
Senkwa	宣化	536- 539
Shijō	四條	1233-1242
†*Shirakawa*	白河	1073-1086
Shōkō	稱光	1413-1428
†*Shōmu*	聖武	724- 748
Shōtoku	稱德	765- 769
†*Shujaku*	朱雀	931- 946
†*Shukō*	崇光	1349-1351
Shutoku	崇德	V. Sutoku
Suiko	推古	593- 628
Suinin	垂仁	*29- 70*
Suisei	綏靖	*581- 549*
Sujin	崇神	*97- 30*
Sushun	崇峻	588- 592
†*Sutoku*	崇德	1124-1141
†*Takakura*	高倉	1169-1180
Temmu	天武	673- 686
Tenchi	天智	668- 672
†*Toba*	鳥羽	1108-1123
†*Tsuchimikado*	土御門	1199-1210
†*Uda*	宇多	888- 897

Yōmei	用明	586- 587
†*Yōzei*	陽成	877- 884
Yūriaku	雄畧	457- 479

LISTE DES SHOGUN DEPUIS YORITOMO

PAR ORDRE ALPHABÉTIQUE. (1)

T. Hidetada.	1605-1622	S. Morinaga *ou* S. Moriyoshi.	1333-1335
Hideyori.	1600-1602	S. Munetaka.	1252-1265
S. Hisa-akira.	1289-1307	M. Sanetomo.	1203-1219
T. Hitotsubashi.	v. Keiki.	A. Takauji.	1337-1357
T. Iyeyasu.	1603-1604	T. Tsunayoshi.	1681-1708
T. Iyeharu.	1762-1786	M. Yoritomo.	1192-1199
T. Iyemitsu.	1623-1649	F. Yoritsugu.	1244-1251
T. Iyemochi.	1858-1866	F. Yoritsune.	1220-1243
T. Iyenari.	1787-1837	M. Yoriiye.	1199-1203
T. Iyenobu.	1709-1712	A. Yoshi-aki.	1568-1573
T. Iyenori.	1838-1852	A. Yoshi-akira.	1358-1367
T. Iyesada.	1853-1858	A. Yoshiharu.	1521-1545
T. Iyeshige.	1745-1761	A. Yoshihisa.	1472-1489
T. Iyetoshi.	v. Iyenori.	T. Yoshihisa.	v. Keiki.
T. Iyetsuna.	1649-1680	A. Yoshikatsu.	1441-1448
T. Iyetsugu.	1713-1715	A. Yoshikazu.	1423-1425
T. Keiki.	1866-1867	A. Yoshimasa.	1449-1471
S. Koreyasu.	1266-1289	A. Yoshimitsu.	1368-1393
S. Morikuni.	1308-1333		

(1) La lettre M. placée devant le nom indique un descendant de *Yoritomo* (Les *Ashikaga* et les *Tokugawa* descendaient des *Minamoto*, mais non de *Yoritomo*) ; La lettre F. un *Fujiwara*, la lettre S. un Prince impérial, la lettre A. un *Ashikaga* et la lettre T. un *Tokugawa*.

A. Yoshimochi.	1394-1422	A. Yoshitane.	1490-1493(1)
T. Yoshimune.	1716-1744	A. Yoshiteru.	1546-1567
A. Yoshinori.	v. Yoshi-akira.	A. Yoshizumi.	1494-1507
A. Yoshinori.	1428-1440		

LISTE DES NEN-GO (ÈRES)

PAR ORDRE ALPHABÉTIQUE. (2)

(De 1332 à 1392 les *nengo* sont suivis d'un N. ou d'un S. selon qu'ils appartiennent à la Cour du Nord ou à celle du Sud).

An-ei(3)	安永	1772-1780	Bun-ki	文龜	1501-1504
An-gen	安元	1175-1176	Bun-kiu	文久	1861-1863
An-kwa(4) / An-na	安和	968- 969	Bun-na N.	文和	1352-1355
			Bun-kwa	文化	1804-1817
An-sei	安政	1854-1859	Bun-ō	文應	1260
An-tei	安貞	1227-1228	Bun-reki / Bun-riaku	文曆	1234
An-wa	安和	v. An-kwa			
Biō-ji	平治	v. Hei-ji	Bun-roku	文祿	1592-1595
Bum-mei	文明	1469-1486	Bun-sei	文政	1818-1829
Bum-pō	文保	1317-1318	Bun-shō	文正	1466
Bun-an	文安	1444-1448	Bun-wa	文和	v. Bun-na
Bun-chū. S.	文中	1372-1374	Chō-gen	長元	1028-1036
Bun-ei	文永	1264-1274	Chō-hō	長保	999-1003
Bun-ji	文治	1185-1189	Chō-ji	長治	1104-1105

(1) Renversé en 1493, il reprit le pouvoir de 1508 à 1520.

(2) Plus loin on les trouvera dans l'ordre chronologique.

(3) Beaucoup de Japonais prononcent "*An-yei*" et de même pour la plupart des mots que nous avons écrit par un *E* placé au commencement du mot ou de la syllabe (*Yenki*, *Yen-yu* etc.)

(4) Vulgairement on prononce "*An-ka*" et de même dans les mots analogues: "*Cho-kan*, *Tai-ka*, *Kam-bun*" pour "*Cho-kwan*, *Tai-kwa*, *Kwa-bun*".

Chō-jō	長承	1132-1134
Chō-kiō	長享	1487-1488
Chō-kiu	長久	1040-1043
Chō-kō	長亨	v. Chō-kiō
Chō-kwan	長寬	1163-1164
Chō-reki Chō-riaku	長曆	1037-1039
Chō-roku	長祿	1457-1459
Chō-toku	長德	995- 998
Chō-wa	長和	10012-10016
Dai-dō	大同	806-806
Dai-ei	大永	v. Tai-ei
Dai-ji	大治	v. Tai-ji
Ei-chō	永長	1096
Ei-en	永延	987- 988
Ei-hō	永保	1081-1083
Ei-ji	永治	1141
Ei-jō	永承	1046-1052
Ei-kiō	永享	1429-1440
Ei-kiu	永久	1113-1117
Ei-kō	永亨	v. Eikiō
Ei-kwa	永和	v. Eiwa
Ei-kwan	永觀	983- 984
Ei-man	永萬	1165
Ei-nin	永仁	1293-1298
Ei-reki Ei-riaku	永曆	1160
Ei-roku	永祿	1558-1569
Ei-shō	永承	v. Ei-jō

Ei-shō	永正	1504-1520
Ei-so	永祚	989
Ei-toku. N.	永德	1381-1383
Ei-wa. N.	永和	1375-1378
Em-bun. N.	延文	1356-1360
Em-pō	延寶	1673-1680
En-chō	延長	923- 930
En-gen. S.	延元	1336-1339
En-gi	延喜	901- 922
En-giō	延慶	v. En-kei
En-jō	延長	v. En-chō
En-kei En-kiō	延慶	1308-1310
En-kiō	延享	1744-1747
En-kiu	延久	1069-1073
En-ō(1)	延應	1239
En-reki En-riaku	延曆	782- 805
En-toku	延德	1489-1491
Gem-bun	元文	1736-1740
Gen-chū. S.	元中	1384-1392
Gen-ei	元永	1118-1119
Gen-giō Gen-kei	元慶	877- 884
Gen-ji	元治	1864
Gen-ki	元龜	1570-1572
Gen-kiō	元亨	1321-1323
Gen-kiu	元久	1204-1205
Gen-kō	元亨	v. Gen-kiō

(1) On prononce et on écrit parfois *En-wo* et de même: *Kei-wo*, *Mei-wo* etc.

Gen-kō	元弘	1331-1333	Jō-gen	貞元	976- 977
Gen-na	元和	v. Gen-wa	Jō-gen	承元	1207-1210
Gen-nin	元仁	1224	Jō-gwan	貞觀	859- 876
Gen-ō	元應	1319-1320	Jō-hei	承平	931- 937
Gen-reki Gen-riaku	元曆	1184	Jō-hō Jō-ji. N.	承保 貞治	1074-1076 1362-1367
Gen-roku	元祿	1688-1703	Jō-kiō	貞享	1684-1687
Gen-toku	元德	1329-1330	Jō-kiū	承久	1219-1221
Gen-wa	元和	1616-1623	Jō-kwan	貞觀	v. Jo-gwan
Gwan-giō	元慶	v. Gen-kei	Jō-ō	承應	1652-1654
Haku-chi	白雉	650- 654	Jō-ō	貞應	1222-1223
Haku-hō Hei-ji	白鳳 平治	672- 685 1159	Jō-reki Jō-riaku	承曆	1077-1080
Hō-an	保安	1120-1123	Jō-toku	承德	1097-1098
Hō-ei	寳永	1704-1710	Jō-wa	承和	834- 847
Hō-en	保延	1135-1140	Jō-wa	貞和	v. Tei-wa
Hō-gen	保元	1156-1158	Jō-yō	貞永	v. Jō-ei
Hō-ji	寳治	1247-1248	Ju-ei	壽永	1182-1183
Hō-ki	寳龜	770- 780	Ka-ei	嘉永	1848-1853
Hō-reki	寶曆	1751-1763	Ka-gen	嘉元	1303-1305
Hō-toku	寶德	1449-1451	Ka-hō	嘉保	1094-1095
Ji-an	治安	1021-1023	Ka-jō	嘉承	1106-1107
Ji-jō	治承	v. Ji-shō	Ka-jō	嘉祥	848- 850
Ji-reki Ji-riaku	治曆	1065-1068	Kakei Ka-kiō	N. 嘉慶	1387-1388
Ji-shō	治承	1177-1180	Ka-kitsu	嘉吉	1441-1443
Jingo- Keiun	神護景雲	767- 769	Ka-ō	嘉應	1169-1170
Jin-ki	神龜	724- 728	Ka-reki Ka-riaku	嘉曆	1326-1328
Jō-an	承安	1171-1174	Ka-roku	嘉祿	1225-1226
Jō-ei	貞永	1232	Ka-shō	嘉祥	v. Kajō

Ka-shō	嘉承	v. Kajō
Ka-tei	嘉禎	1235-1237
Kei-an	慶安	1648-1651
Kei-chō	慶長	1596-1614
Kei-ō	慶應	1865-1867
Kei-un	慶雲	704- 707
Kem-mu	建武	1334-1337
Kem-pō	建保	1213-1218
Ken-chi	建治	v. Ken-ji
Ken-chō	建長	1249-1255
Ken-ei	建永	1206
Ken-gen	乾元	1302
Ken-ji	建治	1275-1277
Ken-kiu	建久	1190-1198
Ken-nin	建仁	1201-1203
Ken-reki / Ken-riaku	建暦	1211-1212
Ken-toku. S.	建德	1370-1371
Ken-yō	建永	v. Ken-ei
Kiō-chō	慶長	v. Kei-chō
Kiō-hō	享保	1716-1735
Kiō-roku	享祿	v. Kō-roku
Kiō-toku	享德	v. Kō-toku
Kiō-un	慶雲	v. Kei-un
Kiō-wa	享和	1801-1803
Kiu-an	久安	1145-1150
Kiu-ju	久壽	1154-1155
Kō-an. N.	康安	1361
Kō-an	弘安	1278-1287
Kō-chō	弘長	1261-1263
Kō-ei. N.	康永	1342-1344
Kō-gen	康元	1256
Kō-hei	康平	1058-1064
Kō-hō	康保	964- 967
Kō-ji	康治	1142-1143
Kō-ji	弘治	1555-1557
Kō-koku. S.	興國	1340-1345
Kō-kwa	弘化	1844-1847
Kō-nin	弘仁	810- 823
Kō-ō. N.	康應	1389
Kō-reki / Kō-riaku	N. 康曆	1379-1380
Kō-roku	享祿	1528-1531
Kō-shō	康正	1455-1456
Kō-toku	享德	1452-1454
Kō-wa	康和	1099-1103
Kō-wa. S.	弘和	1381-1383
Kwam-bun	寬文	1661-1672
Kwam-bei / Kwam-biō / Kwam-pei	寬平	889- 897
Kwam-pō	寬保	1741-1743
Kwan-ei(1)	寬永	1624-1643
Kwan-en(1)	寬延	1748-1750
Kwan-gen	寬元	1243-1246
Kwan-gi	寬喜	1229-1231
Kwan-ji	寛治	1037-1093
Kwan-ki	寬喜	v. Kangi
Kwan-kō	寬弘	1004-1011
Kwan-na	寬和	985- 986

(1) Comme on l'a fait remarquer ci-dessus, on prononce *Kan-yei*, *Kan-yen*.

Kwan-nin	寛仁	1017-1020	Ō-toku	應德	1084-1086
Kwan-ō N.	觀應	1350-1351	Ō-wa	應和	961- 963
Kwan-sei	寛政	1789-1800	Rei-ki	靈龜	715- 716
Kwan-shō	寛正	1460-1465	Reki-nin }	曆仁	1238
Kwan-toku	寛德	1044-1045	Riaku-nin		
Kwan-wa	寛和	v. Kwan-na	Reki-ō }	N. 曆應	1338-1341
Man-en	萬延	1860	Riaku-ō		
Man-ji	萬治	1658-1660	Sai-kō	齊衡	854- 856
Man-ju	萬壽	1024-1027	Shin-ki	神龜	v. Jin-ki
Mei-ji	明治	1867 ...	Shi-toku N.	至德	1384-1386
Mei-ō	明應	1492-1500	Shō-an	承安	v. Jō-an
Mei-reki }	明曆	1655-1657	Shō-an	正安	1299-1301
Mei-riaku			Shō-chō	正長	1428
Mei-toku,N.	明德	1390-1393	Shō-chū	正中	1324-1325
Mei-wa	明和	1764-1771	Shō-gen	承元	v. Jō-gen
Mon-ji	文治	v. Bun-ji	Shō-gen	正元	1259
Mon-riaku	文曆	v. Bun-riaku	Shō-hei	承平	v. Jō-hei
Ni-ju	仁壽	v. Nin-ju	Shō-hei. S.	正平	1346-1369
Ni-wa	仁和	v. Nin-na	Shō-hō	承保	v. Jō-hō
Nim-pei }	仁平	1151-1153	Shō-hō	正保	1644-1647
Nim-piō			Shō-ji	正治	1199-1200
Nin-an	仁安	1166-1168	Shō-ka	正嘉	1257-1258
Nin-ji	仁治	1240-1242	Shō-kei }	N. 正慶	1332-1333
Nin-ju	仁壽	851- 853	Shō-kiō		
Nin-wa }	仁和	885- 888	Shō-kiu	承久	v. Jō-kiu
Nin-wa			Shō-ō	正應	1288-1292
Ō-an. N.	應安	1368-1374	Shō-ō	承應	v. Jō-ō
Ō-chō	應長	1311	Shō-reki }	承曆	v. Jō-riaku
Ō-ei	應永	1394-1427	Shō-riaku		
Ō-hō	應保	1161-1162	Shō-reki }	正曆	990- 994
Ō-nin	應仁	1467-1468	Shō-riaku		

Shō-tai	昌泰	898- 900
Shō-toku	正德	1711-1715
Shō-wa	正和	1312-1316
Shō-wa	承和	v. Jō-wa
Shu-chō } Su-chō }	朱鳥	686- 689
Tai-ei	大永	1521-1527
Tai-kwa	大化	645- 649
Tai-hō	大寶	701- 703
Tai-ji	大治	1126-1130
Tei-ei	貞永	v. Jō-ei
Tei-kiō } Tei-kō }	貞亨	v. Jō-kiō
Tei-kwan	貞觀	v. Jō-gwan
Tei-wa	貞和	1345-1349
Tem-biō	天平	v. Tem-piō
Tem-bun	天文	1532-1554
Tem-mei	天明	1781-1788
Tem-pei } Tem-piō }	天平	729- 748
— Hō-ji	—寶字	757- 764
— Jin-gō	—神護	765- 766
— Shō-hō	—勝寶	749- 756
Tem-pō	天保	1830-1843
Tem-puku	天福	1233
Ten-an	天安	857- 858
Ten-chō	天長	824- 833
Ten-ei	天永	1110-1112
Ten-en	天延	973- 975
Ten-gen	天元	978- 982
Ten-gi	天喜	1053-1057
Ten-giō	天慶	938- 946

Ten-ji	天治	1124-1125
Ten-jō	天承	v. Ten-shō
Ten-ju. S.	天授	1375-1380
Ten-kei	天慶	v. Ten-giō
Ten-ki	天喜	v. Ten-gi
Ten-na	天和	1681-1683
Ten-nin	天仁	1108-1109
Ten-ō	天應	781
Ten-reki } Ten-riaku }	天曆	947- 956
Ten-roku	天祿	970- 972
Ten-shō	天正	1573-1591
Ten-shō	天承	1131
Ten-toku	天德	957- 959
Ten-wa	天和	v. Ten-na
Ten-yō	天永	v. Ten-ei
Ten-yō	天養	1144
Toku-ji	德治	1306-1307
Wa-dō	和銅	708- 714
Yō-bō	永保	v. Ei-hō
Yō-chō	永長	v. Ei-chō
Yō-en	永延	v. Ei-en
Yō-hō	永保	v. Ei-hō
Yō-jō	永承	v. Ei-jō
Yō-kiu	永久	v. Ei-kiu
Yō-kwan	永觀	v. Ei-kwan
Yō-man	永萬	v. Ei-man
Yō-riaku	永曆	v. Ei-riaku
Yō-rō	養老	717- 723
Yō-so	永祚	v. Ei-so
Yō-wa	養和	1181

CHRONOLOGIE.

Époque Légendaire.

Av. J. C.	An du cycle.	Faits Principaux.
667	甲寅	*Kami Yamato no Iware-Hiko* quitte la province de *Hiuga* pour soumettre ses voisins. (1)
663	戊午	*Iware-Hiko* remporte une victoire à *Kawachi* sur *Nagasune-Hiko.*
660	辛酉	*Iware-Hiko* devient le premier Empereur du Japon (JIMMU-TENNŌ (2)) et se fixe à *Kashiwabara* (*Yamato*).
585	丙子	Mort de *Jimmu-Tennō.*
581	庚辰	SUISEI-TENNŌ prend officiellement le pouvoir.
548	癸丑	Avénement d'ANNEI-TENNŌ.
510	辛卯	Avénement d'ITOKU-TENNŌ.
477	甲子	Mort d'*Itoku-Tennō.*
475	丙寅	Avénement officiel de KŌSHŌ-TENNŌ.
392	己丑	Avénement de KOAN-TENNŌ.
290	辛未	Avénement de KOREI-TENNŌ.
221	庚辰	Arrivée au Japon du Chinois *Jofuku.*
214	丁亥	Avénement de KOGEN-TENNŌ.
157	甲申	Avénement de KAIKWA-TENNŌ.
97	甲申	Avénement de SUJIN-TENNŌ.

(1) Nous donnons ici, sans discussion, les faits légendaires rapportés dans les chronologies japonaises. On peut d'ailleurs considérer les événements comme vraisemblables à partir du Ier siècle de l'ère chrétienne et comme certains à partir du VIIIe Siècle.

(2) *Jimmu-Tenno* est un nom posthume, comme il a été dit plus haut.

Soumission du Japon méridional et central aux Empereurs.

Av. J. C.	An. du cycle.	Faits Principaux.
33	戊子	Arrivée d'une ambassade Coréenne. Premières relations avec la Corée.
29	壬辰	Avénement de SUININ-TENNŌ.
5	丙辰	Construction du premier temple d'*Ise*.
1	庚申	Décret ordonnant de substituer, aux victimes (hommes, femmes, animaux) qu'on immolait sur la tombe des Empereurs, des statuettes de terre (*haniwa*).
Ap. J. C.		
6	丙寅	Décret ordonnant d'établir des canaux d'irrigation.
57	丁巳	Envoi d'une ambassade Japonaise en Chine(1).
71	辛未	Avénement de KEIKŌ-TENNŌ.
82	壬午	Expédition contre les *Kumaso* de *Tsukushi* (*Kiu-Siu*).
95	乙未	Voyage de *Take-no-uchi Sukune* dans toutes les provinces de l'Empire.
97	丁酉	Expédition du prince *O-Usu* (*Yamato-Dake*) contre les *Kumaso*.
110	庚戌	Expédition de *Yamato-Dake*, dans le *Kaanto* et le massif de *Shinano*, contre les *Ebisu*(2).
113	癸丑	Mort de *Yamato-Dake*.
127	丁卯	Construction de magasins pour les réserves de riz.

(1) Elle est mentionnée par les historiens Chinois.

(2) Les peuples ainsi désignés dans les annales Japonaises n'étaient autres, probablement, que les *Aino*.

Les Coréens introduisent au Japon la civilisation Chinoise.

Ap. J. C.	An. du cycle.	Faits Principaux.
131	辛未	Avénement de SEIMU-TENNŌ.
135	乙亥	Réformes dans l'administration provinciale.
192	壬申	Avénement de CHUAI-TENNŌ.
193	癸酉	Nouvelle révolte des *Kumasō*.
199	己卯	Guerre malheureuse de Chuai-Tennō contre les *Kumasō*.
200	庚辰	Mort de *Chuai-Tennō*. Sa veuve, *Jingu Kōgō* conduit les troupes Japonaises en Corée.
201	辛巳	Régence de JINGU-KŌGŌ. Soumission des rois de *Shiraki*, *Koma* et *Kudara*(1)
249	己巳	Expédition pour forcer le roi de *Shiraki* à payer le tribut.
270	庚寅	Avénement d'ŌJIN-TENNŌ.
272	壬辰	Tribut offert à l'Empereur *Ojin* par les *Ebisu*.
283	癸卯	Le roi de *Kudara* (Corée) envoie des couturières (ou brodeuses) au Japon.
285	乙巳	Le Coréen *Wani* apporte au Japon les livres Chinois sacrés (le *Rongo* et le *Senjimon*).
306	丙寅	Des tisserands Chinois sont amenés au Japon.
310	庚午	Mort d'*Ojin-Tennō*.
313	癸酉	Avénement de NINTOKU-TENNŌ.

(1) Ce sont les trois principaux royaumes Coréens de cette époque.

Fréquentes interventions des Japonais en Corée.

Ap. J. C.	An. du cycle.	Faits principaux.
365	乙丑	Expédition de *Tamichi* pour forcer le roi de *Shiraki* (Corée) à payer le tribut.
367	丁卯	*Tamichi* est tué dans une guerre contre les *Ebisu*.
400	庚子	Avénement de RICHU-TENNŌ.
406	丙午	Avénement de HANSHO TENNŌ.
412	壬子	Avénement d'INKIŌ-TENNŌ.
454	甲午	Avénement d'ANKŌ-TENNŌ.
457	丁酉	Avénement de YURIAKU-TENNŌ. Importation du murier au Japon.
463	癸卯	Révolte et soumission du gouverneur des possessions Japonaises de Corée.
465	乙巳	Expédition contre le roi de *Shiraki* (Corée) pour exiger le tribut.
480	庚申	Avénement de SEINEI-TENNŌ.
485	乙丑	Avénement de KENSŌ-TENNŌ.
488	戊辰	Avénement de NINKEN-TENNŌ.
499	巳卯	Avénement de BURETSU-TENNŌ.
507	丁亥	Avénement de KEITAI-TENNŌ.
509	己丑	Les Coréens établis au Japon sont renvoyés dans leur pays.
531	辛亥	Mort de *Keitai-Tennō*.
534	甲寅	Avénement d'ANKAN-TENNŌ.
536	丙辰	Avénement de SENKWA-TENNŌ.
537	丁巳	Guerre contre le royaume de *Shiraki* (Corée).
540	庚申	Avénement de KIMMEI-TENNŌ.

Débuts de la propagation du Bouddhisme au Japon.
Propagation de la civilisation Chinoise au Japon.

Ap. J. C.	An. du cycle.	Faits Principaux.
552	壬申	Les Coréens importent le Bouddhisme au Japon. Epidémie. Résistance des prêtres du *Shintō* à l'innovation.
553	癸酉	Arrivée au Japon de plusieurs savants Coréens.
562	壬午	Expédition en Corée.
572	壬辰	Avénement de BIDATSU-TENNŌ.
584	甲辰	*Soga no Mumako*, Ministre de l'Empereur, s'efforce de propager le Bouddhisme au Japon.
586	丙午	Avénement de YOMEI-TENNŌ.
588	戊申	Avénement de SUSHUN-TENNŌ.
593	癸丑	Avénement de l'Impératrice SUIKŌ.
594	甲寅	Décret ordonnant d'enseigner le Bouddhisme et d'élever des temples Bouddhistes.
600	庚申	Guerre contre le roi de *Shiraki*.
602	壬戌	Introduction au Japon du calendrier Chinois et d'ouvrages sur l'astronomie(1).
603	癸亥	Création de12rangs honorifiques(*kura-i*).
604	甲子	Rédaction des 17 articles par le Prince *Shotoku*.
606	丙寅	L'Empereur du Japon envoie en Chine un ambassadeur, *Omo-no-Imoko*, avec des étudiants.

(1) A partir de 602 les faits peuvent être considérés comme rapportés à leur vraie date.

Ap. J.C.	An. du cycle.	Eres.	Faits Principaux.
620	庚 辰		Rédaction du *Kujiki* par le Prince *Shotoku*(1).
624	甲 申		Décret reconnaissant le Bouddhisme comme religion d'Etat et soumettant les bonzes à une hiérarchie officielle.
629	己 丑		Avénement de Jomei-Tennō.
637	丁 酉		Guerre contre les *Ebisu*.
642	壬 寅		Avénement de l'Impératrice Kogioku.
644	甲 辰		Abdication de l'Impératrice *Kogioku*.
645	乙 巳	*Taikwa*	Avénement de Kōtoku-Tennō. Il emprunte aux Chinois l'usage de donner aux années une dénomination (*nengō*).
646	丙 午		Des décrets réorganisent l'administration provinciale, fondent l'état civil, instituent des mesures officielles, déterminent exactement les impôts etc.
649	巳 酉		Division de l'administration centrale en 8 Ministères. Création de 3 *Daijin* au dessus des Ministres. Le nombre des distinctions honorifiques (*kurai*) est porté à 19.
650	庚 戌	*Hakuchi*	
655	乙 卯	Interrup.	L'Impératrice *Ko-kioku* reprend le

(1) Si ce qu'on présente comme un fragment sauvé dans l'incendie de 645 est authentique, c'est l'écrit Japonais le plus ancien qu'on possède,

Ap. J. C.	An. du cycle.	Eres.	Faits Principaux.
			pouvoir sous le nom de SAIMEI.
660	庚申		Fabrication des premières horloges Japonaises.
661	辛酉		Intervention en Corée. Mort de *Saimei.*
663	癸亥		Les troupes Japonaises sont battues en Corée par les Coréens et les Chinois réunis.
668	戊辰		Avénement de TENJI-TENNŌ(1).
670	庚午		Rédaction d'un Code (*Omi-rio*) en 22 volumes (2).
672	壬申	*Hakuhō.*	Avénement de KŌBUN-TENNŌ(3).
673	癸酉		Avénement de TEMMU-TENNŌ.
674	甲戌		Découverte d'une mine d'argent à *Tsushima.* Etablissement du premier *seki-shō* à *Omi.*
675	乙亥		Décret interdisant de manger les animaux domestiques. Fondation d'un observatoire au Japon.
681	辛巳		Réglementation des vêtements.
682	壬午		Répartition des familles Japonaises en 8 classes.
686	丙戌	*Suchō*	Mort de *Temmu-Tennō.*

(1) L'Impératrice *Saimei* étant morte en 661, il semblerait qu'il s'est produit un interrègne de 6 ans. L'interrègne n'est qu'apparent. Tenji ne quitta le deuil et ne prit officiellement le pouvoir qu'en 668. Mais il administrait depuis le mort de sa mère. Il en est de même dans tous les cas analogues d'interrègne.

(2) Rien ne nous en est parvenu.

(3) Des historiens refusent de reconnaître cet Empereur.

Brillante période de réformes politiques et administratives.

Ap. J. C.	An. du cycle.	Eres.	Faits principaux.
690	庚寅	Interrup.	Avénement de l'Impératrice JITO.
692	壬辰		Recensement. Décret sur le service militaire.
694	甲午		Fabrication des premières monnaies Japonaises d'argent.([1]).
696	丙申		Abdication de l'Impératrice *Jitō*.
697	丁酉		Avénement de MOMMU-TENNŌ.
700	庚子		L'usage de la crémation des cadavres s'introduit au Japon.
701	辛丑	*Taihō*	Rédaction de plusieurs Codes importants (*Tai-hō rei*) (fréquemment publiés).
702	壬寅		Construction du *Kiso-Kai-dō* (*Nakasendō*).
704	甲辰	*Kei-un*	
708	戊申	*Wadō*	Avénement de l'Impératrice GEMMEI (ou *Gemmiō*) Fabrication des premières monnaies Japonaises de cuivre([2]).
710	庚戌		Fixation de la résidence Impériale à Nara([3]).
712	壬子		Rédaction du *Kōjiki*([4]).
713	癸丑		Rédaction du *Fudo-ki* (sorte de géo-

(1) Jusque là les Japonais n'avaient usé que de monnaies etrangères.

(2) Faites du premier cuivre découvert au Japon, elles portent comme légende : *Wa-do kai chin* 和同開珎

(3) Jusque là cette résidence varie sans cesse.

(4) C'est peut être le plus ancien ouvrage qu'on possède sur les origines du Japon. M. Chamberlain l'a traduit en Anglais.

Réformes administratives et législatives.
Triomphe du Bouddhisme sur l'ancienne religion.

Ap. J C.	An. du cycle.	Eres.	Faits Principaux.
			graphie du Japon dont il subsiste seulement la partie qui concerne *Hitachi*.)
714	甲寅	*Reiki*	Abdication de l'Impératrice *Gemmei*.
715	乙卯		Avénement de l'Impératrice GENSHŌ (ou *Gensei*).
717	丁巳	*Yoro*	
720	庚申		Rédaction du *Nihon-gi* (ou *Nihon-sho-ki*, ou *Yamato-bumi*) (1).
723	癸亥		Abdication de *Genshō Tennō*.
724	甲子	*Shinki*	Avénement de SHOMU-TENNŌ. Construction du château de *Taga* (*Mutsu*) (2).
729	己巳	*Tempiō*	
736	丙子		Première apparition de la petite vérole au Japon.
748	戊子		Abdication de *Shomu-Tennō*.
749	己丑	*Tempiō-shōhō*	Avénement de l'Impératrice KOKEN. Fonte de la statue du *Bouddha* de *Nara*.
757	丁酉	*Tempiō-hoji*	
758	戊戌		Abdication de l'Impératrice *Koken*.
759	己亥		Avénement de JUNNIN (OI)-TENNŌ.
760	庚子		Emission de nouvelles monnaies d'or,

(1) M. de Rosny a commencé à publier le texte et la traduction française de cet ouvrage particulièrement intéressant pour les origines de l'histoire Japonaise.

(2) C'est là que résida longtemps le *Sei-i-tai shōgun*.

Ap. J.C.	An. du cycle.	Eres.	Faits Principaux.
			d'argent et de cuivre(1).
764	甲辰		Sur les conseils du bonze *Dokio*, l'ex-impératrice *Koken* proclame la déchéance de *Junnin-Tennō*.
765	乙巳	*Tempiō jingo*	L'ex-Impératrice *Koken* reprend le pouvoir sous le nom de SHOTOKU— Emission d'une nouvelle monnaie de cuivre.(2)
767	丁未	*Jingo-Keiun*	
770	庚戌	*Hoki*	Avénement de KONIN-TENNŌ.
780	庚申		Révolte des *Ebisu* à *Mutsu*.
781	辛酉	*Ten-ō*	Soumission des révoltés de *Mutsu*. Abdication de *Konin-Tennō*.
782	壬戌	*Enreki*	Avénement de KWAMMU-TENNŌ.
788	戊辰		Construction du temple d'*Enriaku-ji* à *Hiyei-zan*, près de *Kyoto*.
789	己巳		Révolte et soumission des *Ebisu* à *Mutsu*
794	甲戌		Le siège du Gouvernement est transféré à *Heihan-jo* (*Kyoto*)
796	丙子		Emission d'une nouvelle monnaie de cuivre.(3)

(1) Les pièces d'or portent la légende: *Kaiki Shohō* 開基勝寶; celles d'argent: *Teihei Genhō* 太平元寶; celles de cuivre: *Mannen Tsuhō* 萬年通寶.

(2) Légende: *Jin-go Kai-hō* 神功開寶.

(3) Légende: *Riu-hei Ei-hō* 隆平永寶.

Décadence de la puissance des Empereurs. Influence des *Fujiwara*.

Ap. J. C.	An. du cycle.	Eres.	Faits Principaux.
797	丁丑		Rédaction du *Shoku Nihon-ki* (hist.)
799	己卯		Importation du cotonnier au Japon.
801	辛巳		Pacification de *Mutsu*.
802	壬午		Construction d'une route de *Kyoto* au mont *Hakone*.
806	丙戌	*Daidō*.	Avènement de HEIJO-TENNŌ.
809	己丑		Invention du *hirakana* par le bonze *Kobo- Daishi*. (1)
810	庚寅	*Konin*.	Avénement de SAGA-TENNŌ.
815	乙未		Introduction de la culture du thé au Japon.
818	戊戌		Emission d'une nouvelle monnaie de cuivre.(2)
820	庚子		Rédaction du *Konin haku hiki* (législ.)
823	癸卯		Abdication de *Saga-Tennō*.
824	甲辰	*Tenchō*.	Avénement de JUNNA-TENNŌ.
829	己酉		Fabrication des premiers moulins à eau.
833	癸丑		Rédaction du *Rio no gige* (législation). Abdication de *Junna-Tennō*.
834	甲寅	*Showa*.	Avénement de NIMMEI-TENNO.
835	乙卯		Emission d'une nouvelle monnaie de

(1) Cette tradition est fort contestée aujourd'hui.

(2) Légende : *Fuju- Shimpō*. 富壽神寶

Toute-puissance des *Fujiwara* dans le Gouvernement.

Ap. J. C.	An. du cycle.	Eres.	Faits principaux.
			cuivre.(1)
841	辛 酉	*Kashō.*	Rédaction du ***Nihon Ko-ki*** (hist.)
848	戊 辰		Emission d'une nouvelle monnaie de cuivre.(2)
851	辛 未	*Ninju*	Avénement de BUNTOKU (ou MONTOKU)-TENNŌ.
854	甲 戌	*Saikō*	Révolte à ***Mutsu.***
857	丁 丑	*Ten-an*	
859	己 卯	*Jogwan*	Avénement de SEIWA-TENNŌ. Emission d'une nouvelle monnaie de cuivre.(3)
861	辛 巳		Adoption du calendrier Chinois dit *Semmei-Reki*.(4)
869	己 丑		Rédaction du ***Shoku-Nihon ko-ki*** (hist.)
870	庚 寅		Emission d'une nouvelle monnaie de cuivre.(5)
871	辛 卯		Rédaction du ***Jogwan-Shiki*** (législ.)
876	丙 申		Abdication de ***Seiwa-Tennō.***
877	丁 酉	*Genkei*	Avénement de YOZEI-TENNŌ.

(1) Légende : *Showa Shohō* 承和昌寶.

(2) Légende : *Cho-nen Tai-hō* 長年大寶.

(3) Légende : *Jo-eki Shimpō* 饒益神寶.

(4) Il demeura en usage jusqu'en 1684.

(5) Légende : *Jo-gwan Ei-hō* 貞觀永寶.

Grands progrès de la peinture (*Kanaoka*) et de la littérature chinoise.

Ap. J. C.	An. du cycle.	Eres.	Faits Principaux.
879	巳 亥		Rédaction du *Buntoku Jitsu Roku* (hist.)
884	甲 辰		Destitution de *Yozei Tennō.*
885	乙 巳	*Ninwa*	Avénement de Kōkō-Tennō.
888	戊 申		Avénement d'Uda-Tennō. Création des fonctions de *Kwambaku* pour *Mototsune Fujiwara.*
889	己 酉	*Kwampei*	Emission d'un nouvelle monnaie de cuivre.(1)
892	壬 子		*Michizane* rédige le *Rui-ju koku shi* (hist.)
897	丁 巳		Abdication d'*Uda-Tennō.*
898	戊 午	*Shotai*	Avénement de Daigo-Tennō.
901	辛 酉	*Engi*	Rédaction du*San-dai jitsu-roku*(hist.)
905	乙 丑		Redaction du *Kokin shu* (Recueil de poësies.)
907	丁 卯		Rédaction de l'*Engi-kaku* (législ.) Emission d'une nouvelle monnaie de cuivre.(2)
914	甲 戌		*Myoshi Kyotsura* adresse à l'Empereur un mémoire politique (resté célèbre.)
923	癸 未	*Enchō*	
927	丁 亥		Rédaction de l'*Engihiki* (législ.)

(1) Légende : *Kwampei Tai-hō* 寛六平寳.

(2) Legende *Engi Tsu-hō* 延通喜寳.

Mauvaise administration des *Fujiwara*. Désordres, brigandages etc.

Ap. J. C.	An. du cycle.	Eres.	Faits principaux.
931	辛 卯	*Johei*	Avénement de SHUJAKU-TENNŌ.
938	戊 辰	*Tenkei*	*Taira no Masakado et Fujiwara no Sumitomo* se révoltent contre l'Empereur. Ils s'emparent d'une partie du *Kwanto*.
940	庚 子		*Masakado* est vaincu par *Taira no Sadamori* et tué.(1)
946	丙 午		Abdication de l'Empereur *Shujaku*.
947	丁 未	*Tenreki*	Avénement de MURAKAMI-TENNŌ.
957	丁 巳	*Tentoku*	
958	戊 午		Emission d'une nouvelle monnaie de cuivre(2).
961	辛 酉	*Owa*	
964	甲 子	*Kōhō*	
968	戊 辰	*Anwa*	Avénement de REIZEI-TENNŌ.
969	巳 巳		Abdication de *Reizei-Tennō*.
970	庚 午	*Tenroku*	Avénement d'ENNIU-TENNŌ.
973	癸 酉	*Ten-en*	
976	丙 子	*Jogen*	
978	戊 寅	*Tengen*	
983	癸 未	*Eikwan*	
984	甲 申		Abdication d'*Enniu-Tennō*.
985	乙 酉	*Kwanna*	Avénement de KWAZAN-TENNŌ.
986	丙 戌		Abdication de *Kwazan-Tennō*.
987	丁 亥	*Ei-en*	Avénement d'ICHIJŌ-TENNŌ.

(1) De cette époque date la puissance croissante de la famille *Taira*.

(2) Légende : *Ken-gen Tai hō* 寳乾元大.

L'autorité des Empereurs est méconnue—Commencement de la plus brillante époque de la littérature Japonaise.

Ap. J. C.	An. du cycle.	Eres.	Faits Principaux.
989	巳丑	*Ei-so*	
990	庚寅	*Shōreki*	
995	乙未	*Chōtoku*	
999	巳亥	*Chōhō*	
1004	甲辰	*Kwankō*	
1012	壬子	*Chōwa*	Avénement de SANJŌ-TENNŌ.
1016	丙辰		Abdication de *Sanjō-Tennō.*
1017	丁巳	*Kwannin*	Avénement de GO-ICHIJŌ-TENNŌ(1).
1021	辛酉	*Ji-an*	
1024	甲子	*Man-ju*	
1028	戊辰	*Chō-gen*	
1037	丁丑	*Chōreki*	Avénement de GO-SHUJAKU.
1010	庚辰	*Chōkiu*	
1044	甲申	*Kwantoku*	
1046	丙戌	*Eijō*	Avénement de GO-REIZEI.
1052	壬辰		Révolte de *Yori-toki.* Commencement de la guerre d'*Oshiu*(2).
1053	癸巳	*Tengi*	
1057	丁酉		Défaite et mort de *Yori-toki.* Son fils, *Sadatō*, continue la guerre(3).
1058	戊戌	*Kōhei*	
1065	乙巳	*Jireki*	
1069	巳酉	*Enkiu*	Avénement de GO SANJŌ-TENNŌ.

(1) "*Go*" ainsi placé devant le nom d'un Empereur indique que c'est le deuxième du nom. On pourrait lire : "*Ichijo* II, *Shujaku* II etc."

(2) Cette guerre est encore appelée : "guerre de 9 ans."

(3) Cette insurrection fut réprimée par *Minamoto no Yori-yoshi.* La grandeur de la famille *Minamoto* date de cette époque.

Formation du régime féodal.
Commencement de la puissance militaire des bonzes.

Ap. J. C.	An. du cycle	Eres.	Faits Principaux.
1072	壬子		Abdication de *Go-Sanjō Tennō*.
1073	癸丑		Avénement de SHIRAKAWA TENNŌ.
1074	甲寅	*Shōhō*	
1077	丁巳	*Shōreki*	
1081	辛酉	*Eihō*	
1084	甲子	*Otoku*	
1086	丙寅		Abdication de *Shirakawa Tennō*(1).
1087	丁卯	*Kwanji*	Avénement de HORIKAWA-TENNŌ.
1088	戊辰		Révolte des frères *Kiowara* à *Mutsu*. Guerre de 3 ans.
1091	辛未		Fin de la guerre de 3 ans. Victoires de *Minamoto no Yoshiye*(2).
1094	甲戌	*Kahō*	
1096	丙子	*Eichō*	
1097	丁丑	*Jōtoku*	
1099	己卯	*Kōwa*	
1104	甲申	*Chōji*	
1106	丙戌	*Kajō*	
1108	戊子	*Tennin*	Avénement de TOBA-TENNŌ.
1110	庚寅	*Ten-ei*	
1113	癸巳	*Eikiu*	Révolte armée des bonzes de *Kō-fuku-ji* contre l'autorité impériale.
1118	戊戌	*Gen-ei*	
1120	庚子	*Hō-an*	

(1) C'est surtout à partir de *Shirakawa* que l'abdication devint une pure cérémonie: l'Empereur conservait toute la réalité du pouvoir.

(2) Cette guerre augmenta beaucoup le prestige et la puissanee des *Minamoto*.

Rivalité des deux familles *Taira* (ou *Heike*) et Minamoto (ou *Genji*).

Ap. J.C	An. du cycle	Eres.	Faits principaux.
1123	辛卯		Abdication de *Toba-Tennō*.
1124	甲辰	*Tenji*	Avénement de SUTOKU-TENNŌ.
1126	丙午	*Taiji*	
1131	辛亥	*Tenshō*	
1132	壬子	*Chōjō*	
1135	乙卯	*Hō-en*	
1141	辛酉	*Eiji*	Abdication de *Sutoku-Tennō*.
1142	壬戌	*Kōji*	Avénement de KONOE-TENNŌ.
1144	甲子	*Ten-yō*	
1145	乙丑	*Kiu-an*	
1151	辛未	*Nimpei*	
1154	甲戌	*Kiu-ju*	
1156	丙子	*Hō-gen*	L'ex-Empereur *Sutoku* cherche à reprendre le pouvoir. Guerre de *Hō-gen*. *Sutoku* est vaincu par *Taira no Kiyōmori*. Avénement de GO-SHIRAKAWA-TENNŌ.
1158	戊寅		Abdication de *Go-Shirakawa-Tennō*.
1159	己卯	*Heiji*	Révolte de *Yoshitomo Minamoto* contre l'Empereur. Guerre de *Heiji*. Avénement de NIJŌ-TENNŌ.
1160	庚辰	*Eireki*	Victoire du parti Impérial. *Kiyōmori Taira* massacre ou bannit tous les membres et les principaux partisans de la famille *Minamoto*.
1161	辛巳	*O-hō*	

Toute-puissance et chûte des *Taira*.

Ap. J. C	An. du cycle.	Eres.	Faits Principaux.
1163	癸未	*Chōkwan*	
1165	乙酉	*Eiman*	
1166	丙戌	*Nin-an*	Avénement de ROKUJŌ-TENNŌ (à l'âge de 2 ans).
1167	丁亥		*Kiyōmori* devient *Da-jō Dai-jin*(1).
1168	戊子		Abdication de *Rokujō-Tennō* (à 5 ans).
1169	己丑	*Ka-ō*	Avénement de TAKAKURA-TENNŌ.
1171	辛卯	*Jō-an*	
1175	乙未	*An-gen*	
1177	丁酉	*Ji-shō*	Les bonzes d'*Enriaku-ji* attaquent le palais Impérial et sont repoussés.
1180	庚子		Les *Minamoto* s'apprêtent à recommencer la lutte contre les *Taira*. Abdication de *Takakura Tennō*.
1181	辛丑	*Yōwa*	Avénement de ANTOKU-TENNŌ. Mort de *Kiyōmori*.
1182	壬寅	*Ju-ei*	
1183	癸卯		*Yoshinaka Minamoto*, vainqueur de l'armée des *Taira* entre à *Kyōto*. Fuite de l'Empereur et des *Taira*.
1184	甲辰	*Genriaku*	*Go-Shirakawa* fait monter au trône GO-TOBA-TENNŌ. Rivalité de *Yoritomo* et de *Yoshinaka*. Défaite et mort du dernier.
1175	乙巳	*Bunji*	Grande victoire de *Yoshitsune* sur les

(1) Jusque là les plus hautes fonctions avaient été réservées aux *Fujiwara* Dès lors la décadence de leur pouvoir est manifeste.

Régime féodal. Brillante période artistique (*Nobuzane, Tamehisa, Tosa Tsunetaka* etc.) et littéraire.

Ap. J.C.	An. du cycle.	Eres.	Faits Principaux.
			Taira à *Dan-no-ura*. Organisation des fiefs militaires par *Yoritomo*.
1186	丙午		*Yoritomo* est élevé aux fonctions [1] de *sotsui-hoshi*.
1187	丁未		Rédaction du *Sen-zai-shu* (recueil de poësies).
1189	己酉		Mort ou fuite de *Yoshitsune*.
1190	庚戌	*Kenkiu*	
1192	壬子		Yoritomo est nommé *Sei-i-tai shōgun* [2].
1198	戊午		Abdication de *Go-Toba-Tennō*.
1199	己未	*Shō-ji*	Avénement de TSUCHI-MIKADO-TENNŌ. Mort de *Yoritomo*. Son fils *Yoriye* est nommé *shōgun* [3].
1201	辛酉	*Kennin*	
1204	甲子	*Genkiu*	*Tokimasa* fait tuer *Yoriye*, et élève *Sanetomo* aux fonctions de *shōgun*.
1205	乙丑		*Hōjō Yoshitoki* devient *shikken* (premier M^re^ du *shōgun*).
1206	丙寅	*Ken-ei*	
1207	丁卯	*Jō-gen*	
1210	庚午		Abdication de *Tsuchi-Mikado-Tennō*.

(1) Ces fonctions, lui assurant la haute main sur les fiefs militaires, le rendirent tout puissant. A ce pouvoir le titre de *sei-i-tai shōgun* ajouta peu.

(2) Ainsi commence la série des *shōgun* de *Kamakura*.

(3) En réalité le pouvoir passe aux mains de la veuve et du beau-père de *Yoritomo*: *Masago* et *Hōjō Tokimasa*.

Toute-puissance des *Hōjō* dans le Gouvernement.
Commencement de la décadence littéraire.

Ap. J.C.	An. du cycle.	Eres.	Faits principaux.
1211	辛未	*Kenreki*	Avénement de JUNTOKU-TENNŌ.
1213	癸酉	*Kempō*	
1215	乙亥		Mort de *Hōjō Tokimasa.*
1219	己卯	*Jōkiu*	Assassinat de *Sanetomo.*(1)
1220	庚辰		Les *Hōjō* font nommer ***shōgun*** un enfant, de la famille ***Fujiwara***, âgé de 2 ans, *Yoritsune.*
1221	辛巳		Abdication de ***Juntoku-Tennō.*** La famille Impériale cherche à s'affranchir de la tyrannie des ***Hōjō.*** (Guerre de *Jōkiu*). Exil de ***Go-Toba, Tsuchi-Mikado*** et ***Juntoku.***
1222	壬午	*Jō-ō*	Avénement et abdication de KUJŌ-TENNŌ. Avénement de GO-HORIKAWA-TENNŌ.
1224	甲申	*Gennin*	Mort de *Hōjō Yoshitoki.*
1225	乙酉	*Karoku*	*Hōjō Yasutoki* devient ***shikken.***
1227	丁亥	*Antei*	
1229	己丑	*Kwangi*	*Tōshiro* fonde à ***Seto*** le premier établissement de poterie artistique.
1232	壬辰	*Jō-ei*	Rédaction du *Jō-ei* ***shikimoku*** (législ.) Abdication de ***Gō-Horikawa*** *Tennō.*
1233	癸巳	*Tempuku*	Avénement de SHIJŌ TENNŌ.
1234	甲午	*Bunreki*	

(1) Des historiens l'attribuent à *Hōjō Yoshitoki.*

Faiblesse des Empereurs et des shōgun
Bonne administration des *Hōjō*. Prospérité du pays.
Eclat de l'école de *Tosa*. (*peinture*)

Ap. J.C.	An. du cycle.	Eres.	Faits Principaux.
1235	乙未	*Katei*	
1238	戊戌	*Rekinin*	
1239	己亥	*En-ō*	
1240	庚子	*Ninji*	
1242			Mort de *Yasutoki*.
1243	癸卯	*Kwangen*	Avénement de GO-SAGA-TENNŌ.—*Hōjō Tsunetoki* devient *shikken*.
1244	甲辰		*Yoritsugu* devient *shōgun* à la place de son père.
1246	丙午		*Hōjō Tokiyori* succède à *Tsunetoki* comme *shikken*. Abdication de *Go-Saga Tennō*.
1247	丁未	*Hōji*	Avénement de GO-FUKAKUSA-TENNŌ. Les *Hōjō* font périr la famille *Miura*.
1249	己酉	*Kenchō*	
1252	壬子		Le Prince Impérial *Munetaka* est nommé *shōgun*(1).—Fonte du *Dai Butsu* de *Kamakura*.
1253	癸丑		Construction du temple de *Ken-choji* (à *Kamakura*.)
1256	丙辰	*Kōgen*	
1257	丁巳	*Shōka*	
1259	己未	*Shōgen*	Abdication de *Go-Fukakusa-Tennō*.
1260	庚申	*Bun-ō*	Avénement de KAMEYAMA-TENNŌ.

(1) Les Princes Impériaux (*shin-ō*) gardent ces fonctions jusqu'à ce qu'elles passent aux *Ashikaga* (1338), mais sans exercer aucune autorité réelle.

Ap. J.C	An. du cycle.	Eres.	Faits principaux.
1261	辛酉	*Kōchō*	*Hōjō Tokimune* remplace *Toki-yori* comme *shikken*.
1262	壬戌		Mort de *Shin-ran*, fondateur de la secte Bouddhiste d'*Ikko-shu*.
1264	甲子	*Bun-ei*	
1266	丙寅		Le prince *Kore-yasu* est nommé *shōgun*.
1267	丁卯		Rédaction de l'*Azuma-kagami* (hist.)
1274	甲戌		Abdication dé *Kameyama-Tennō*.— L'invasion des Mongols à *Tsushima* est repoussée.
1275	乙亥	*Kenji*	Avénement de Go-Uda-Tennō.
1278	戊寅	*Kō-an*	
1279	己卯		Les ambassadeurs Chinois sont mis à mort.
1281	辛巳		Nouvelle invasion des Mongols. Destruction de leur flotte.
1282	壬午		Mort du bonze *Nichiren*.
1284	甲申		*Hōjō Sadatoki* remplace *Tokimune* comme *shikken*.
1287	丁亥		Abdication de *Go-Uda-Tennō*.
1288	戊子	*Shō-ō*	Avénement de Fushimi-Tennō.
1289	己丑		Le Prince *Hisa—Akira* est nommé *shōgun*
1293	癸巳	*Einin*	
1298	戊戌		Abdication de *Fushimi-Tennō*.
1299	己亥	*Shō-an*	Avénement de Go-Fushimi-Tennō.

Ap J.C.	An. du cycle.	Eres.	Faits principaux.
1301	辛丑		*Morotoki* remplace *Sadatoki* comme *shikken*. Abdication de *Go-Fushimi-Tennō*.
1302	壬寅	*Kengen*	Avénement de GO-NIJŌ-TENNŌ.
1303	癸卯	*Kagen*	
1306	丙午	*Tokuji*	
1308	戊申	*Enkei*	Avénement de HANAZONO-TENNŌ. Le prince *Morikuni* est nommé *shōgun*.
1311	辛亥	*Ochō*	
1312	壬子	*Shōwa*	*Hōjō Takatoki* remplace *Morotoki* comme *shikken*.
1316	丙辰		Fondation de la bibliothèque de *Kanazawa* (*Sagami*).
1317	丁巳	*Bumpō*	
1318	戊午		Abdication de *Hanazono-Tennō*.
1319	己未	*Gen-ō*	Avénement de GO-DAIGO-TENNŌ.
1321	辛酉	*Genkiō*	
1324	甲子	*Shōchu*	
1326	丙寅	*Kareki*	
1329	己巳	*Gentokū*	
1331	辛未	*Genkō*	L'Empereur cherche à secouer la tyrannie des *Hōjō*. Victoire de ceux-ci.

Ap J.C.	An. du cycle.	Eres.	Eres. N.	Faits principaux.
1332	壬申		*Shō-kiō*	Exil de *Go-Daigo-Tennō* à *Oki*. Les *Hōjō* mettent sur le trône KŌGON-TENNŌ.
1333	癸酉			*Nitta Yoshisada* s'em-

Ap. J.C.	An. du cycle.	Eres Sud	Eres. Nord.	Faits Principaux.
				pare de *Kamakura* et massacre les *Hōjō*. Déposition de *Kōgon-Tennō*. Le Prince *Morinaga* devient *shōgun*(1). Première émission de papier-monnaie.
1334	甲戌	*Kemmu*		Emission d'une nouvelle monnaie de cuivre(2). Rédaction du *Kemmu-shiki-moku* (légis.)
1335	乙亥			*Ashikaga Taka-uji*, envoyé à *Kamakura*, pour réprimer une insurrection, se proclame *shōgun* et commence les hostilités contre *Go-Daigo-Tennō*. Guerre de *Mīdera*(3).
1336	丙子	*Engen*	*Kemmu*	Défaite des troupes Impériales à *Minato-gawa*. Retraite de *Go-Daigo* à *Yoshino*. *Taka-uji proclame Empereur* Kōmiō-Tenno (4).
1337	丁丑			*Kōmiō-Tennō* donne le titre de *shōgun* à *Taka-uji* (5)
1338	戊寅		*Reki-ō*	Mort de *Go-Daigo-Tennō*.

(1) Dès lors les *shogun* habitèrent *Kyōto*.

(2) Légende : *Ken-kon Tsu-hō* 乾坤通寳

(3) L'Empereur était soutenu par les bonzes de *Mīdera*.

(4) Depuis lors, jusqu'en 1392, le Japon eut deux Empereurs, constamment en guerre l'un contre l'autre. La Cour des Empereurs du Nord se tenait à *Kyōto*.

(5) Ainsi commence la dynastie des *shōgun* d'Ashikaga.

Ap. J.C.	An. du cycle.	Eres Sud.	Eres Nord.	Faits Principaux.
1339	己卯			GO-MURAKAMI-TENNŌ succède à *Go-Daigo*.
1340	庚辰	*Kōhoku*		Rédaction du *Shoku-gen-shō* (législ).
1342	壬午		*Kō-ei*	
1345	乙酉		*Tei-wa*	
1346	丙戌	*Shō-hei*		
1348	戊子			*Kōmio-Tennō* abdique (Nord).
1349	己丑			Avénement de SHUKŌ-TENNŌ (Nord).
1350	庚寅		*Kwan-ō*	
1351	辛卯			Déposition de *Shukō-Tennō*.
1352	壬辰		*Bunna*	Avénement de GO-KŌGON-TENNŌ (Nord).
1356	丙申		*Embun*	
1358	戊戌			*Yoshi-Akira* est nommé *shōgun*.
1361	辛丑		*Ō-wa*	
1362	壬寅		*Jōji*	
1368	戊申		*Ō-an*	Avénement de GO-KAMEYAMA TENNŌ(1) (Sud). *Yoshimitsu* devient *shōgun*.
1370	癸戌	*Kentoku*		
1371	辛亥			Abdication de *Go-Kōgon Tennō*.
1372	壬子	*Bunchū*		Avénement de GO-YENYŪ-TENNŌ (Nord).

(1) Des historiens placent ici CHŌKEI TENNŌ. *Go-Kameyama* n'aurait été reconnu Empereur par la cour du Sud qu'en 1383.

Affaiblissement de l'autorité des *shōgun*. Indépendance croissante des *daimiyo*. Guerres civiles—Débuts de l'école Chinoise de peinture (*Meichō*).

Ap. J.C.	An. du cycle.	Eres Sud	Eres Nord	Faits principaux
1375	甲卯	*Tenju*	*Kiwa*	
1379	巳未		*Kōreki*	
1381	辛酉	*Kōwa*	*Eitoku*	
1382	壬戌			Abdication de *Go-Yenyū-Tennō* (Nord).
1383	癸亥			Avénement du Go-KOMATSU-TENNŌ (Nord).
1384	甲子	*Genchū*	*Shitoku*	
1387	丁卯		*Kakei*	
1389	巳巳		*Kō-ō*	
1390	庚午		*Meitoku*	
1392	壬申			L'Empereur du Sud, par un traité (1), renonce à soutenir ses droits et reconnaît comme légitime *Go-Komatsu-Tennō*.
1394	甲戌		*O-ei*	Le shōgun *Yoshimitsu* abdique en faveur de *Yoshimochi*(2).
1402	壬午			*Yoshimitsu* reçoit de l'Empereur de Chine le titre de roi du Japon.
1412	壬辰			Abdication de *Go-Komatsu-Tennō*.
1413	癸巳			Avénement de SHŌKŌ-TENNŌ.
1415	乙未			*Uesugi* se révolte contre le *shōgun* et s'empare de *Kamakura*, puis en est chassé.

(1) En vertu de ce traité l'Empereur devait à l'avenir être pris alternativement dans chacune des deux branches de la famille Impériale.

(2) Abdication toute apparente.

Renaissance artistique. Perfection des laques. Progrès de l'école Chinoise (*Josetsu, Shubun, Sesshiu*).
Guerres civiles. Ruine du pouvoir des *shōgun*.

Ay. J.C.	An. du cycle.	Eres.	Faits Principaux.
1423	癸卯		Le *shōgun Yoshimochi* abdique en faveur de *Yoshikazu*.
1428	戊申	*Shōchō*	*Yoshinori* remplace *Yoshikazu* comme *shōgun*.
1429	己酉	*Eikiō*	Avénement de Go-Hanazono-Tennō
1438	戊午		*Ashikaga Mochi-uji*, gouverneur du *Kuantō* se révolte contre le *shōgun*.
1439	己未		Défaite et mort de *Mochi-uji*.
1441	辛酉	*Kakitsu*	Le *shōgun Yoshinori*, assassiné par *Akamatsu*, est remplacé par *Yoshikatsu*
1444	甲子	*Bun-an*	
1449	己巳	*Hōtoku*	*Yoshimasa* succède comme *shōgun* à *Yoshikatsu*.
1452	壬申	*Kōtoku*	
1455	乙亥	*Kōshō*	
1457	丁丑	*Chōroku*	
1460	庚辰	*Kwanshō*	
1464	甲申		Abdication de *Go-Hanazono-Tennō*.
1465	乙酉		Avénement de Go-Tsuchi-Mikado-Tennō.
1466	丙戌	*Bunshō*	
1467	丁亥	*Ōnin*	Guerre d'*Ōnin* entre les deux familles *Hosokawa* et *Yamana*, pour la succession de *Yoshimasa*(1).
1469	己丑	*Bummei*	

(1) Chacune des deux familles précitées soutenait un prétendant, dont elle comptait faire un instrument docile. Cette guerre, trop fameuse, amena la perte d'une foule de manuscrits et d'objets précieux.

Guerres civiles. Misère des populations. Décadence littéraire.—Suite du mouvement artistique. (Ecole de *Kano*).

Ap. J.C.	An. du cycle.	Eres.	Faits Principaux.
1472	壬辰		*Yoshimasa* abdique en faveur de *Yoshihisa*.
1476	丙申		Incendie du palais de *Muromachi* à *Kyōto*.
1477	丁酉		Fin de la guerre d'*Ōnin*.
1487	丁未	*Chōkiō*	
1489	己酉	*Entoku*	
1490	庚戌		*Yoshitane* devient *shōgun*.
1492	壬子	*Mei-ō*	
1494	甲寅		Le *shōgun* *Yoshitane* enfermé par *Hosokawa Masamoto* est remplacé par *Yoshizumi*.
1501	辛酉	*Bunki*	Avénement de Go-Kashiwabara-Tennō.
1504	甲子	*Eishō*	
1508	戊辰		*Yoshitane* reprend les fonctions de *shōgun*.
1510	庚午		Fabrication des premières porcelaines Japonaises.
1521	辛巳	*Tai-ei*	De nouveau le parti de *Hosokawa* dépose le shōgun *Yoshitane* et fait nommer à sa place *Yoshiharu*.
1527	丁亥		Avénement de *Go-Nara-Tennō*.
1528	戊子	*Kōroku*	
1532	壬辰	*Tembun*	Révolte des bonzes de *Hon-gwanji* contre le *shōgun*.

Ap. J.C.	An. du cycle.	Eres.	Faits Principaux.
1542	壬寅		Débarquement des Portugais à *Ta-ne-ga-shima*. Importation des armes à feu.
1543	癸卯		Le *daimyō* de *Bungo* envoie une ambassade en Portugal.
1546	丙午		Le *shōgun* *Yoshiharu* abdique en faveur de *Yoshiteru*.
1549	己酉		*F. Xavier* débarque au Japon. Débuts du christianisme.
1550	庚戌		Les Portugais importent au Japon le cotonnier qui avait disparu. — Premiers exploits d'*Ota Nobunaga*.
1555	乙卯	*Kōji*	
1558	戊子	*Eiroku*	Avénement d' Ōkimachi-Tennō.
1561	辛酉		Bataille de *Kawa-Nakajima* entre les deux armées d'*Uesugi* et de *Takeda*.
1568	戊辰		*Yoshiaki* devient *shogun* grâce à l'appui de *Nobunaga*.
1570	庚午	*Genki*	
1573	癸酉	*Tenshō*	*Nobunaga* brûle le monastère de *Hiyeizan* et triomphe de la coalition formée contre lui. Il enferme et dépose le *shogun* (1)
1573	乙亥		Construction d'une église chrétienne à *Kyoto*(*Nam-ban-ji*).—Nouvelle coali-

(1) Ainsi finit la dynastie des *Ashikaga*. Il se produit une vacance dans le shōgunat. Toutefois *Nobunaga*, puis *Hideyoshi* en exercent tous les pouvoirs.

Hideyoshi continue l'œuvre de pacification de *Nobunaga*. Propagation du christianisme.

Ap. J.C.	An.du cycle	Eres	Faits Principaux.
			tion formée par les bonzes contre *Nobunaga*. Triomphe de celui-ci.
1580	庚辰		Les bonzes de *Hongwan-ji* se soumettent à l'autorité de *Nobunaga*.
1582	壬午		Mort de *Nobunaga*.
1583	癸未		Envoi d'une ambassade au pape par un *daimyō* de *Kiu-siū*.
1586	丙戌		Abdication d'*Ōki-machi-Tennō*. — *Toyotomi Hideyoshi* devient *kwampaku* (1)
1587	丁亥		Avénement de Go-Yōzei-Tennō. — *Hideyoshi* expulse les missionnaires chrétiens. — Emission de monnaies d'argent et de cuivre (2)
1590	庚寅		*Hideyoshi* prend *Odawara* et soumet le *Kuantō*. *Iyeyasu* fait de *Yedo* la capitale du *Kuantō*.
1591	辛卯		*Hideyoshi* cède le titre de *Kwampaku* à *Hidetsugu* son fils adoptif, et reçoit celui de *Taikō*.
1592	壬辰	*Bunroku*	Emission de monnaies de cuivre et d'argent(3). Expédition de Corée sous

(1) Ce titre, équivalent à celui de Premier Ministre, lui donnait la haute main sur l'administration du Japon tout entier.

(2) Légende : *Ten-shō Tsu-hō* 天正通寶

(3) Légende : *Bunrōku Tsu-hō* 文祿通寶

Ap. J. C.	An. du cycle	Eres	Faits Principaux.
			la direction de *Hideyoshi*. — Ambassade du Gouverneur des Philippines à *Hideyoshi*.
1595	乙未		Révolte de *Hidetsugu* contre les ordres de *Hideyoshi*. Celui-ci le fait mettre à mort.
1596	丙申	*Keichō*	Grand tremblement de terre dans la région d' *Ōsaka*.
1597	丁酉		Deuxième édit de proscription contre les chrétiens.
1598	戊戌		Mort de *Hideyoshi*.
1599	己亥		Coalition des *daimyō* contre *Tokugawa Iyeyasu*(1). — Emission de monnaies d'or (2)
1600	庚子		Victoire de *Iyeyasu* sur la coalition à *Sekigahara*.
1603	癸卯		*Iyeyasu* prend le titre de *shōgun*.
1605	乙巳		*Iyeyasu* cède à son fils *Hidetada* le titre de *shōgun*. — Introduction de la culture du tabac au Japon.
1606	丙午		Construction du château d'*Yedo*. — Emission d'une nouvelle monnaie de

(1) *Iyeyasu* aspirait déja à remplacer *Hideyoshi*.

(2) Les unes, rectangulaires, portent en légende : *Ichi bu* 壹分 D'autres, plus minces et ovales, portent : *Ichi bu ban* 壹分判 On trouvera, dans les traités spéciaux, l'image des monnaies d'or qui portaient des caractères écrits au pinceau.

Fin des guerres *civiles*. Concentration des pouvoirs entre les mains des *Tokugawa*.—Renaissance de la littérature Chinoise.

Ap. J.C.	An. du cycle.	Eres.	Faits Principaux.
			cuivre(1).
1608	戊申		Sur l'ordre de *Iyeyasu*, le *daimyō* de *Satsuma* s'empare des iles *Liu-Kiu*.
1611	辛亥		Abdication de *Go-Yōzei-Tennō*.
1612	壬子		Avènement de Go-MIZUNO-Ō-TENNŌ.
1614	甲寅		Persécution des chrétiens.
1615	乙卯	*Gen-wa*	*Iyeyasu* s'empare d'*Ōsaka* et met à mort les derniers descendants de *Hideyoshi*.
1616	丙辰		Mort de *Iyeyasu*.
1617	丁巳		Construction du mausolée de *Iyeyasu* à *Nikkō*.—Emisssion de nouvelles monnaies d'argent et de cuivre(2).
1623	癸亥		*Iyemitsu* succède comme *shōgun* à *Hidetada*.
1624	甲子	*Kwan-ei*	Edits expulsant les étrangers et interdisant aux Japonais le commerce à à l'extérieur.
1629	己巳		Abdication de *Go-Mizuno-ō-Tennō*.
1630	庚午		Avénement de l'Impératrice MIŌSHŌ.
1636	丙子		Réparation et embellissement des monuments de *Nikkō*. — Emission d'une nouvelle monnaie(3).

(1) Légende : *Keichō Tsu-hō* 慶長通寶

(2) Légende : *Gen-wa Tsu-hō* 元和通寶

(3) Légende *Kwan-ei Tsu-hō* 寛永通寶 Longtemps on continua à frapper cette même monnaie. Aussi est elle encore très-commune.

Réformes politiques et législatives. Pouvoir absolu des *Tokugawa*.—Renaissance des laques.

Ap. J. C.	An. du cycle.	Eres.	Faits Principaux.
1637	丁丑		Soulèvement des chrétiens à *Shimabara*.
1638	戊寅		Défaite et massacre des chrétiens insurgés.
1639	巳卯		Les Hollandais(1) sont relégués à *Deshima*. Expulsion des Portugais
1642	壬午		Réglement shōgunal obligeant les *Daimyō* à habiter alternativement *Yedo* et leurs domaines.
1644	甲申	*Shō-hō*	Avénement de Go Kōmei Tennō.
1648	戊子	*Kei-an*	
1650	庚寅		*Iyetsuna* remplace comme *shōgun* *Iyemitsu*. — Fabrication des premières porcelaines de *Kutani*.
1652	壬辰	*Jō-ō*	Rédaction du *Nippon ō dai ichi ran* (hist.) par *Shunsai Hayashi* (2).
1653	癸巳		Construction de l'acqueduc amenant à *Yedo* l'eau du *Tamagawa*.
1655	乙未	*Meireki*	Avénement de Gosai Tennō.
1657	丁酉		Grand incendie de *Yedo*.
1658	戊戌	*Manji*	
1659	巳亥		Construction du pont de *Riō-goku* (*Yedo*) sur le *Sumida-gawa*.

(1) Dès lors eux seuls eurent le privilége de commercer avec le Japon comme les Chinois.

(2) Cet ouvrage a été traduit en Français, sous le titre : *Annales des Dairis* (Londres) par *Klaproth*.

Renaissance de la littérature Japonaise.—Progrès de la gravure (*Moronobu*, *Masanobu* etc.) Ecole des *Ukiyo-e*.

Ap. J. C.	An. du cycle.	Eres.	Faits principaux.
1661	辛 丑	*Kwambun*	
1662	壬 寅		Abdication de *Gosai Tennō.*
1663	癸 卯		Avénement de REIGEN-TENNŌ. — Décret interdisant aux *kerai* le *junshi* (c.a.d. de se tuer à la mort de leur maître).
1670	庚 戌		Rédaction du *Hon-chō Tsugan* (hist.) par *Hayashi Haruhatsu.*
1673	癸 丑	*Empō*	
1681	辛 酉	*Tenna*	*Tsunayoshi* devient *shogun.*
1684	甲 子	*Jokiō*	
1687	丁 卯		Avénement de HIGASHIYAMA-TENNŌ.
1688	戊 辰	*Genroku*	
1690	庚 午		Séjour de *Kæmpfer* à *Nagasaki* (1).
1701	辛 巳		Vengeance des 47 *rōnin.*
1702	壬 午		Rédaction du *Han-kwampu* (2)
1703	癸 未		Grand tremblement de terre à *Yedo.*
1704	甲 申	*Hō-ei*	
1707	丁 亥		Dernière éruption du Mont *Fuji* (*Fuji-yama*).
1709	己 丑		Avénement du *shogun Iyenobu.*
1710	庚 寅		Avénement de NAKAMIKADO-TENNŌ. Rédaction du *Tokushi yoron* (hist.)

(1) Kæmpfer séjourna 2 ans au Japon (1690-1692). Ses *amœnitates exoticæ* ne parurent cependant qu'en 1712 et la traduction Française de son *Histoire du Japon* en 1732.

(2) Cet ouvrage donne, entre autres renseignements précieux, la nomencla ture des fonctions de l'époque.

Ap. J. C.	An. du cycle.	Eres.	Faits Principaux.
			par *Arai Hakuseki.*
1711	辛卯	*Shōtoku*	
1713	癸巳		Avénement du *shōgun Iyetsugu.*
1715	乙未		Publication du *Dai-Nihon-shi* par *Mitsukuni, daimyō* de *Mito.*
1716	丙申	*Kiohō*	Avénement du *shōgun Yoshimune.*
1733	癸丑		Grande famine dans le Sud-Ouest.
1735	乙卯		Abdication de *Nakamikado-Tennō.*
1736	丙辰	*Gembun*	Avénement de SAKURAMACHI-TENNŌ.
1739	己未		Fabrication des premières monnaies de fonte (1)
1741	辛酉	*Kwampō*	Nouveau Code Pénal (*Hiakka-jō*)
1742	壬戌		Introduction au Japon de la culture des patates douces.
1744	甲子	*Enkiō*	Importation de la canne à sucre.
1745	乙丑		Avénement du *shōgun Iyeshige.*
1746	丙寅		Abdication de *Sakuramachi-Tennō.*
1747	丁卯		Avénement du MOMOZONO-TENNŌ.
1748	戊辰	*Kwan-en*	
1751	辛未	*Hōreki*	
1762	壬午		Avénement du *shōgun Iyeharu.*
1763	癸未		Avénement de l'Impératrice GO-SAKURAMACHI.
1764	甲申	*Meiwa*	
1770	庚寅		Abdication de *Go-Sakuramachi.*

(1) La légende, comme pour toutes les monnaies fabriquées depuis 1624, se compose des mots: *Kwan-ei Tsu-hō.*

Naissance de l'école de peinture naturaliste (*Okio*).
L'école des *Ukiyo-e* et la gravure atteignent à leur apogée (*Utamaro, Eishi, Hokusai* etc.)
Apparition des pricipaux romanciers (*Kioden, Bakin* etc.)

Ap. J. C.	An. du cycle.	Eres.	Faits Principaux.
1771	辛卯		Avénement de Go-Momozono-Tennō.
1772	壬辰	*An-ei*	
1780	庚子		Avénement de Kōkaku-Tennō.
1781	辛丑	*Temmei*	
1782	壬寅		Publication du *Gun-sho Rui-ju* (1)
1783	癸卯		Eruption du Mont *Asama*.
1784	甲辰		La famine désole le Japon.
1787	丁未		*Iyenari* devient *shōgun*.
1788	戊申		Grand incendie à *Kyōto*.
1789	己酉	*Kwansei*	
1792	壬子		Tentative infructueuse de Catherine II pour engager des négociations avec le Japon.
1801	辛酉	*Kiōwa*	
1803	癸亥		Terrible incendie à *Yedo*.
1804	甲子	*Bunkwa*	
1807	丁卯		Tentative des Russes pour débarquer à *Yezo*. Ils sont repoussés.
1816	丙子		Abdication de *Kōkaku-Tennō*.
1817	丁丑		Avénement de Ninkō-Tennō.
1818	戊寅	*Bunsei*	
1827	丁亥		Rédaction du *Nihon gwai shi* (hist.) par *Rai Sanyō*.
1830	庚寅	*Tempō*	

(1) C'est une collection fort appréciée d'anciennes poësies, documents historiques etc.

Ap. J. C.	An. du cycle.	Eres.	Faits Principaux.
1835	乙未		Emission d'une monnaie nouvelle (cuivre) (1).
1837	丁酉		Insurrection d'*Ōshiwo Heihachiro* à *Ōsaka*.
1838	戊戌		*Iyetoshi* devient *shōgun*.
1844	甲辰	*Kōkwa*	
1847	丁未		Avénement de KŌMEI-TENNŌ.
1848	戊申	*Ka-ei*	
1849	己酉		Débuts de la vaccine au Japon.
1853	癸丑		Arrivée du commodore Américain *Perry* à *Uraga*. — *Iyesada* devient *shōgun*.
1854	甲寅	*Ansei*	Retour de *Perry*. Un traité ouvre aux Américains les ports de *Shimoda* et *Hakodate*.
1855	乙卯		Désastreux tremblement de terre à *Yedo*.
1856	丙辰		Terrible ouragan (2).
1858	戊午		Nouveau traité entre le *shōgun* et les Américains ouvrant à ceux-ci *Kanagawa*. Traités analogues avec l'Angleterre et la France. — Mort subite du *shōgun* *Iyesada*. Complot pour élever au shōgunat le prince *Hitotsubashi*. Le *tairo*

(1) Légende : *Tempō Tsuhō* 天保通寳 On la désigne encore sous la dénomination de *Tempō*.

(2) Le nombre des victimes dépassa, dit-on, cent mille. Une foule de maisons s'écroulèrent.

Entente des grands *Daimyō* pour s'affranchir de l'autorité du *Shōgun*.

Ap J.C.	An. du cycle.	Eres.	Faits Principaux.
			(premier Ministre) *Ii Kamon no Kami* fait nommer *Iyemochi shōgun.*
1859	巳未		*Ii Kamon* fait périr ou exile les chefs du parti hostile aux étrangers.
1860	庚申	*Man-en*	*Ii Kamon* est assassiné.
1861	辛酉	*Bun-kiu*	Meurtre de *M. Heusken* à *Yedo.* Attaques contre les légations.
1862	壬戌		Meurtre de *M. Richardson* par l'escorte du *daimyō* de *Satsuma.* — L'ambassade Japonaise envoyée en Europe obtient un délai pour l'ouverture des ports. — Le *shōgun* dispense les *daimyō* de venir habiter *Yedo.*
1863	癸亥		Hostilités du *daimyō* de *Nagato* contre plusieurs navires étrangers. L'amiral *Jaurès* détruit les batteries de *Shimonoseki.* — Bombardement de *Kagoshima* par l'amiral *Kuper.* — Emission d'une nouvelle monnaie(1)
1864	甲子	*Genji*	Les troupes de *Nagato* sont repoussées de *Kyōto.* Bombardement des forts de *Shimonoseki* par les divisions navales alliées.
1865	乙丑	*Kei-ō*	
1866	丙寅		*Hitotsubashi* devient *shōgun* sous le nom de *Keiki.*

(1) Légende: *Bun-kiu Ei-hō* 文久永寶

Restauration du pouvoir impérial sur ses anciennes bases.

Ap. J. C.	An. du cycle.	Eres.	Faits Principaux.
1867	丁卯		Avénement de l'Empereur MUTSUHITO. — Arrivée à *Yedo* d'une mission militaire Française.
1868	戊辰	*Meiji*	Abolition du shōgunat. Victoires des Impériaux sur les partisans des *Tokugawa* (*Fushimi*, *Yedo*, *Aizu*, etc.) L'Empereur ratifie les traités avec les puissances étrangères. — *Kobe*, *Osaka*, sont ouverts aux étrangers.
1869	己巳		Ouverture de *Niigata* et *Yedo* au commerce étranger. — Fixation de la résidence Impériale à *Yedo*. — Fin de la résistance des partisans des *Tokugawa* (*Hakodate*).
1871	辛未		Abolition du régime féodal par suite de la suppression des fiefs (*han*). — Premiers essais de colonisation officielle à *Yezo*. — Emission des monnaies de type Européen. — Rédaction d'un nouveau Code Pénal (*shin-ritsu kō-rei*).
1872	壬申		Adoption du calendrier Grégorien. — Ouverture du chemin de fer de *Yedo* à *Yokohama*.
1873	癸酉		Incendie du palais Impérial à *Yedo*. — Correction du Code Pénal (*Kai-tei-Ritsu-rei*).

Réorganisation administrative. Révolution économique.

Ap. J.C.	An. du cycle.	Eres.	Faits Principaux.
1874	甲戌		Expédition des Japonais à Formose.
1875	乙亥		Création d'un Sénat. — Cession de Saghalien à la Russie en échange des Kouriles.
1876	丙子		Défense aux *shizoku* (ex-*samurai*) de continuer à porter les deux sabres.
1877	丁丑		Révolte et soumission de *Satsuma*. — Exposition des produits nationaux à *Yedo*.
1878	戊寅		Assassinat de *M. Ōkubo*, Mtre de l'Intérieur, par les adversaires du nouveau régime.
1879	己卯		Organisation des conseils généraux. — Epidémie de choléra.
1880	庚辰		Promulgation des Codes Criminels actuellement en vigueur.

Imprimerie Kokubunsha, Tōkio.

LISTE DES DAIMYŌ

RANGÉS DANS L'ORDRE ALPHABÉTIQUE DES FAMILLES.

Les abréviations par nous adoptées nécessitent quelques brèves explications.

Le nom de chaque famille ou maison se trouve suivi de l'une des lettres suivantes : F, T, S, K.

F désigne les *Fudai Daimyō* c'est-à-dire ceux qui étaient considérés comme vassaux de la famille *Tokugawa* (1).

T désigne les *Tozama Daimyō* c'est à-dire ceux qui étaient considérés plutôt comme égaux que comme vassaux de la famille *Tokugawa*.

S désigne les *San-ke* (ou *Go-san-ke*, en usant de la particule honorifique,) c'est à-dire les 3 branches de la famille *Tokugawa* qui pouvaient, à défaut d'héritier dans la branche d'*Yedo*, fournir des *shogun*.

K désigne les *Kamon* c. a. d. toutes les autres branches de la famille *Tokugawa*.

Mats. est pour *Matsudaira*, nom qu'un certain nombre de familles nobles étaient autorisées à porter.

Les nombres placés en caractères gras sous le nom de la famille correspondent aux numéros placés sous les *mon* (armoiries) de celle-ci.

Dans la seconde colonne se trouve l'origine, au moins approximative, de la maison. Au dessous nous donnons la quantité de ses revenus par *koku* de riz, vers1850. Le *koku* (prononcez: *kokou*) était d'environ 180 litres.

---

(1) Sur le mot *Fudai*, comme sur quelques autres qui peuvent embarrasser, on trouvera de plus amples renseignements dans le dictionnaire qui terminera l'ouvrage.

Enfin dans la 3e colonne on trouvera le lieu de résidence de la famille, vers 1850, avec la date à laquelle remonte cette résidence.

Les noms en italiques désignent des familles disparues ou d'anciennes résidences.

Un exemple suffira. Pour la 1e famille on lira :

Abe : Maison de *fudai-daimyō.*

Voir pour les *mon* les Nos 144 et 174.

Le chef de cette maison fut créé *daimyō* vers 1600 (par conséquent par les *Tokugawa*).

Revenus annuels : 100,000 *koku* de riz.

En 1850 la famille *Abe* habitait *Fukuyama* (province de *Bingo*), ce depuis 1710.

MM. W. Dickson (*Japan*) et Van de Polder (*la Pairie Japonaise*) ont publié sur la noblesse du Japon des travaux fort utiles, mais en se plaçant, le second surtout, à un point de vue d'actualité qui n'est pas le nôtre. Malgré notre désir d'être complets, même pour le passé, nous devions nous restreindre. Aussi n'avons nous donné place dans notre liste qu'à celles des familles disparues qui ont joué dans l'histoire un rôle important.

Familles	Origine et fortune	Résidence
ABE. (F) 144. 174.	Annobl. v. 1600. 100,000 k.	Dep. 1710 Fukuyama (Bingo).
ABE. (F) 148. 173.	Br. cad. annobl. v. 1624. —100,000 k.	Dep. 1823 Shirakawa (Mutsu).
ABE. (F) 144. 172.	Br. cad. annobl. v. 1651. —16,000 k.	Dep. 1710 Sanuki (Kazusa).
Akamatsu.	Appar. au XIIe S^e; dispar. en 1455.	*Sayō (Harima).*
AKIMOTO. (F) 122. 277.	Annobl. v. 1604. 60.000 k.	Dep. 1845 Tatebayashi (Kōzuke).
AKITA. (T) 35. 271.	Appar. au commencem. du XVe S^e.—50,000 k.	Dep. 1645 Miharu (Mutsu).
AKIZUKI. (T) 3. 81. 284.	Appar. au XIe S^e. 27,000 k.	Dep. 1600 Takanabe (Hiuga).
Amago.	Du XVe S^e. à 1566.	(*Izumo*)
AMBE. (F) 188. 236.	Annobl. v. 1649. 20,000 k.	Dep. 1705 Okabe (Musashi)
ANDŌ. (F) 42. 247.	Annobl. v. 1607. 50,000 k.	Dep. 1756 Taira (1) (Mutsu).
AOKI. (T) 138. 307.	Annobl. (1588) p. Toyotomi.—10,000 k.	Dep. 1624 env. Asada (Settsu).
AOYAMA. (F) 48. 108. 186.	Annobl. v. 1602. 60,000 k.	Dep. 1748 Sasayama (Tamba).
AOYAMA. (F) 48. 108. 155.	Br. cad. annobl. en 1619. 18,000 k.	Dep. 1758 Hachiman (Mino).
ARIMA. (T) 3. 94. 192. 201.	Fam. issue au XIVe S^e des Akamatsu de Harima.—210,000 k.	Dep. 1621 Kurume (Chikugo).
ARIMA. (T) 94. 192. 201.	Br. cad. annobl. en 1841. 10,000 k.	Fukiage(2) (Shimozuke).
ARIMA. (F) 110. 122.	Appar. au XIIe S^e *prov.* de *Hizen* (3).—50,000 k.	Dep. 1695 Maruoka (Echizen).

(1) Taira ou Iwakidaira.

(2) L'absence de date indique que, depuis son annoblissement, cette famille a toujours résidé au même endroit, Fukiage.

(3) Bien entendu c'est une famille tout à fait distincte des deux précédentes, puisque nous ne mettons pas " Br. cad."

Familles	Origine et fortune	Résidence
Asai.	De 1517 à 1573.	*Kotani (Omi).*
Asakura.	Appar. v. 1469; dispar. en 1573.	*Ichijō-ga-tani (Echizen).*
ASANO. (T) 145. 236. 268.	Annobl. p. Ota Nob. v. 1568.—420,000 k.	Dep. 1619 Hiroshima (Aki).
Ashikaga.	Du XIIe S^e à 1334. Shogun de 1335 à 1573.	*Pr. de Kōzuke. Kyōto.*
ASHIKAGA.(F) 1. 3. 234.	Br. cad. — Gouverne le Kuanto de 1349 à 1573.	Dep. 1590 Kitsuregawa (Shimozuke).
Chiba.	Du XIIe au XVIe S^e.	*Chiba (Shimosa).*
DATE. (T) 34. 37. 152. 237.	Appar. au XIIe S^e. Résid. à Date (Mutsu).— 620000 k.	Dep. 1601 Sendai (Mutsu).
DATE. (T) 18. 37. 152. 237.	Br. cad. annobl. en 1614. 100,000 k.	Uwashima (Iyo).
DATE. (T) 37. 152. 237.	Br. cad. annobl. en 1657 30,000 k.	Yoshida (Iyo).
Dohi.	XIIe S^e.	
DOI. (F) 64. 171.	Annobl. v. 1605. 80,000 k.	Dep. 1633 Koga (Shimosa).
DOI. (F) 64. 171.	Br. cad. annobl. v. 1646. 23,000 k.	Dep. 1747 Kariya (Mikawa).
DOI. (F) 64, 171.	Br. cad. annobl. v. 1646. 40.000 k.	Dep. 1682 Ono (Echizen).
ENDO. (F) 120. 149.	Appar. v. 1558. 10,000 k.	Dep. 1698 Mikami (Omi).
Gamō.	Appar. au XIIe S^e. d. la prov. d'*Omi*.— De la fin du XVIe S^e. à 1627 reparaît à *Aizu (Mutsu).*	
GOTŌ. (T) 116. 245.	Appar. au XVIe S^e. 12,000 k.	Fukue (ile Gotō).
HACHISUKA. 5. 71. 228. (T)	Annobl. p. Toyotomi v. 1583.—257,000 k.	Tokushima (Awa).
Harada.	XIIe S^e.	*Prov. de Chikuzen.*

Familles	Origine et fortune	Résidence
Hashiba.	Nom de Hideyoshi av. 1585.	
Hatakeyama.	Appar. aux XII° et XIII° Ses Repar. du XIV° au XVI° S°.	*Musashi.* *Takaya* (*Yamashiro*).
HAYASHI. (F) 3. 195. 219.	Annobl. p. les Tokugawa 10,000 k.	Kaibuchi (Kazusa).
HIJIKATA. (T) 152. 192.	Annobl. p. Toyotomi (1583).—10,000 k.	Dep. 1600 Komono (Ise).
HISAMATSU MATSUD. (F) 64. 161.	Descend d'un frère utérin. d'Iyeyasu annobl. (1583) p. Toyotomi.— 10,000 k.	Dep. 1661 Tako (Shimosa).
HISAMATSU MATSUD. (F) 162. 249.	Br. cad. issue des Matsudaira de Matsuyama, annobl. en 1635.—30,000 k.	Imaharu (Iyo).
HITOTSU-YANAGI. (T) 191. 241.	Annobl. (1585) p. Toyotomi.—10,000 k.	Dep. 1636 Ono (Harima).
HITOTSU-YANAGI. (T) 191. 241.	Br. cad. annobl. en 1636. 10,000 k.	Komatsu (Iyo).
Hōjō.	Shikken de 1205 à 1333.	*Kamakura.*
HŌJŌ. (T) 29. 215.	Pend. le XVI° S° résid. à *Odawara*(*Sagami*).—10,000 k.	Dep. 1600 env. Sayama(Kawachi).
HONDA. (F) 8. 85. 252.	Annobl. v. 1588. 50,000 k.	Dep. 1769 Okazaki (Mikawa).
HONDA. (F) 8. 85.	Br. cad. annobl. en 1639. 10,000 k.	Dep. 1679 Yamazaki (Harima).
HONDA. (F) 8. 252.	Br. cad. annobl. en 1626. 20,000 k.	Dep. 1746 Izumi (Mutsu).
HONDA. (F) 8. 251.	Annobl. en 1590. 40,000 k.	Dep. 1730 Tanaka (Suruga).
HONDA. (F) 8. 252.	Annobl. en 1601. 60,000 k.	Dep. 1651 Zeze (Omi).
HONDA. (F) 8. 251.	Br. cad. de la précéd. fam., annobl. en 1679.—15,000 k.	Dep. 1732 Kambe (Ise).

Familles	Origine et fortune	Résidence
HONDA. (F) 8. 251. 300.	Annobl. v. 1717. 20,000 k.	Iiyama (Shinano).
HONJŌ MATS. (F) 207. 269. 296.	Annobl. en 1688. 70,000 k.	Dep. 1758 Miyatsu (Tango).
HONJŌ (F) 207. 269. 296.	Br. cad. annobl. en 1705.—10,000 k.	Takatomi (Mino).
HORI. (T) 51. 60. 102. 184.	Annobl. v. 1568. p. Ota Nob.—17,000 k.	Dep. 1673 Ida (Shinano).
HORI. (T) 119. 201.	Annobl. v. 1598 p. Toyotomi.—30,000 k.	Dep. 1644 Muramatsu (Echigo).
HORI. (T) 119. 229.	Br. cad. annobl. v. 1610. 10,000. k.	Dep. 1615 Susaka (Shinano).
HORI. (F) 119. 201.	Autre br. cad. annobl. v. 1633.—10,000 k.	Dep. 1698 Shiiya (Echigo).
Horio.	De 1586 envir. à 1626.	*Matsue (Izumo).*
HORITA(1) (F) 124. 222.	Annobl. en 1625. 110,000 k.	Dept. 1746 Sakura (Shimosa).
HORITA(1) (F) 124.	Br. cad. annobl. en 1682. 10,000 k.	Dep. 1698 Myagawa (Omi).
HORITA(1) (F) 95. 124.	Autre br. cad., annobl. en 1684.—16,000 k.	Dep. 1826 Sano (Shimozuke).
HOSHINA. (K) 82. 156.	Appar. v. la fin du XVIe S^e^ à *Shinano.*— 20,000 k.	Dep. 1648 Iino (Kazusa).
HOSHINA MATS 5. 10. (F)	Issue d'un fils cadet de Hidetada. Annobl. en 1631.—230,000 k.	Dep. 1643 Aizu (Mutsu).
Hosokawa.	V. la fin du XIIe et au XIIIe S^e^ réside à *Mikawa;* du XIVe S^e^ à 1552 occupe *Shikoku et Tamba.*	*Katsu-ura (Awa).*
HOSOKAWA. 4.98.150.234. (T)	Br. cad.; appar. v. la fin du XIVe S^e^.— 540,000 k.	Dep. 1632 Kumamoto (Higo).
HOSOKAWA. 4. 150. (T)	Br. cad. annobl. en 1646. 30,000 k.	Uto (Higo).

(1) On prononce habituellement : *Hotta.*

Familles	Origine et fortune	Résidence
HOSOKAWA. 151. 184. (T)	Autre br. cad. annobl. en 1609.—16,000 k.	Dep. 1617 Yatabe (Hitachi).
ICHIHASHI. 86. 172. 216. (T)	Annobl. p. Ota Nob. v. 1568.—18,000 k.	Dep. 1620 Ninshōji (Omi).
II. (F) 141. 197.	Appar. v. le milieu du XVIe S[e].—350,000 k.	Dep. 1604 Hikone (Omi).
II. (F) 141. 197.	Br. cad. annobl. en 1615. 20,000 k.	Dep. 1706 Yoita (Echigo).
IKEDA. (T) 20. 93. 289.	Annobl. p. Ota v. 1568. 315,000 k.	Dep. 1603 Okayama (Bizen).
IKEDA. (T) 5. 10. 22.	Br. cad. annobl. en 1603; alliée aux Tokug. p. une fille d'Iyeyasu.— 325,000 k.	Tottori (Inaba).
Ikoma.	Annobl. p. Toyotomi; dispar. en 1640.	*Prov. d'Iyo.*
Imagawa.	Appar. au XIVe S[e]; dispar. en 1568.	*Fuchu (Suruga).*
INABA. (F) 242. 304.	Annobl. p. Ota (1564). 50,000 k.	Dep. 1600 Usuki (Bungo).
INABA. (F) 95. 242.	Br. cad. annobl. v. 1588. 100,000 k.	Dep. 1723 Yodo (Yamashiro).
INABA. (F) 95. 242.	Br. cad. annobl. v. 1781. 10,000 k.	Dep. 1789 Tateyama (Awa).
INAGAKI. (F) 52. 64.	Annobl. en 1615. 30,000 k.	Dep. 1725 Toba (Shima).
INAGAKI. (F) 52. 64.	Br. cad. annobl. en 1684. 13,000 k.	Dep. 1698 Yamanoue (Omi).
INOUE. (F) 198. 282.	Annobl. en 1615. 60,000 k.	Dep. 1845 Hamamatsu (Totomi).
INOUE. (F) 198. 282.	Br. cad. annobl. en 1640. 10,000 k.	Dep. 1676 Takaoka (Shimosa).
INOUE. (F) 198. 282.	Br. cad. annobl. en 1713. 10,000 k.	Dep. 1789 Shimotsuma (Hitachi).
Ishida.	Annobl. p. Toyotomi (1583-1600).	*Sawayama (Omi).*

Familles	Origine et fortune	Résidence
ISHIKAWA (F) 91. 96. 184.	Annobl. en 1590. 60,000 k.	Dep. 1744 Kameyama (Ise).
ISHIKAWA. 92. 184. (F)	Br. cad. annobl. en 1651. 20,000 k.	Dep. 1732 Shimodate (Hitachi).
ITŌ. (T) 127. 149.	Appar. au XIIe S^e. 50,000 k.	Dep. 1588 Obi (Hiuga).
ITŌ. (T) 127. 152. 285.	Annobl. en 1615. 10,000 k.	Okada (Bichu).
ITAKURA. (F) 153. 193. 213.	Annobl. v. 1609. 50,000 k.	Dep. 1744 Matsuyama (Bichu).
ITAKURA. (F) 153. 192.	Br. cad. annobl. en 1624. 30,000 k.	Dep. 1702 Fukushima (Mutsu).
ITAKURA. (F) 153. 192.	Autre br. cad. annobl. en 1661.—30,000 k.	Dep. 1749 Annaka (Kōzuke).
ITAKURA. (F) 153. 192.	Autre br. cad. annobl. en 1683.—20,000 k.	Dep. 1699 Niwase (Bichu).
IWAKI. 3. 179.	Remonte au XIIe S^e. 20,000 k.	Kameda (Dewa).
KAMEI. (T) 200. 204.	Annobl. p. Toyotomi v. 1583.—43,000 k.	Dep. 1617 Tsuwano (Iwami).
KANŌ. (F) 72. 278.	Annobl. en 1726. 10,000 k.	Dep. 1804 env. Ichinomiya (Kazusa).
KATAGIRI. (T) 119. 225.	Annobl. p. Toyotomi en 1595.—10,000 k.	Dep. 1600 Koizumi (Yamato).
KATŌ. (T) 41. 184. 224.	Annobl. p. Toyotomi v. 1582.—60,000 k.	Dep. 1617 Ōsu (Iyo).
KATŌ. (F) 184.	Br. cad. annobl. en 1623. 10,000 k.	Nīya ou Shinya (Iyo).
KATŌ. (F) 41. 184.	Annobl. p. Toyotomi v. 1586. 25,000 k.	Dep. 1712 Minakuchi (Omi).
Katō.	Appar. v. 1586 ; dispar. v. 1632.	*Kumamoto (Higo).*
KIKKAWA (1).		Iwakuni (Suwo).

(1) La noblesse de cette famille est contestée.

Familles	Origine et fortune	Résidence
Kikuchi.	Du XIe S[e] à la fin du XVe	*Kikuchi* (*Higo*).
KINOSHITA. 3. 194. (T)	Issue de la sœur de Toyotomi et annobl. p. lui v. 1583. — 25,000 k.	Dep. 1600 Ashimori (Bichu).
KINOSHITA. 60. 303. (T)	Br. cad. annobl. p. Toyotomi (1592).—25,000 k.	Dep. 1600 Hiji (Bungo).
KIOGOKU. (T) 4. 202.	Appar. au XIIIe S[e]. 50,000 k.	Dep. 1658 Marugame (Sanuki).
KIOGOKU. (T) 1. 3. 203.	Br. cad. annobl. (1594) p. Toyotomi.—15,000 k.	Dep. 1668 Toyooka (Tajima).
KIOGOKU. (T) 2. 203.	Br. cad. annobl. en 1694. 10,000 k.	Tadotsu (Sanuki).
KIOGOKU. (T) 4. 184. 206.	Br. cad. annobl. en 1622. 10,000 k.	Mineyama (Tango).
Kitabatake.	D'environ 1334 à 1576	(*Ise*).
KOIDE. (T) 121. 189.	Annobl. p. Toyotomi (1585).—26,000 k.	Dep. 1619 Sonobe (Tamba).
Kōno.	Du XIIe au XVIe S[e].	(*Iyo*).
KUCHIKI. (F) 4. 203.	Appar. au XIVe S[e] (Omi). 32,000 k.	Dep. 1669 Fukuchiyama (Tamba).
KUKI. (T) 4. 157. 185.	Appar. v. le milieu du XVe S[e]—36,000 k.	Dep. 1642 Sanda (Settsu).
KUKI (T) 192. 250.	Annobl. en 1633. 19,000 k.	Dep. 1642 Ayabe (Tamba).
KURODA. (T) 46. 174.	Annobl. p. Toyotomi (1587). 520,000 k.	Dep. 1600 Fukuoka (Chikuzen).
KURODA, (T) 46. 142.	Br. cad. annobl. en 1610. 50,000 k.	Dep. 1623 Akizuki (Chikuzen).
KURODA. (F) 123.176.177.181.	Annobl. en 1700. 30,000 k.	Dep. 1742 Kururi (Kazusa).
KURUSHIMA. 240. 275.	Annobl. v. 1588 p. Toyotomi.— 12,000 k.	Dep. 1601 Mori (Bungo).
Kusunoki.	De 1331 à 1390 environ.	(*Kawachi*).
KUZE. (F). 140. 146.	Annobl. en 1648. 58,000 k.	Dep. 1705 Sekiyado (Shimosa).

Familles	Origine et fortune	Résidence
MAKINO. (F) 1. 3. 74. 297.	Annobl. p. Toyotomi v. 1588.—70,000 k.	Dep. 1618 Nagaoka (Echigo).
MAKINO. (F) 74. 297.	Br. cad. annobl. en 1680. 80,000 k.	Dep. 1747 Kasama (Hitachi).
MAKINO. (F) 1. 73. 152.	Annobl. en 1633. 35,000 k.	Dep. 1668 Tanabe (Tango).
MAKINO. (F) 74. 152.	Annobl. en 1634. 15,000 k.	Dep. 1702 Komuro (Shinano).
MAEDA. (T) 160.	Annobl. p. Ota Nob. v. 1570.—1027,000 k.	Dep. 1583 Kanazawa (Kaga).
MAEDA. (T) 160.	Br. cad. annobl. en 1639. 100,000 k.	Toyama (Etchu).
MAEDA. (T) 160.	Autre br. cad. annobl. en 1639.—100,000 k.	Daishoji (Kaga).
MAEDA. (T) 162.	Annobl. en 1616. 10,000 k.	Nanukaichi (Kōzuke).
MANABE. (F) 239. 286.	Annobl. en 1706. 50,000 k.	Dep. 1720 Sabae (Echizen).
MASUYAMA. 254. 293. (F)	Annobl. en 1647. 20,000 k.	Dep. 1702 Nagashima (Ise).
MATSUDAIRA. 5. 10. (1) (K)	Issue du second fils d'Iyeyasu; annobl. en 1600.—100,000 k.	Dep. 1699 Tsuyama (Mimasaka).
MATSUDAIRA. 5. 12. (K)	Br. cad. annobl. en 1616. 320,000 k.	Dep. 1623 Fukui (Echizen).
MATSUDAIRA. 5. 11. (K)	Autre br. cad. annobl. en 1623.—186,000 k.	Dep. 1638 Matsue (Izumo).
MATSUDAIRA. 5. 12. (K)	Autre br. cad. annobl. en 1633.—170,000 k.	Dep. 1767 Kawagoe (Musashi).
MATSUDAIRA. 5. 10. (K)	Autre br. cad. annobl. en 1644.—100,000 k.	Dep. 1682 Akashi (Harima).
MATSUDAIRA. 5. 11. (K)	Autre br. cad. annobl. en 1666.—30,000 k.	Hirose (Izumo).

(1) Cette maison formait avec les 7 branches cadettes qui en étaient issues ce qu'on appelait *la famille d'Echizen.*

Familles	Origine et fortune	Résidence
MATSUDAIRA. 4. 5. 11. (K)	Autre br. cad. annobl. en 1666.—10,000 k.	Mori (Izumo).
MATSUDAIRA. 4. 5. 12. (K)	Autre br. cad. annobl. en 1673.—10,000 k.	Dep. 1717 Itoi. gawa (Echigo).
MATSUDAIRA. 7. 11. (K)	Maison issue des Tokugawa d'Owari; annobl. en 1681. — 30,000 k.	Dep. 1700 Takasu (Mino)
MATSUDAIRA. 5. 10. (K)	Maison issue des Tokugawa de Mito, annobl. en 1639. — 120,000 k.	Dep. 1642 Takamatsu (Sanuki).
MATSUDAIRA. 6. 11. (K)	Br. cad. issue de la précéd., annobl. en 1661.—20,000 k.	Dep. 1700 Fuchu (Hitachi).
MATSUDAIRA. 6. 11. (K)	Autre br. cad. annobl. en 1661.—20,000 k.	Dep. 1700 Moriyama (Mutsu).
MATSUDAIRA. 6. 11. (K)	Autre br. cad. annobl. en 1681. 10,000 k.	Shishido (Hitachi).
MATSUDAIRA. 6. 11. (K)	Maison issue des Tokugawa de Kii ; annobl. en 1670. — 30,000 k.	Saijō (Iyo).
MATSUDAIRA. 5. 12. (K)	Maison issue d'un frère utérin d'Iyeyasu(Hisamatsu); annobl. en 1601.—150,000 k.	Dep. 1635 Matsuyama (Iyo)
MATSUDAIRA. 162. 173. (K)	Br. cad. issue de la précéd., annobl. en 1624.—100,000k.	Dep. 1823 Kuwana (Ise).
MATSUDAIRA. 9. 78. 259. (F)	Maison (Ogiu) issue des Tokugawa à la fin du XVe S^e, annobl. en 1587.—60,000 k.	Dep. 1764 Nishiwo (Mikawa).
MATSUDAIRA. 77. 227. (F)	Br. cad. annobl. en 1635. 16,000 k.	Dep. 1703 Okudono (Mikawa).
MATSUDAIRA. 9. 76. 97. (F)	Autre br. cad. annobl. en 1679.—30,000 k.	Dep. 1702 Iwamura (Mino).
MATSUDAIRA. 4. 99. 131. (F)	Branche des Tokugawa annobl. en 1600.— 30,000 k.	Dep. 1697 Kamiyama (Dewa).
MATSUDAIRA. 4. 100. (F)	Br. cad. issue de la précéd. annobl. en 1642.—53,000 k.	Dep. 1706 Ueda (Shinano).
MATSUDAIRA. 111. 255. (F)	Autre br .des Tokugawa annobl. en 1618.—50,000 k.	Dep. 1748 Kameyama (Tamba).

Familles	Origine et fortune	Résidence
MATSUDAIRA. 139. 263. (F)	Autre br. des Tokug. annobl. en 1580.—70,000 k.	Dep. 1774 Shimabara (Hizen).
MATSUDAIRA. 90. 157. (F)	Autre br. des Tokug. annobl. en 1616.— 32,000 k.	Dep. 1645 Kitsuki (Bungo).
MATSUDAIRA. 77. 107. (F)	Autre br. des Tok. annobl. en 1689.—10,000 k.	Dep. 1704 Oshima (Suruga).
MATSUDAIRA. 5. 10. (F)	Maison issue du shogun Iyemitsu, annobl. en 1706.—60,000 k.	Dep. 1836 Hamada (Iwami).
MATSUDAIRA. 5. 12. 152. (F)	Maison (Okudaira) issue d'un petit-fils d'Iyeyasu, annobl. en 1602.—100,000 k.	Dep. 1823 Oshi (Musashi).
MATSUDAIRA. 80. 152. 273. (F)	Br. cad. issue des précéd., annobl. en 7688.—20,000 k.	Dep. 1767 Obata (Kōzuke).
MATSUDAIRA. 77. 101. (F)	Maison (Matsui) issue des Tokug., annobl. v. 1582.—60,000 k.	Dep. 1836 Tanakura (Mutsu).
MATSUDAIRA. 30. 265. (F)	Br. issue des Tokug., annobl. en 1625.—20,000 k.	Dep. 1703 Ōtaki (Kazusa).
MATSUDAIRA. 36. 111. (K)	Maison Takatsukasa annobl. en 1709.— 10,000 k.	Yada (Kōzuke).
MATSUDAIRA. (F)	Voy. Hoshina.	Wakamatsu (Mutsu).
MATSUMAE. 116. 214. (T)	Appar. v. 1588.	Matsumae(Yezo).
MATSURA. (T) 83. 166. 234.	Remonte au XIIe S^e. 60,000 k.	Hirato (Hizen).
MATSURA. (T) 83. 118.	Br. cad. annobl. en 1689.	Katsumoto (ile Iki).
MIYAKE. (F) 158. 257. 279.	Annobl. en 1604. 12,000 k.	Dep. 1664 Tawara (Mikawa).
Miura.	Appar. du XIIe S^e à 1247.	*Miura(Sagami).*
MIURA. (F) 67. 238.	Annobl. en 1630. 23,000 k.	Dep. 1764 Katsuyama (Mimasaka).

Familles	Origine et fortune	Résidence
Miyoshi.	Appar. à la fin du XIVe S^e; dispar. en 1577.	(*Awa*).
Mizoguchi. 208. 218. (T)	Annobl. p. Ota Nob. v. 1580.—50,000 k.	Dep. 1598 Shibata (Echigo).
Mizono. (F) 59. 185.	Appar. d'abord à *Mikawa* (XIVe S^e): famille matern. d'Yeyasu.—18,000 k.	Dep. 1703 Yuki (Shimosa).
Mizuno. (F) 65. 187.	Br. cad. annobl. en 1635. 50,000 k.	Dep. 1845 Yamagata (Dewa).
Mizuno. (F) 61. 187.	Br. cad. annobl. en 1602. 50,000 k.	Dep. 1777 Numazu (Suruga).
Mizuno. (F) 62. 106. 187.	Br. cad. annobl. en 1711. 15,000 k.	Dep. 1827 Tsurumaki (Kazusa).
Mogami.	De 1356 à 1622.	Yamagata (Dewa).
Mōri. (T) 1. 3. 57. 167.	Appar. d. la prov. d'*Aki* au XIIIe S^e.—369,000 k.	Dep. 1600 Hagi (Nagato).
Mōri. (T) 57. 178.	Br. cad. annobl. v. 1634. 40,000 k.	Tokuyama (Suwo).
Mōri. (T) 3. 57. 68. 167.	Autre br. cad. 50,000 k.	Dep. 1718 Fuchu (Nagato).
Mōri. (T) 3. 57. 167.	Autre br. cad. 10,000 k.	Kiyosue (Nagato).
Mori. (T) 4. 15. 89.	Maison annobl. p. Ota Nob. v. 1574.—20,000 k.	Dep. 1706 Akao (Harima).
Mori. (T) 4. 14.	Br. cad. annobl. en 1676. 15,000 k.	Dep. 1697 Mikazuki (Harima).
Mōri. (T) 4. 14. 148.	Maison annobl. p. Toyotomi en 1601.—20,000 k.	Saiki (Bungo).
Morikawa. 135.196.260. (F)	Annobl. en 1627. 10,000 k.	Oimi (Shimosa).
Nabeshima. 3. 50. 54. (T)	Remonte au commencem. du XVIe S^e.—357,000 k.	Dep. 1584 Saga (Hizen).
Nabeshima. 54. 79. (T)	Br. cad. annobl. v. 1610. 20,000 k.	Kashima (Hizen).

Familles	Origine et fortune	Résidence
NABESHIMA. 55. 203. (T)	Autre br. cad. annobl. en 1614.—73,000 k.	Ogi (Hizen).
NABESHIMA. 54. 281. (T)	Autre br. cad. annobl. en 1635.—52,000 k.	Hasuike(Hizen).
NAGAI. (F) 109. 167. 295.	Annobl. v. 1600. 10,000 k.	Dep. 1680 Shinjō (Yamato).
NAGAI. (F) 103. 169.	Br. cad. annobl. v. 1633. 36,000 k.	Dep. 1649 Takatsuki (Settsu).
NAGAI. (F) 109. 167. 294.	Br. cad. annobl. en 1658. 32,000 k.	Dep. 1756 Kanō (Mino).
NAITO. (F) 2. 44.	Annobl. en 1590. 70,000 k.	Dep. 1747 Nobeoka (Hiuga).
NAITO. (F) 44. 45. 274.	Br. cad. annobl. en 1590. 50.000 k.	Dep. 1720 Murakami (Echigo).
NAITO. (F) 2. 44. 221.	Autre br. cad. annobl. v. 1590.—33,000 k.	Dep. 1691 Takatō (Shinano).
NAITO. (F) 2. 44.	Autre. br. cad. annobl. en 1633.—15,000 k.	Unagaya (Mutsu).
NAITO. (F) 2. 44.	Autre. br. cad. annobl. en 1634.—20,000 k.	Dep. 1749 Koromo (Mikawa).
NAITO. (F) 44. 258.	Autre br. cad. annobl. en 1693.—15,000 k.	Dep. 1703 Iwamurata (Shinano).
NAKAGAWA. 70. 230. (T)	Appar. au XVI[e] S[e]. 70,000 k.	Dep. 1598 Oka (Bungo).
NAMBU. (T) 17. 114.152.209.	Appar. au XIIe S[e] (Mutsu). 200,000 k.	Dep. 1597 Morioka (Mutsu).
NAMBU. (T) 17. 152. 209.	Br. cad. annobl. en 1664. 20,000 k.	Hachinohe (Mutsu).
NARUSE. (1)		Inuyama (Owari).
NISHIO. (F) 133. 306.	Annobl. en 1602. 35,000 k.	Dep. 1682 Yokosuka (Totomi).
Nitta.	Du XIIe S[e] à 1370 environ.	(*Kōzuke*).

(1) Les titres de noblesse de cette famille sont contestés.

Familles	Origine et fortune	Résidence
NIWA. (T) 126. 223.	Annobl. p. Ota Nob. v. 1570.—100,000 k.	Dep. 1643 Nihonmatsu (Mutsu).
NIWA. (T) 3. 270.	Annobl. v. 1600. 10,000 k.	Dep. 1746 Mikusa (Harima).
Ōdomo.	Appar. du XIIe S[e] à 1593.	*Bungo.*
OGASAWARA. 3. 219. (F)	Appar. au XIIe S[e] (*Shinano*).— 150,000 k.	Dep. 1632 Kokura (Buzen).
OGASAWARA. 3. 219. (F)	Br. cad. appar. au XIIe S[e] (*Shinano*).—22,000 k.	Dep. 1691 Katsuyama (Echizen).
OGASAWARA. 3. 219. (F)	Autre br. cad. annobl. en 1626.—10,000 k.	Dep. 1717 Anshi (Harima).
OGASAWARA. 4. 219. (F)	Br. cad. annobl. en 1632. 60,000 k.	Dep. 1817 Karatsu (Hizen).
OGIU. MATS. 152. 190. (F)	Maison issue des Matsud. de Nishiwo, annobl. en 1600. 20,000 k.	Dep. 1658 Funai (Bungo).
OKABE. (F) 192.	Annobl. en 1590. 50,000 k.	Dep. 1640 Kishiwada (Izumi).
ŌKŌCHI. MATS. 29. 265. (F)	Annobl. en 1627. 70,000 k.	Dep. 1749 Yoshida (Mikawa).
ŌKŌCHI. (F) 30. 266.	Br. cad. annobl. en 1679. 82,000 k.	Dep. 1717 Takasaki (Kōzuke).
ŌKUBO. (F) 43.	Annobl. en 1590. 113,000 k.	Odawara (Sagami).
ŌKUBO. (F) 43. 152.	Br. cad. annobl. en 1684. 30,000 k.	Dep. 1725 Karasuyama (Shimozuke).
ŌKUBO. (F) 253.	Br. cad. annobl. en 1706. 13,000 k.	Ogino (Sagami).
OKUDAIRA. (F) 61. 66. 272.	Annobl. v. 1590. 100,000 k.	Dep. 1717 Nakatsu (Buzen).
ŌMURA. (T) 84. 122. 182.	Appar. au XIIe S[e]. 27,000 k.	Ōmura (Hizen).
ŌOKA. (F) 283. 298.	Annobl. en 1736. 10,000 k.	Dep. 1749 Nishiōhira (Mikawa).

Familles	Origine et fortune	Résidence
ŌOKA. (F) 283. 298.	Br. cad. annobl. en 1751. 23,000 k	Dep. 1756 Iwatsuki (Musashi).
OSEKI. (T) 63. 69. 178.	Appar. v. 1590. 18,000 k.	Kurohane (Shimozuke).
OTA. (ou ODA) 2. 122. (T)	Appar. au XVe S[e]; réside à *Ono* (*Echizen*) (1) v. 1600.—20,000 k.	Dep. 1767 Tendo (Dewa).
OTA.(Oda)(T) 4. 122.	Br. cad. annobl. v. 1569. 20,000 k.	Dep. 1695 Kashiwabara(Tamba).
OTA.(ODA)(T) 21. 122.	Autre br. cad. annobl. en 1600.—10,000 k.	Shibamura (Yamato).
OTA.(ODA)(T) 21. 122.	Autre br. cad. annobl. en 1615.—10,000 k.	Yagimoto (Yamato).
ŌTA. (T) 107. 226.	Appar. au XV[e] S[e]. (*Musashi*). 50,000 k.	Dep. 1746 Kakegawa (Totomi).
ŌTAWARA. (T) 178. 190.	Appar. v. 1590. 10,000 k.	Ōtawara (Shimozuke).
Ōuchi.	Appar. v. la fin du XIVe S[e]; dispar. en 1551.	Yamaguchi (Nagato).
Riuzoji.	XVIe S[e].	*Saga* (*Hizen*).
ROKUGŌ. (T) 77. 159. 305.	Appar. au XVe S[e]. 20,000 k.	Dep. 1623 Honjō (Dewa).
SAGARA. (T) 125. 164.	Appar. dès la fin du XIIe S[e].—22,000 k.	Hitoyoshi (Higo).
SAKAI. (F) 58. 134.	Appar. au XIVe S[e] (2). 140,000 k.	Dep. 1622 Tsurugaoka(3)(Dewa).
SAKAI. (F) 58. 136.	Br. cad. annobl. en 1647 25,000 k.	Matsuyama (Dewa).
SAKAI. (F) 130. 233.	Maison annobl. en 1590. 150,000 k.	Dep. 1749 Himeji (Harima).
SAKAI. (F) 133. 199.	Br. cad. annobl. en 1609. 103,000 k.	Dep. 1633 Obama (Wakasa).

(1) C'est cette famille qui, vers 1570, acquit avec Nobunaga la grande puissance que l'on sait.

(2) C'est de cette famille que sortirent les Tokugawa.

(3) On dit plus souvent Shōnai, nom du kori.

Familles	Origine et fortune	Résidence
SAKAI. (F) 132. 199.	Autre br. cad. annobl. en 1668.—12,000 k.	Katsuyama(Awa).
SAKAI. (F) 133.	Autre br. cad. annobl. en 1681.—20,000 k.	Isezaki (Kōzuke).
SAKAI. (F) 133.	Autre br. cad. annobl. en 1682.—10,000 k.	Tsuruga (Echizen).
SAKAKIWARA. 152. 277. (F)	Annobl. en 1586. 150,000 k.	Dep. 1741 Takata (Echigo).
SAKURAI MATS. 99. 152. 184. (F)	Br. de la famille Tokug., annobl. en 1588.—40,000 k.	Dep. 1711 Amagasaki (Settsu).
SANADA. (T) 137. 188. 292.	Appar. au milieu du XVIe S^e.—100,000 k.	Dep. 1622 Matsushiro (Shinano).
Sasaki.	Du XIIe au XVIe S^e.	(*Omi*).
SATAKE. (T) 246. 261. 262.	Appar. au XIIe S^e. 205,000 k.	Dep. 1602 Akita (Dewa).
Satomi.	Du XIIe S^e au milieu du XVe.	*Kōzuke.*
	Du milieu du XVe S^e à 1614.	*Awa.*
SEKI. (F) 4. 16. 21.	Annobl. en 1652. 18,000 k.	Dep. 1698 Niimi (Bichu).
SENGOKU (T) 4. 154. 187. 256.	Annobl. p. Toyotomi (1583) 30,000 k.	Dep. 1706 Izushi (Tajima).
Shiba.	Appar. du XIVe au milieu du XVIe S^e.	(*Owari, Echizen*).
SHIMAZU (T) 2. 220.	Remonte au XIIe S^e. 770,000 k.	Kagoshima (Satsuma).
SHIMAZU (T) 129. 220.	Br. cad. annobl. en 1603. 27,000 k.	Sadowara (Hiuga).
SHINJŌ. (T) 13. 46.	Annobl. p. Toyotomi. 10,000 k.	Dep. 1604 Asō (Hitachi).
SŌ. (T) 1. 3. 205.	Remonte au XIe S^e. 100,000 k.	Dep. 1614 Fuchu (Tsushima).
SŌMA. (T) 119. 152. 301.	Remonte au Xe S^e. 60,000 k.	Dep. 1611 Nakamura (Mutsu).

Familles	Origine et fortune	Résidence
SUWA. (F) 14. 87.	Appar. au XVe S^e. 30,000 k.	Dep. 1601 Takashima (Shinano).
TACHIBANA. 53. 267. 287. (T)	Appar. au commencem. du XIVe S^e.—119,000 k.	Dep. 1620 Yanagawa (Chikugo).
TACHIBANA. 56. 287. (T)	Br. cad. annobl. v. 1617. 10,000 k.	Dep. 1820 Shimotedo (Mutsu).
TAKAKI. (F) 144. 227.	Annobl. en 1605. 10,000 k.	Dep. 1623 Tannami (Kawachi).
Takeda.	Du XIIe S^e à 1582.	*Kofu* (*Kai*).
TAMURA. (T) 2. 49. 237.	Br. cad. de la fam. Date, annobl. en 1660.—30,000 k.	Dep. 1682 Ichinoseki (Mutsu).
TANI. (T) 4. 21. 172.	Annobl. p. Toyotomi (1588) 10,000 k.	Dep. 1600 Yamaiye (Tamba).
TANUMA. (F) 157. 231.	Annobl. en 1758. 10,000 k.	Dep. 1823 Sagara (Totomi).
TATEBE. (T) 27. 290.	Annobl. en 1615. 10,000 k.	Dep. 1617 Hayashida (Harima).
TODA. (MATS.) 77. 163. 288. (F)	Appar. au XVe S^e. 60,000 k.	Dep. 1725 Matsumoto (Shinano).
TODA. (F) 163. 184. 288.	Br. cad. annobl. en 1600. 77,000 k.	Dep. 1774 Utsunomiya (Shimozuke).
TODA. (F) 163. 184. 288.	Autre br. cad. annobl. en 1704.—10,000 k.	Ashikaga (Shimozuke).
TODA. (F) 152. 184.	Maison annobl. en 1600. 100,000 k.	Dep. 1635 Ōgaki (Mino).
TŌDŌ. (T) 77. 135.	Annobl. p. Toyotomi v. 1586.—323,000 k.	Dep. 1608 Tsu (Ise).
TŌDŌ. (T) 76. 135.	Br. cad. annobl. en 1632. 50,000 k.	Hisai (Ise).
Toki.	Du XIIe au XVIe S^e.	(*Mino*).
TOKI. (F) 47. 104. 105.	Annobl. p. Tokug. v. 1592. 35,000.	Dep. 1742 Numata (Kōzuke).

Familles	Origine et fortune	Résidence
TOKUGAWA. 5. 10.	Du XIe au XIVe S^{e} Aux XVe et XVIe S^{es}. Shogun de 1608 à 1868.	*Kōzuke.* *Mikawa.* Yedo (Musashi).
TOKUGAWA. 5. 10. (S)	Br. cad. issue (1603) du 9e fils d'Iyeyasu.— 619,000 k.	Dep. 1607 Nagoya (Owari).
TOKUGAWA. 5. 10. (S)	Autre. Br. cad. issue(1603) du 10e fils d'Iyeyasu.— 555,000 k.	Dep. 1619 Wakayama (Kii).
TOKUGAWA. 5. 10. (S)	Autre. br. cad. issue(1606) du 11^{e} fils d'Iyeyasu.— 350,000 k.	Dep. 1609 Mito (Hitachi).
TORII. (F) 14. 39. 302.	Annobl. v. 1590. 30,000 k.	Dep. 1712 Mibu (Shimozuke).
TOYAMA. (T) 41. 234. 299.	Annobl. p. Ota Nob. 10,000 k.	Dep. 1573 env. Naeki (Mino).
TOZAWA. (T) 14. 152.155.248.	Rem. au XIIe S^{e}. 68,000 k.	Shinjō (Dewa).
TSUCHIYA. (F) 152. 217.	Annobl. en 1600. 95,000 k.	Dep. 1692 Tsuchiura (Hitachi).
TSUGARU. (T) 32. 33. 227.	Annobl. p. Toyotomi en 1590. 100,000 k.	Dep. 1610 Hirosaki (Mutsu).
TSUGARU. (T) 32.	Br. cad. annobl. v. 1814. 10,000 k.	Kuroishi (Mutsu).
UCHIDA. (F) 128. 280.	Annobl. en 1639. 10,000 k.	Dep. 1724 Omigawa (Shimosa).
UEMURA. (F) 3. 104. 232.	Annobl. en 1640. 25,000 k.	Takatori (Yamato).
UESUGI. (T) 1. 3. 19.	Appar. dès le XIVe S^{e} d. les prov. d'*Echigo*, *Kozuke*, *Sagami* ; au XVIe S^{e} d. celle d'Echigo seule.—150,000 k.	Dep. 1601 Yonezawa (Dewa).
WAKEBE. (T) 235. 243.	Appar. au milieu du XVIe S^{e}.—20,000 k.	Dep. 1619 Ōmizo (Ōmi).
WATANABE. 170.180.264. (F)	Annobl. en 1613. 13,000 k.	Dep. 1627 Hakata (Izumi).
WAKIZAKA. 4. 104. 175. (F)	Annobl. p. Toyotomi(1585) 50,000 k.	Dep. 1635 Tatsuno (Harima).

Familles	Origine et fortune	Residence
YAGIU. (F) 38. 291.	Annobl. en 1636. 10,000 k.	Dep. 1640 Yagiu (Yamato).
Yamana.	Du XIIe S^e à 1340. De 1340 à 1581.	*Kōzuke.* *Tajima*, *Inaba*, *Hoki* etc.
YAMAGUCHI. 40. 212. (F)	Annobl. en 1601. 10,000 k.	Dep. 1632 Ushiku (Hitachi).
YAMANOUCHI. 75. 244. (T)	Annobl. p. Toyotomi v. 1583. 242,000 k.	Dep. 1600 Kōchi (Tosa).
YANAGISAWA. 113. 115. 210. 211. (F)	Annobl. en 1704. 150,000 k.	Dep. 1724 Kōriyama (Yamato).
YANAGISAWA. 113. 211. (F)	Br. cad. annobl. en 1709. 10,000 k.	Dep. 1724 Kurokawa (Echigo).
YANAGISAWA. 211. (F)	Autre br. cad. annobl. en 1709. 10,000 k.	Dep. 1724 Mikkaichi(Echigo).
YONEKURA. 112. 117. (F)	Annobl. en 1696. 12,000 k.	Kanazawa (Musashi).
YONEZU. (F) 165. 276.	Annobl. en 1663. 10,000 k.	Dep. 1698 Nagase (Dewa).
Yuki.	Du XIIe au XVIe S^e.	*Yuki* (*Kōzuke*).

LISTE ALPHABÉTIQUE

DES

CHÂTEAUX DE DAIMYŌ EN 1867.

Villes	Provinces	Familles
AIZU	Mutsu	Hoshina.
AKAO	Harima	Mori.
AKASHI	Harima	Matsudaira.
AKITA	Dewa	Satake.
AKIZUKI	Chikuzen	Kuroda.
AMAGASAKI	Settsu	Sakurai.
ANNAKA	Kōzuke	Itakura.
ANSHI	Harima	Ogasawara.
ASADA	Settsu	Aoki.
ASHIKAGA	Shimozuke	Toda.
ASHIMORI	Bichu	Kinoshita.
ASO	Hitachi	Shinjō.
AYABE	Tamba	Kuki.
DAISHOJI	Kaga	Maeda.
FUCHU	Hitachi	Matsudaira.
FUCHU	Tsushima	Sō.
FUCHU	Nagato	Mōri.
FUCHU	Kai	Matsudaira.
FUKIAGE	Shimozuke	Arima.
FUKUCHIYAMA	Tamba	Kuchiki.
FUKUE	Goto	Goto.
FUKUI	Echizen	Matsudaira.
FUKUOKA	Chikuzen	Kuroda.
FUKUSHIMA	Mutsu	Itakura.

Villes	Provinces	Familles.
Fukuyama	Bingo	Abe.
Funai	Bungo	Ogiu.
Hachiman	Mino	Aoyama.
Hachinohe	Mutsu	Nambu.
Hagi	Nagato	Mōri.
Hamada	Iwami	Matsudaira.
Hamamatsu	Totomi	Inoue.
Hakata	Izumi	Watanabe.
Hasuike	Hizen	Nabeshima.
Hayashida	Harima	Tatebe.
Hiji	Bungo	Kinoshita.
Hikone	Omi	Ii.
Himeji	Harima	Sakai.
Hirato	Hirato	Matsura.
Hirosaki	Mutsu	Tsugaru.
Hirose	Izumo	Matsudaira.
Hiroshima	Aki	Asano.
Hisai	Ise	Todō.
Hitoyoshi	Higo	Sagara.
Honjo	Dewa	Rokugo.
Ichinomiya	Kazusa	Kano.
Ichinoseki	Mutsu	Tamura.
Ida	Shinano	Hori.
Iino	Kazusa	Hoshina.
Iiyama	Shinano	Honda.
Imaharu	Iyo	Hisamatsu.
Inuyama	Owari	Naruse.
Isezaki	Kōzuke	Sakai.
Itoigawa	Echigo	Matsudaira.

Villes	Provinces	Familles
Iwakuni	Suwo	Kikkawa.
Iwamura	Mino	Matsudaira.
Iwamurata	Shinano	Naito.
Iwatsuki	Musashi	Oōka.
Izugahara	Mutsu	Tamura.
Izumi	Mutsu	Honda.
Izushi	Tajima	Sengoku.
Kaibuchi	Kazusa	Hayashi.
Kagoshima	Satsuma	Shimazu.
Kakegawa	Totomi	Ōta.
Kambe	Ise	Honda.
Kameda	Dewa	Iwaki.
Kameyama	Tamba	Matsudaira.
Kameyama	Ise	Ishikawa.
Kamiyama	Dewa	Matsudaira.
Kanazawa	Kaga	Maeda.
Kanazawa	Musashi	Yonekura.
Kano	Mino	Nagai.
Kasama	Hitachi	Makino.
Karasuyama	Shimozuke	Ōkubo.
Karatsu	Hizen	Ogasawara.
Kariya	Mikawa	Doi.
Kashima	Hizen	Nabeshima.
Kashiwabara	Tamba	Ota.
Katsumoto	Iki	Matsura.
Katsuyama	Awa	Sakai.
Katsuyama	Echizen	Ogasawara.
Katsuyama	Mimasaka	Miura.
Kawagoe	Musashi	Matsudaira.

Villes	Provinces	Families
Kiosue	Nagato	Mōri.
Kishiwada	Izumi	Okabe.
Kitsuki	Bungo	Matsudaira.
Kitsuregawa	Shimozuke	Ashikaga.
Kōchi	Tosa	Yamanouchi.
Koga	Shimosa	Doi.
Koizumi	Yamato	Katagiri.
Kokura	Buzen	Ogasawara.
Komono	Ise	Hijikata.
Komatsu	Iyo	Hitotsuyanagi.
Komuro	Shinano	Makino.
Koriyama	Yamato	Yanagisawa.
Koromo	Mikawa	Naito.
Kumamoto	Higo	Hosokawa.
Kurohane	Shimozuke	Oseki.
Kuroishi	Mutsu	Tsugaru.
Kurokawa	Echigo	Yanagisawa.
Kururi	Kazusa	Kuroda.
Kurume	Chikugo	Arima.
Kuwana	Ise	Matsudaira.
Maebashi	Kōzuke	Matsudaira.
Marugame	Sanuki	Kyo-goku.
Maruoka	Echizen	Arima.
Matsue	Izumo	Matsudaira.
Matsumae	Yezo	Matsumae.
Matsumoto	Shinano	Toda.
Matsushiro	Shinano	Sanada.
Matsuyama	Bichu	Itakura.
Matsuyama	Dewa	Sakai.

Villes	Provinces	Familles
MATSUYAMA	Iyo	Matsudaira.
MIBU	Shimozuke	Torii.
MIHARU	Mutsu	Akita.
MIKAMI	Omi	Endo.
MIKAZUKI	Harima	Mori.
MIKKAICHI	Echigo	Yanagisawa.
MIKUSA	Harima	Niwa.
MINAKUCHI	Omi	Kato.
MINEYAMA	Tango	Kyo-goku.
MITO	Hitachi	Tokugawa.
MIYAGAWA	Omi	Hotta.
MIYATSU	Tango	Honjō.
MORI	Bungo	Kurushima.
MORI	Izumo	Matsudaira.
MORIOKA	Mutsu	Nambu.
MORIYAMA	Mutsu	Matsudaira.
MURAKAMI	Echigo	Naito.
MURAMATSU	Echigo	Hori.
NAGAOKA	Echigo	Makino.
NAGASE	Dewa	Yonezu.
NAGASHIMA	Ise	Masuyama.
NAGOYA	Owari	Tokugawa.
NAIKI	Mino	Toyama.
NAKAMURA	Mutsu	Soma.
NAKATSU	Buzen	Okudaira.
NANUKAICHI	Kōzuke	Maeda.
NIHONMATSU	Mutsu	Niwa.
NIIMI	Bichu	Seki.
NISHIWO	Mikawa	Matsudaira.

Villes	Provinces	Familles
NISHIŌSHIRA	Mikawa	Oōka.
NIWASE	Bichu	Itakura.
NĪYA	Iyo	Kato.
NOBEOKA	Hiuga	Naito.
NUMATA	Kōzuke	Toki.
NUMAZU	Suruga	Mizuno.
OBAMA	Wakasa	Sakai.
OBATA	Kōzuke	Matsudaira.
OBI	Hiuga	Itō.
ODAWARA	Sagami	Okubo.
OGAKI	Mino	Toda.
OGI	Hizen	Nabeshima.
OGINO	Sagami	Okubo.
OIMI	Shimosa	Morikawa.
OKA	Bungo	Nakagawa.
OKABE	Musashi	Ambe.
OKADA	Bichu	Itō.
OKAYAMA	Bizen	Ikeda.
OKAZAKI	Mikawa	Honda.
OKUDONO	Mikawa	Matsudaira.
OMIGAWA	Shimosa	Uchida.
OMIZO	Omi	Wakebe.
OMURA	Hizen	Omura.
ONO	Echizen	Doi.
ONO	Harima	Hitotsuyanagi.
OSHI	Musashi	Matsudaira.
OSHIMA	Suruga	Matsudaira.
OSU	Iyo	Katō.
OTAKI	Kazusa	Matsudaira.

Villes	Provinces	Familles
Otawara	Shimozuke	Otawara.
Sabae	Echizen	Manabe.
Sadowara	Hiuga	Shimazu.
Saga	Hizen	Nabeshima.
Sagara	Totomi	Tanuma.
Saijo	Iyo	Matsudaira.
Saiki	Bungo	Mōri.
Sakura	Shimosa	Hotta.
Sanda	Settsu	Kuki.
Sano	Shimozuke	Hotta.
Sanuki	Kazusa	Abe.
Sasayama	Tamba	Aoyama.
Sayama	Kawachi	Hōjo.
Sekiyado	Shimosa	Kuze.
Sendai	Mutsu	Date.
Shibamura	Yamato	Ota.
Shibata	Echigo	Mizoguchi.
Shiiya	Echigo	Hori.
Shimabara	Hizen	Matsudaira.
Shimodate	Hitachi	Ishikawa.
Shimotedo	Mutsu	Tachibana.
Shimotsuma	Hitachi	Inoue.
Shinjo	Dewa	Tozawa.
Shinjo	Yamato	Nagai.
Shinya	Iyo	Katō.
Shirakawa	Mutsu	Abe.
Shishido	Hitachi	Matsudaira.
Shonai	Dewa	Sakai.
Sonobe	Tamba	Koide.

Villes	Provinces	Familles
SUMOTO	Awaji	Hachisuka.
SUSAKA	Shinano	Hori.
TADOTSU	Sanuki	Kyo-goku.
TAIRA	Mutsu	Ando.
TAKAMATSU	Sanuki	Matsudaira.
TAKANABE	Hiuga	Akizuki.
TAKAOKA	Shimosa	Inoue.
TAKASAKI	Kōzuke	Okochi.
TAKASHIMA	Shinano	Suwa.
TAKATA	Echigo	Sakakibara.
TAKATO	Shinano	Naito.
TAKATOMI	Mino	Honjō.
TAKASU	Mino	Matsudaira
TAKATORI	Yamato	Uemura.
TAKAYAMA	Hida	Tokugawa.
TAKATSUKI	Settsu	Nagai.
TAKO	Shimosa	Hisamatsu.
TANABE	Tango	Makino.
TANAKA	Suruga	Honda.
TANAKURA	Mutsu	Matsudaira.
TANNAMI	Kawachi	Takaki.
TATEBAYASHI	Kōzuke	Akimoto.
TATEYAMA	Awa	Inaba.
TATSUNO	Harima	Wakizaka.
TAWARA	Mikawa	Miyake.
TENDŌ	Dewa	Ota.
TOBA	Shima	Inagaki.
TOKUSHIMA	Awa	Hachisuka.
TOKUYAMA	Suwo	Mōri.

Villes	Provinces	Familles
Tottori	Inaba	Ikeda.
Toyama	Etchu	Maeda.
Toyooka	Tajima	Kyo-goku
Tsu	Ise	Todō.
Tsuchiura	Hitachi	Tsuchiya.
Tsuruga	Echizen	Sakai.
Tsurugaoka	Dewa	Sakai.
Tsurumaki	Kazusa	Mizuno.
Tsuwano	Iwami	Kamei.
Tsuyama	Mimasaka	Matsudaira.
Udo	Higo	Hosokawa.
Ueda	Shinano	Matsudaira.
Unagaya	Mutsu	Naito.
Uskiku	Hitachi	Yamaguchi.
Usuki	Bungo	Inaba.
Utsunomiya	Shimozuke	Toda.
Uwajima	Iyo	Date.
Wakamatsu	Mutsu	Matsudaira.
Wakayama	Kii	Tokugawa.
Yada	Kōzuke	Matsudaira.
Yagimoto	Yamato	Ota.
Yagyu	Yamato	Yagyu.
Yamagata	Dewa	Mizuno.
Yamaguchi	Suwo	Mōri.
Yamanoue	Omi	Inagaki.
Yamazaki	Harima	Honda.
Yamaye	Tamba	Tani.
Yanagawa	Chikugo	Tachibana.
Yatabe	Hitachi	Hosokawa.

Villes	Provinces	Familles
YODO	Yamashiro	Inaba.
YOITA	Echigo	Ii.
YOKOSUKA	Totomi	Nishio.
YONEZAWA	Dewa	Uesugi.
YOSHIDA	Iyo	Date.
YOSHIDA	Mikawa	Okochi.
YUKI	Shimosa	Mizuno.
ZEZE	Omi	Honda.

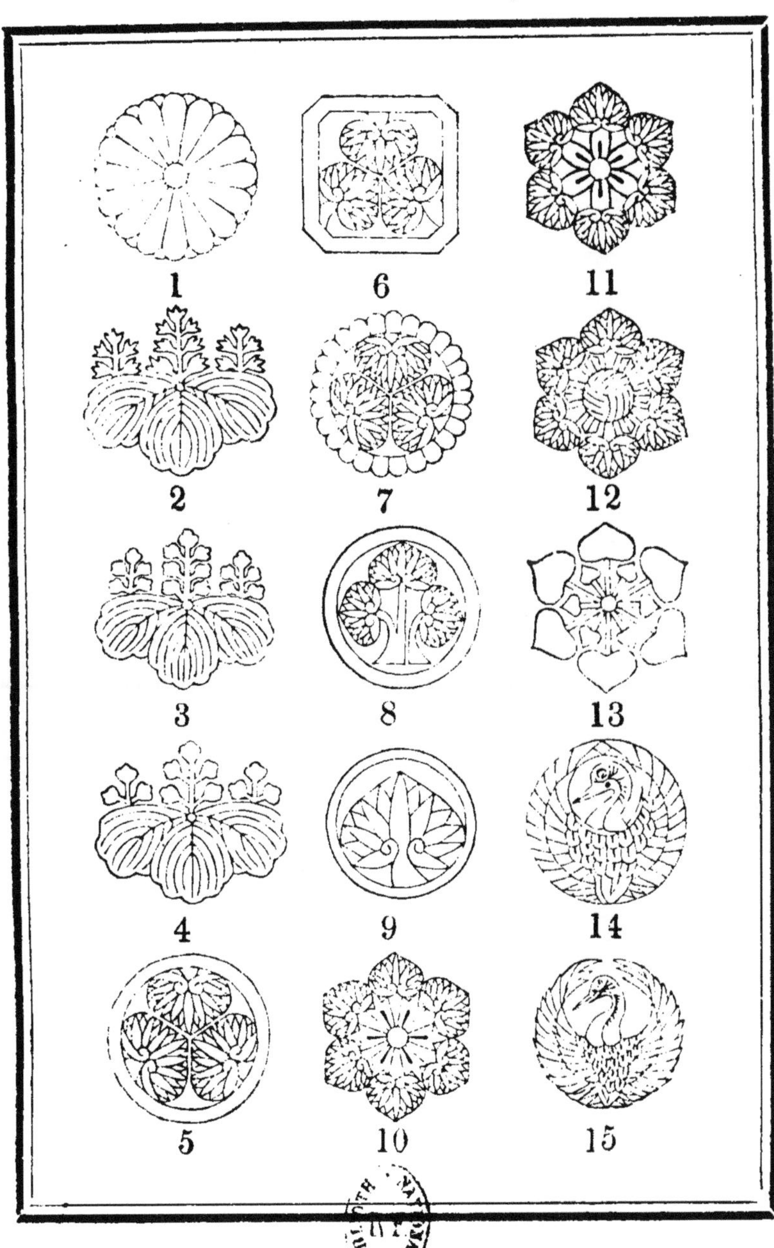
1
6
11
2
7
12
3
8
13
4
9
14
5
10
15

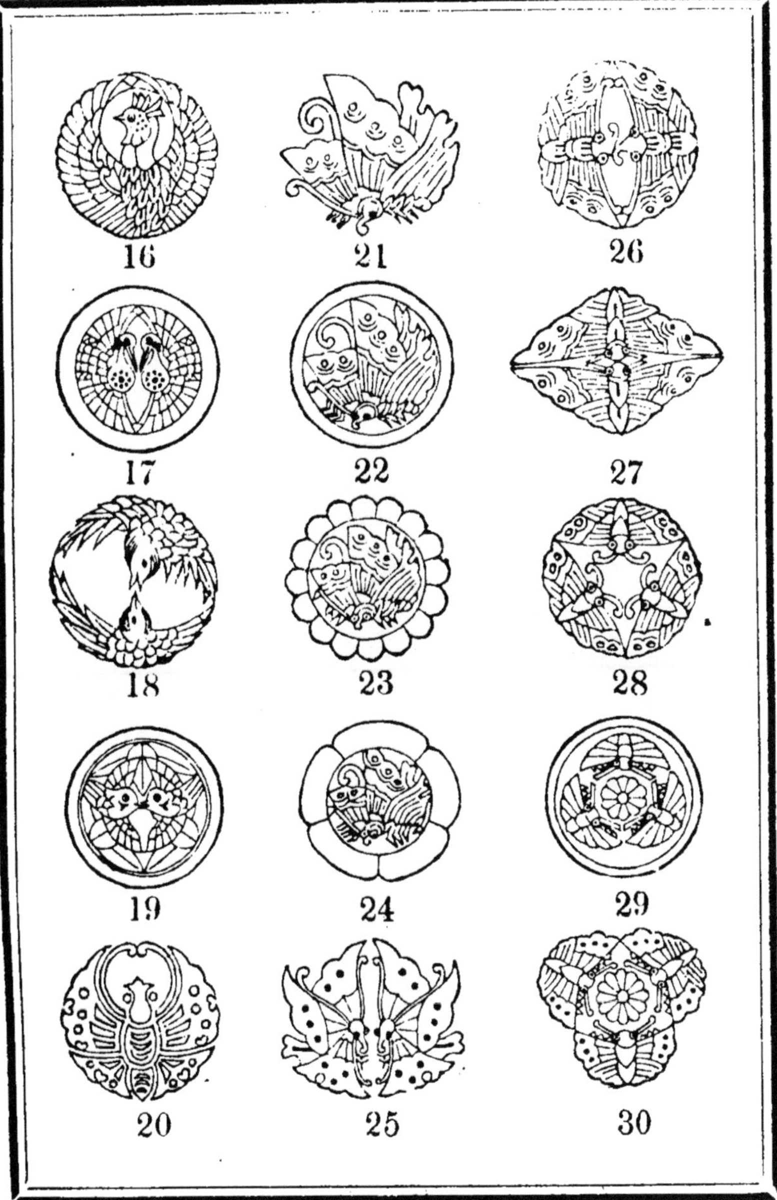
16
21
26
17
22
27
18
23
28
19
24
29
20
25
30

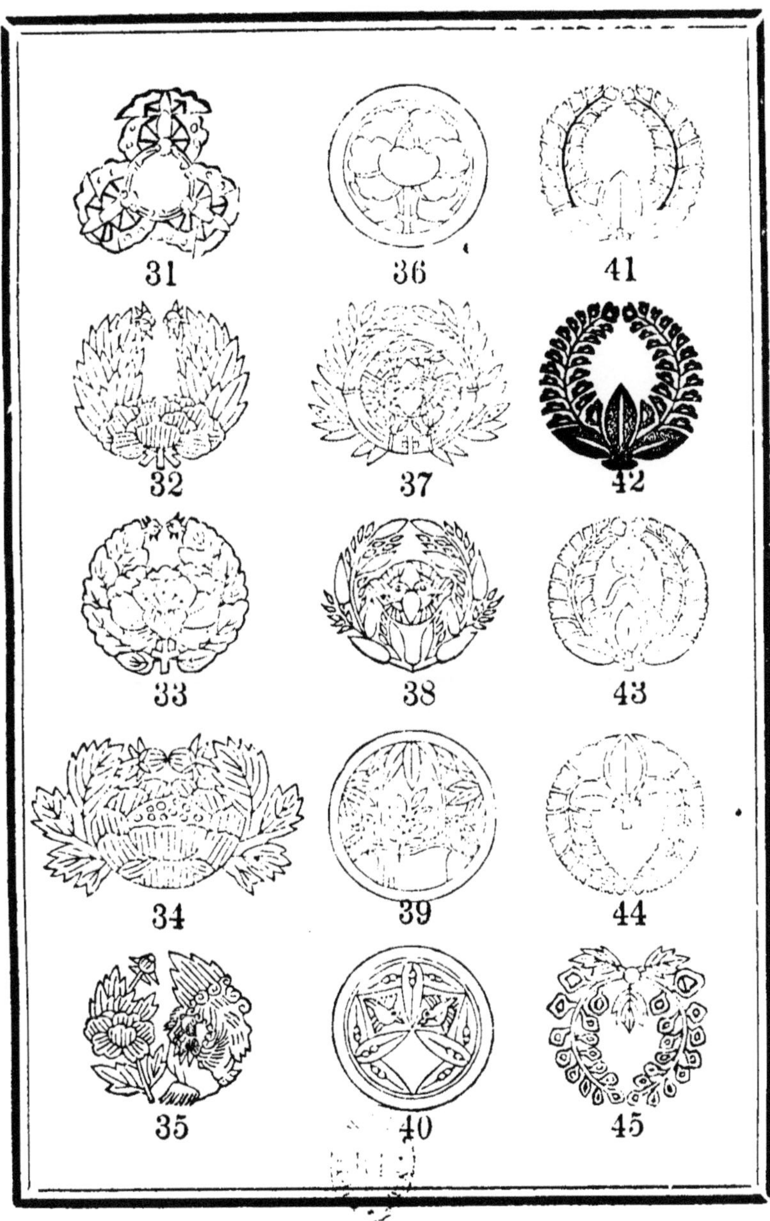
31
36
41
32
37
42
33
38
43
34
39
44
35
40
45

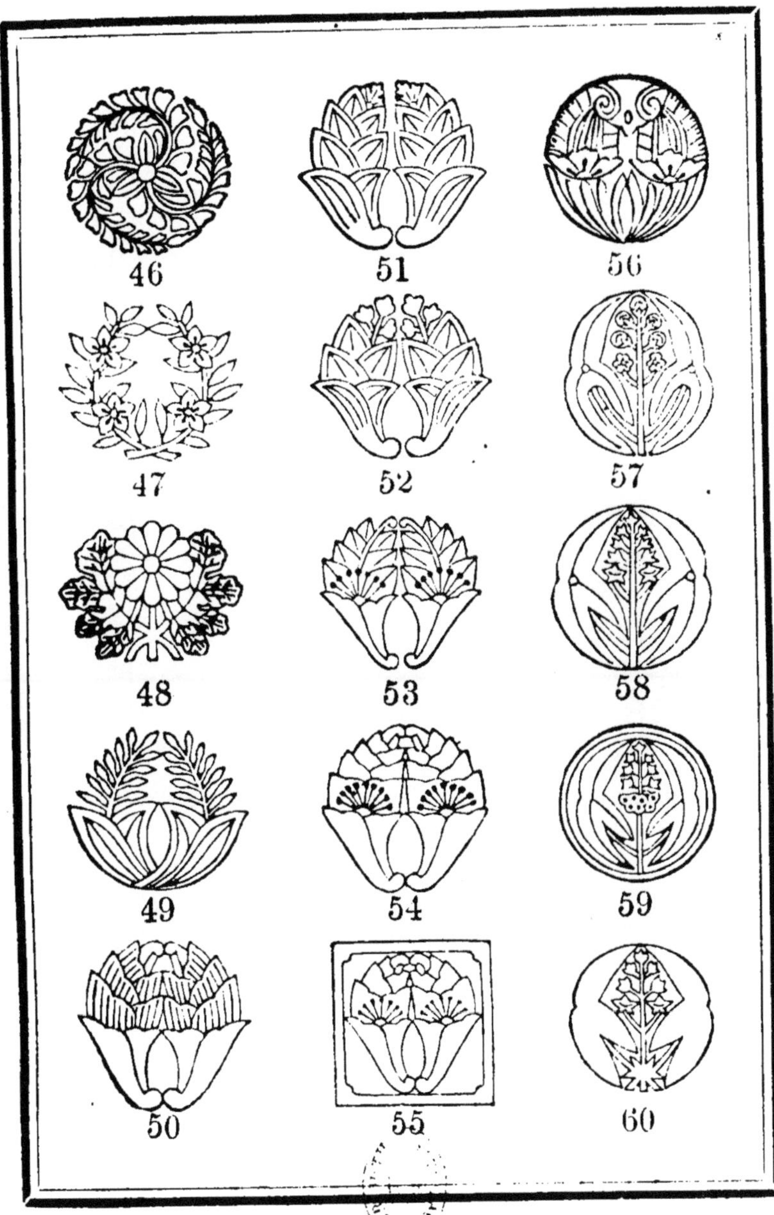
46
51
56
47
52
57
48
53
58
49
54
59
50
55
60

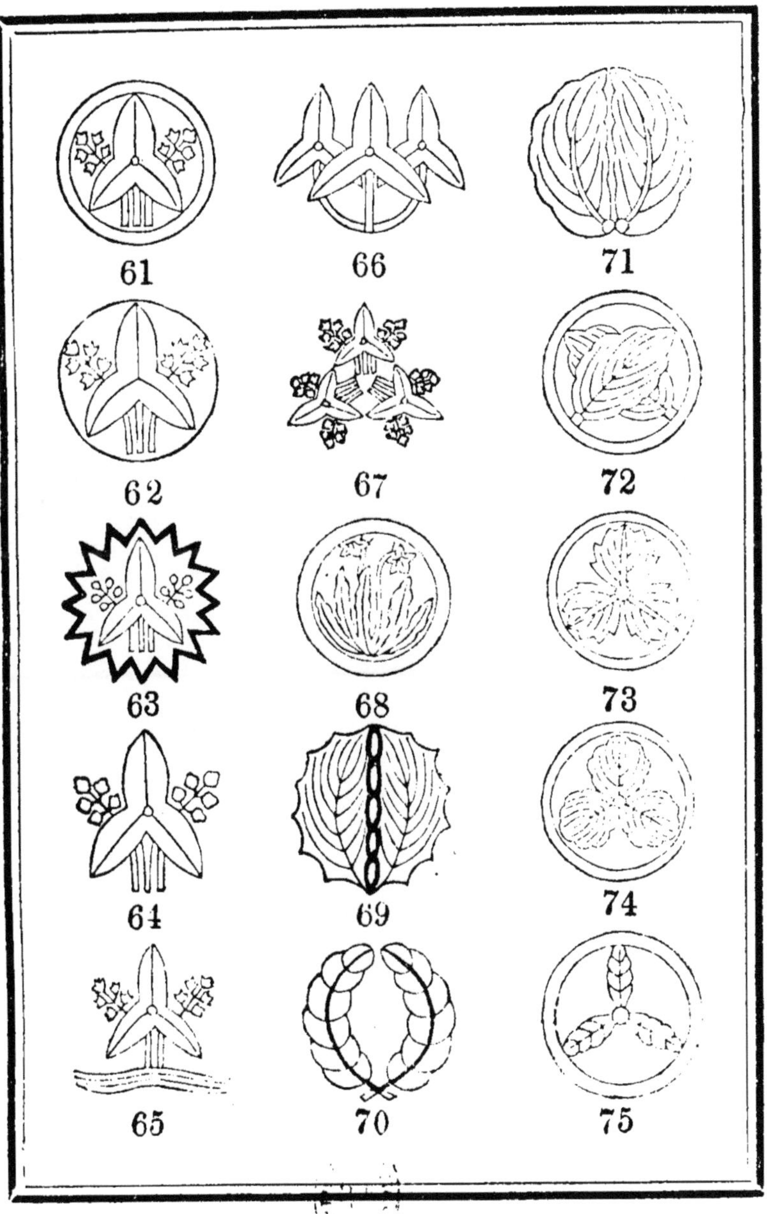
61
66
71
62
67
72
63
68
73
64
69
74
65
70
75

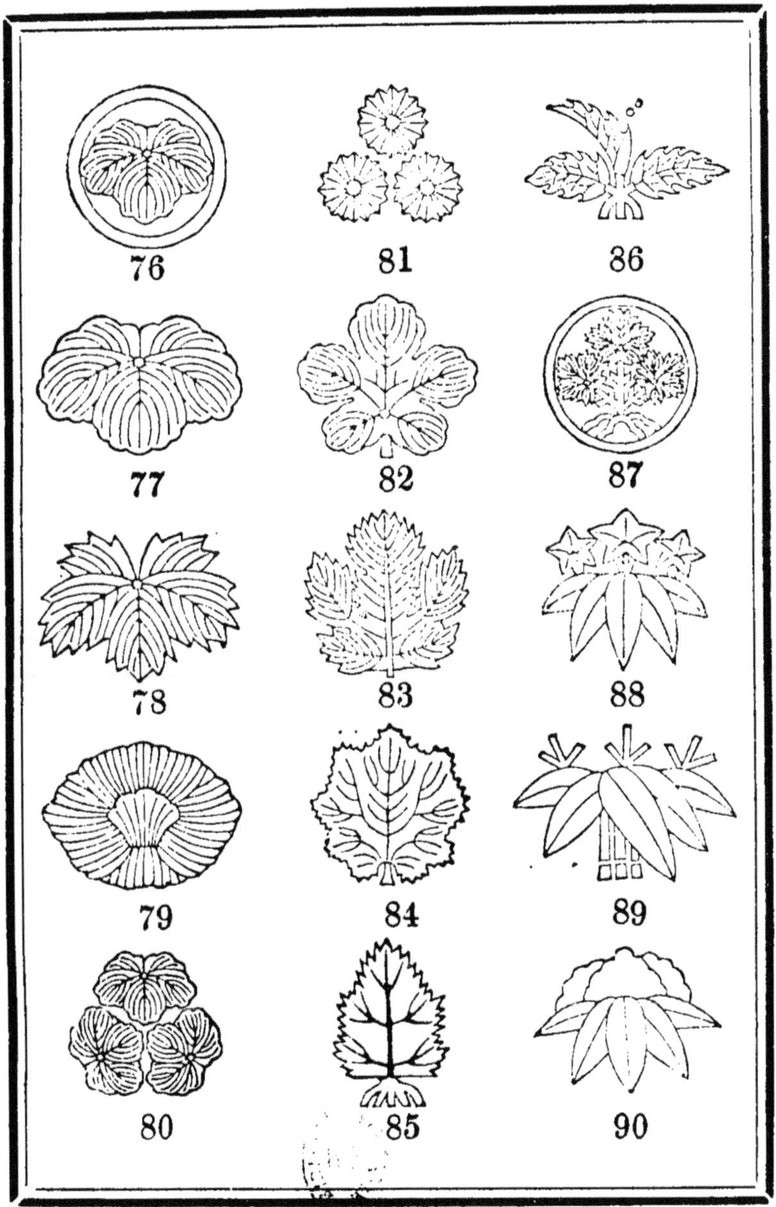
76
81
86
77
82
87
78
83
88
79
84
89
80
85
90

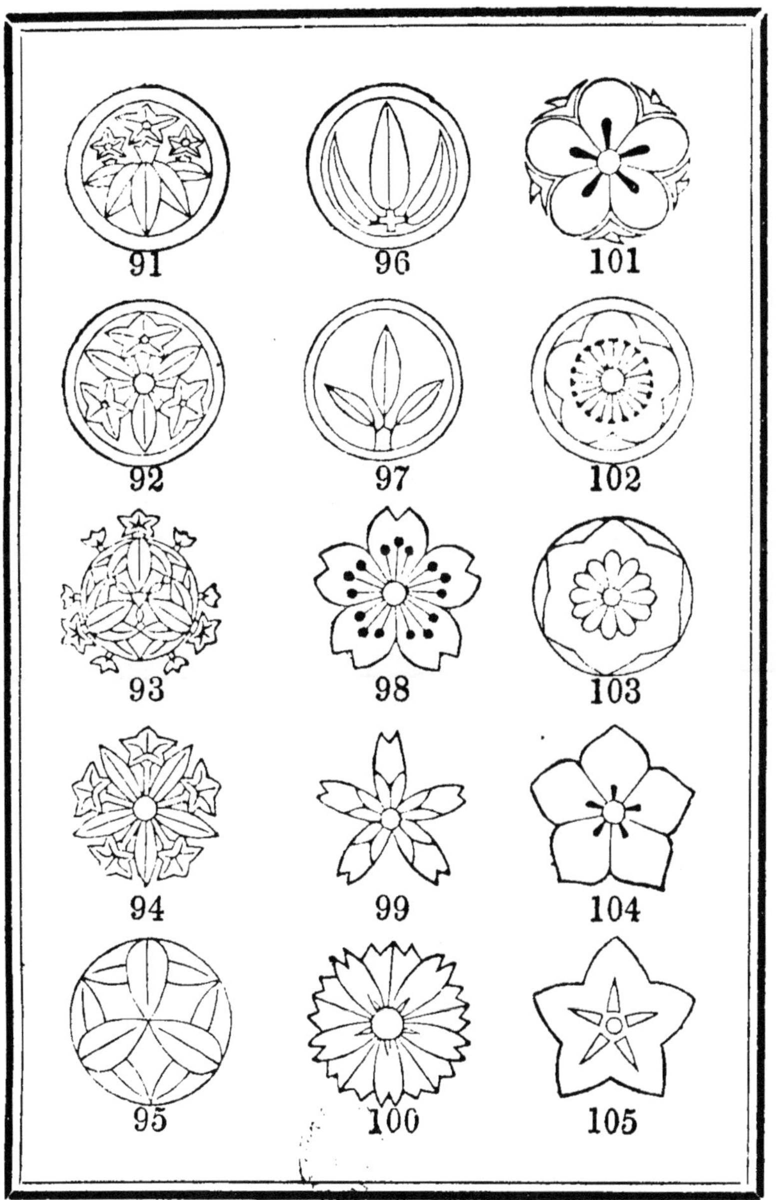
91
96
101
92
97
102
93
98
103
94
99
104
95
100
105

106
111
116
107
112
117
108
113
118
109
114
119
110
115
120

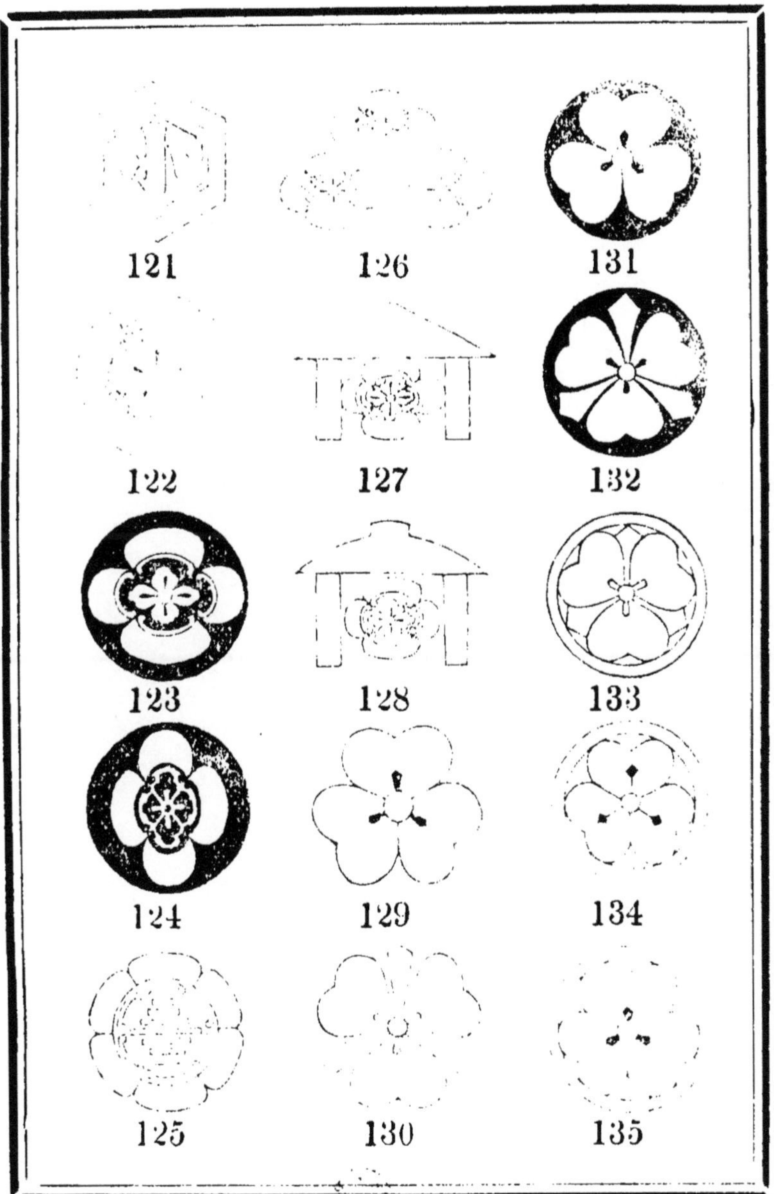
121
126
131
122
127
132
123
128
133
124
129
134
125
130
135

136
141
146
137
142
147
138
143
148
139
144
149
140
145
150

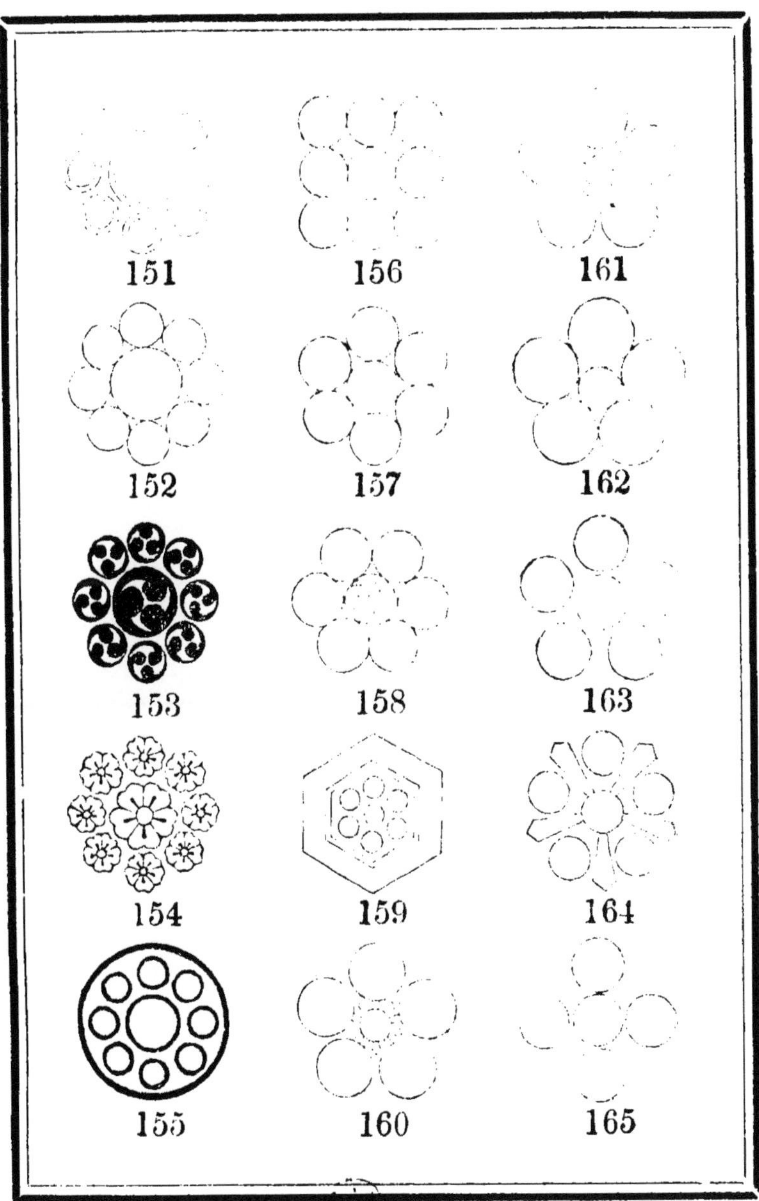
151
156
161
152
157
162
153
158
163
154
159
164
155
160
165

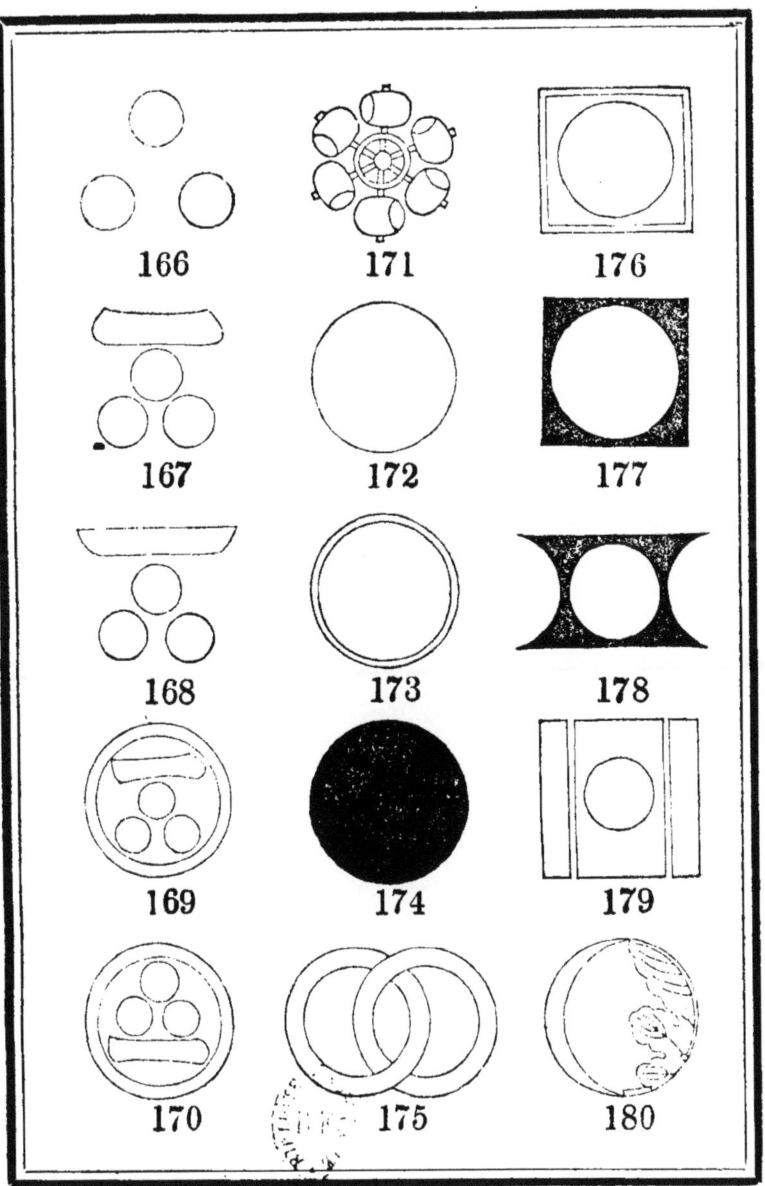
166
171
176
167
172
177
168
173
178
169
174
179
170
175
180

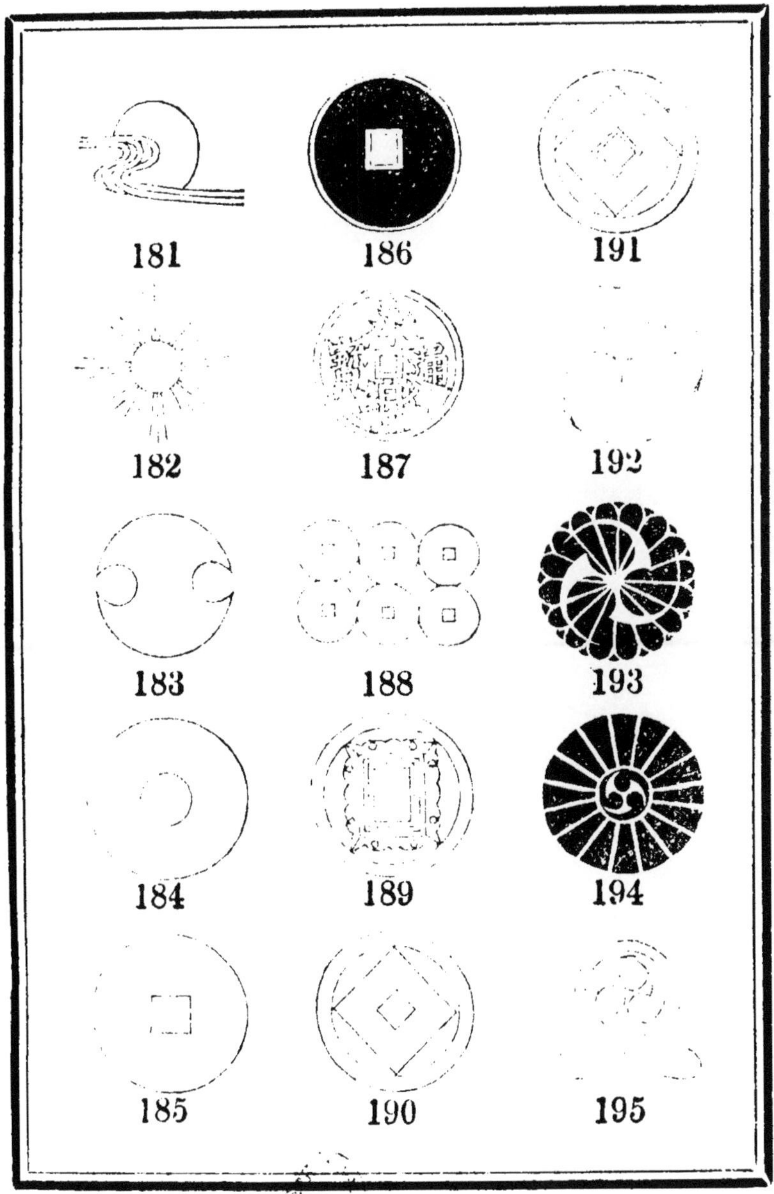
181
186
191
182
187
192
183
188
193
184
189
194
185
190
195

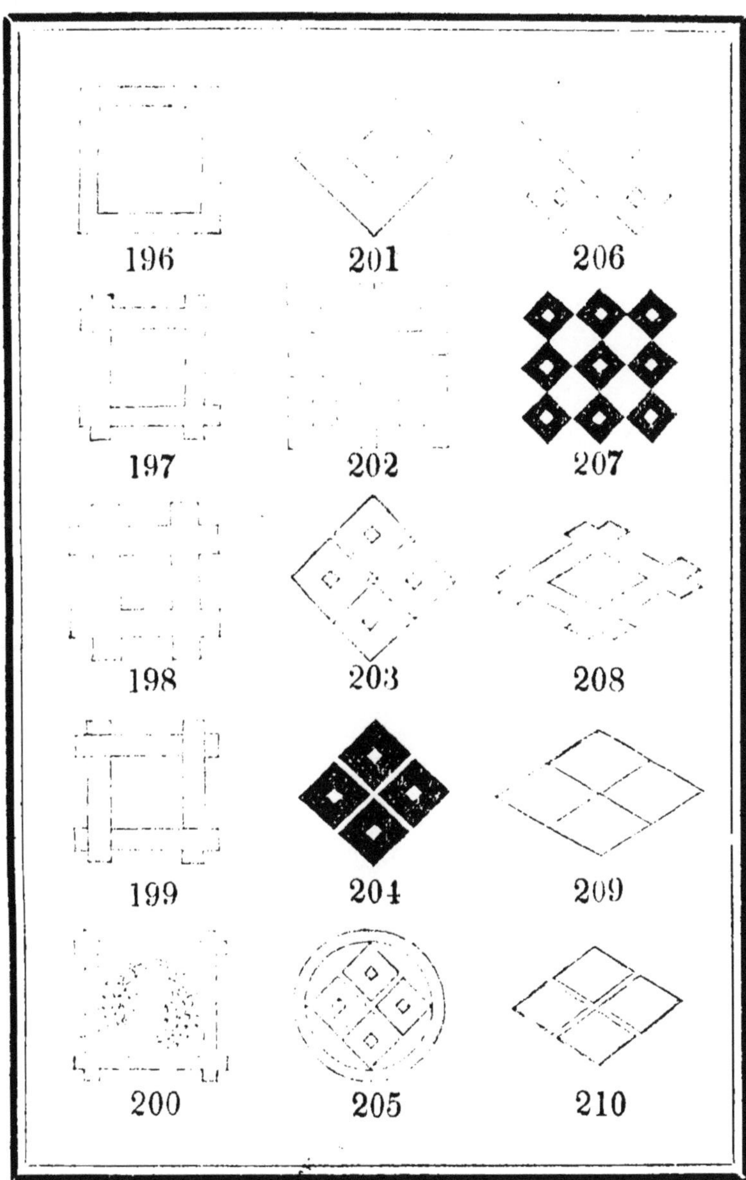
196
197
198
199
200
201
202
203
204
205
206
207
208
209
210

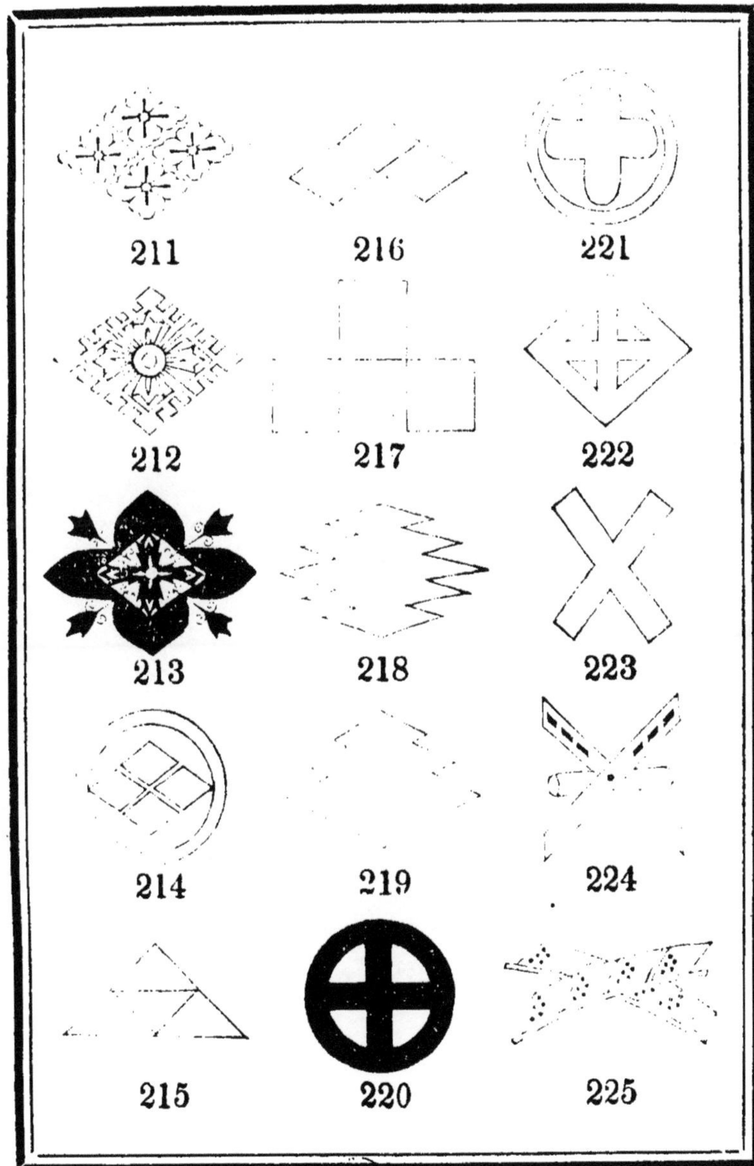
211
216
221
212
217
222
213
218
223
214
219
224
215
220
225

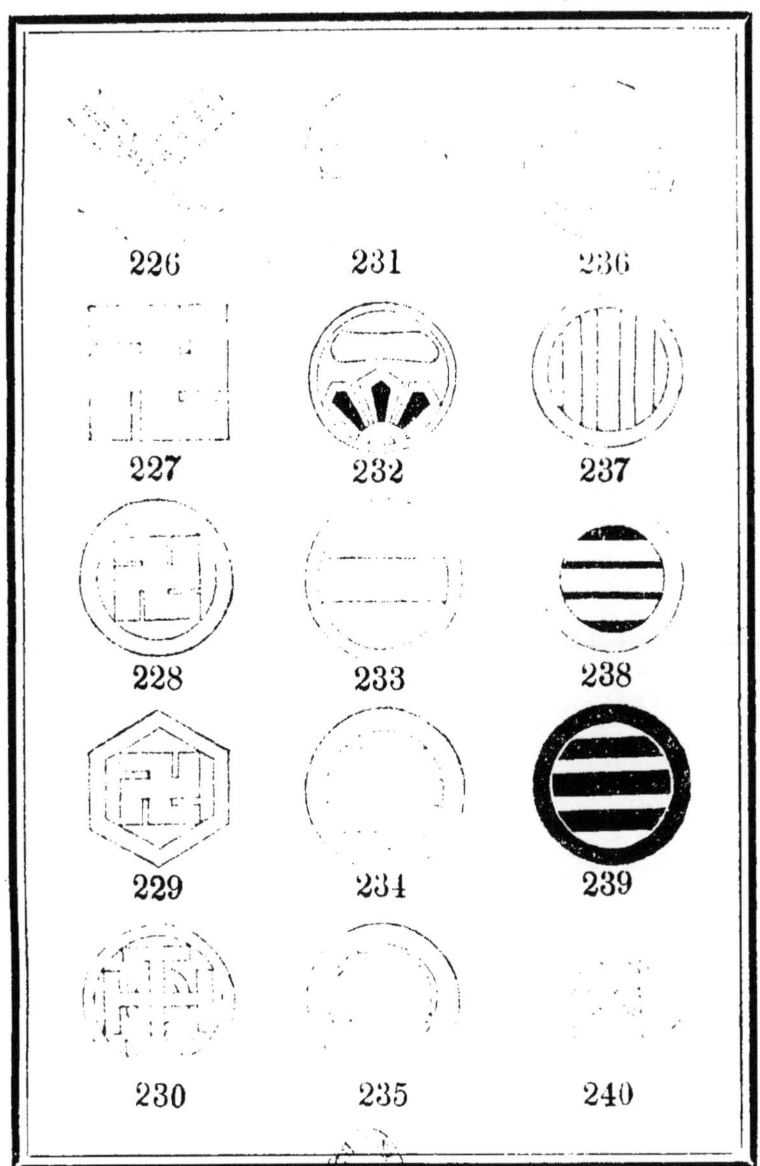
226
231
236
227
232
237
228
233
238
229
234
239
230
235
240

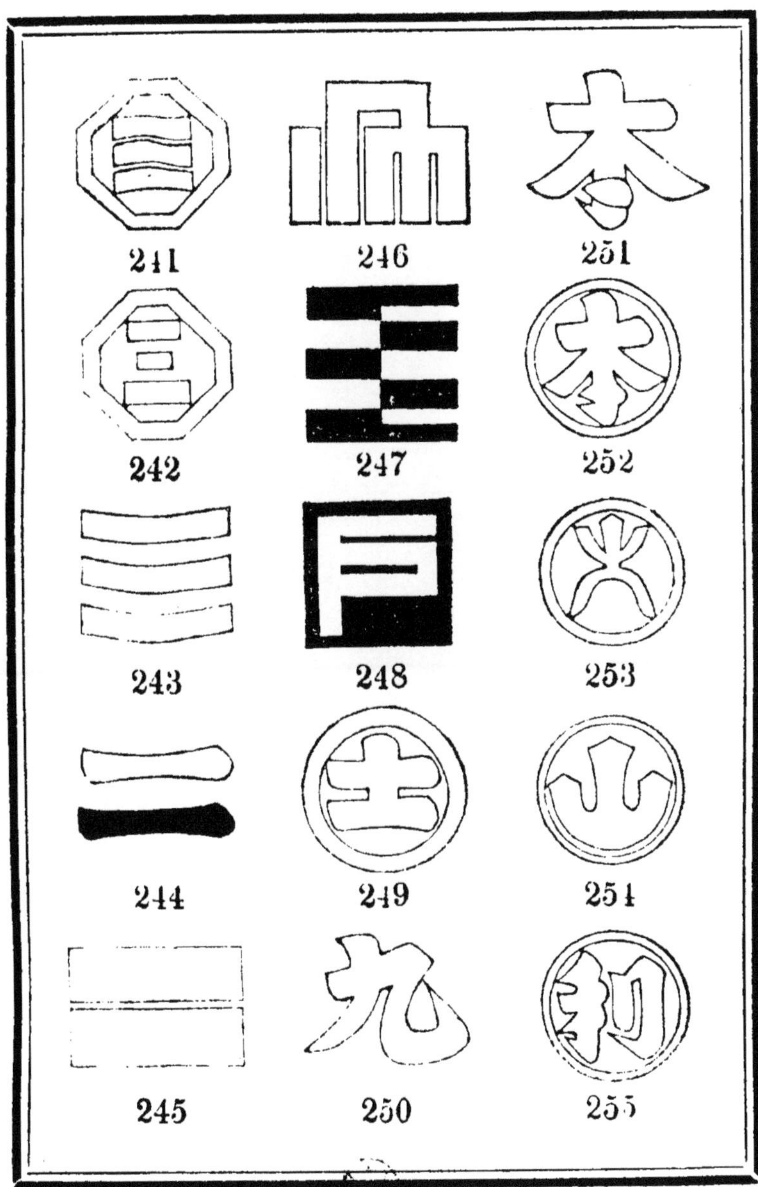
241
246
本
251
242
247
本
252
243
248
253
244
249
254
九
245
250
255

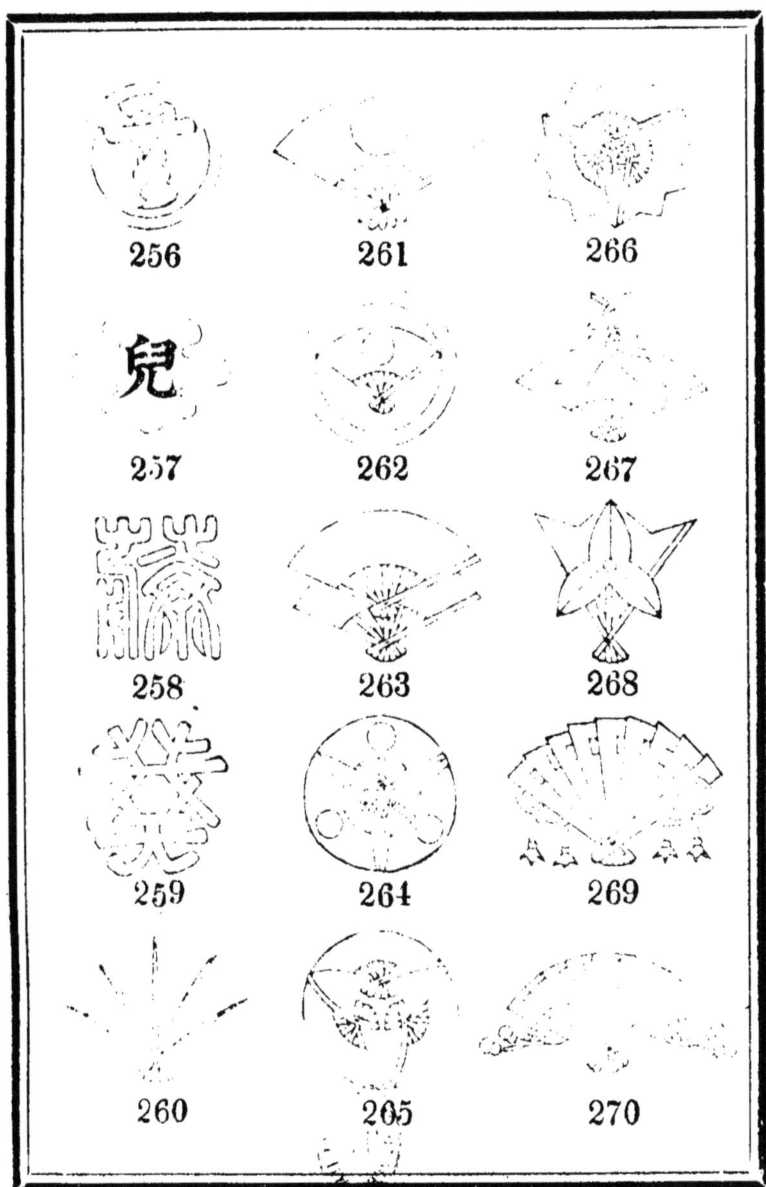
256
261
266
兒
257
262
267
258
263
268
259
264
269
260
265
270

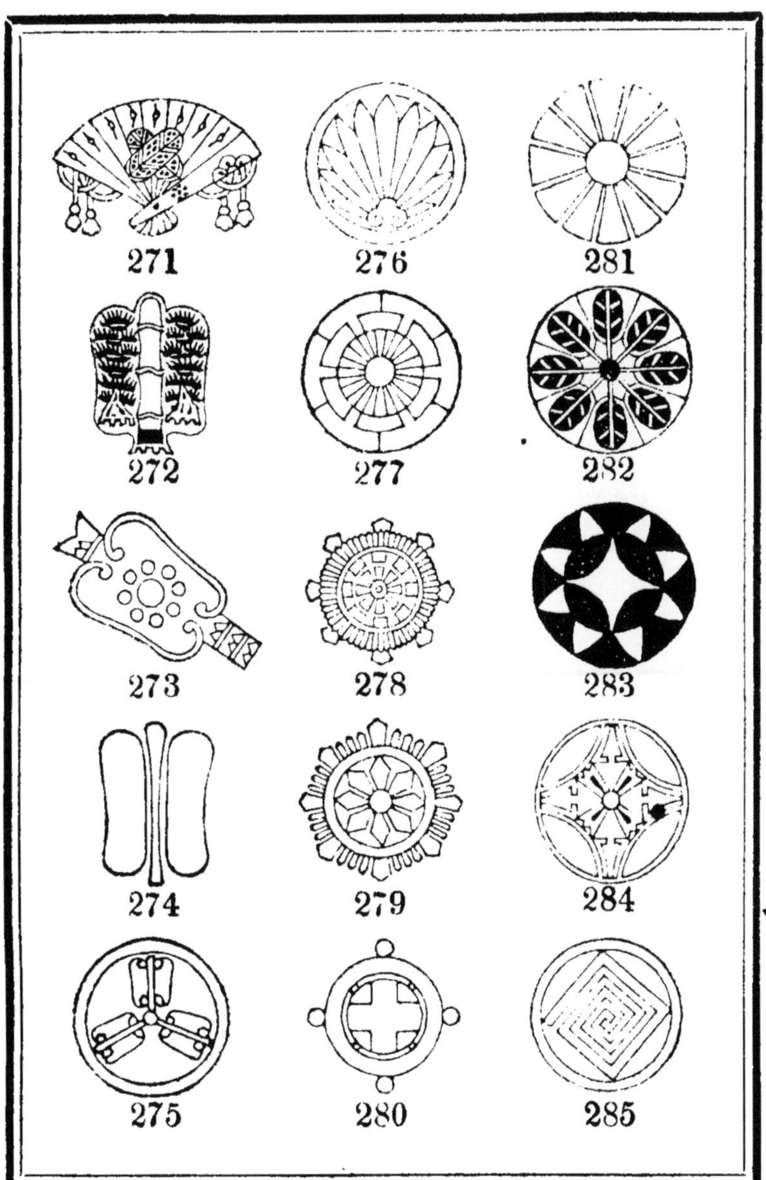
271
276
281
272
277
282
273
278
283
274
279
284
275
280
285

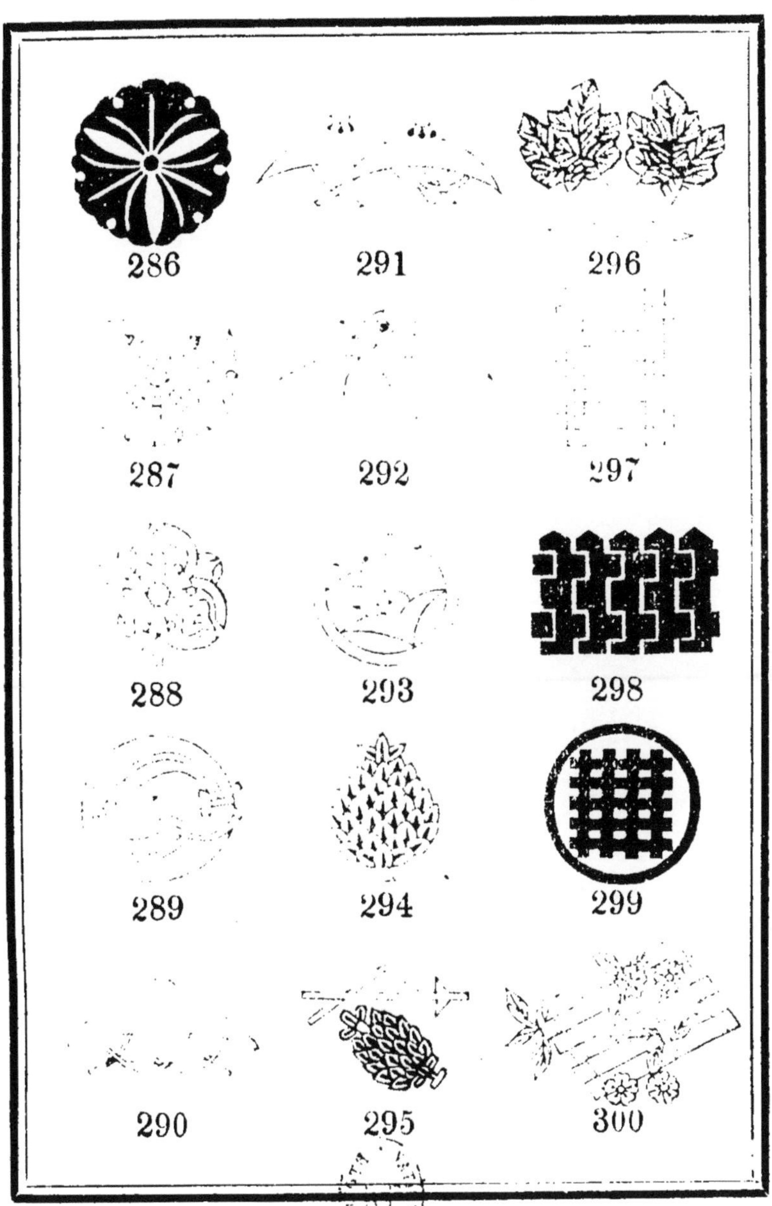
286
291
296
287
292
297
288
293
298
289
294
299
290
295
300

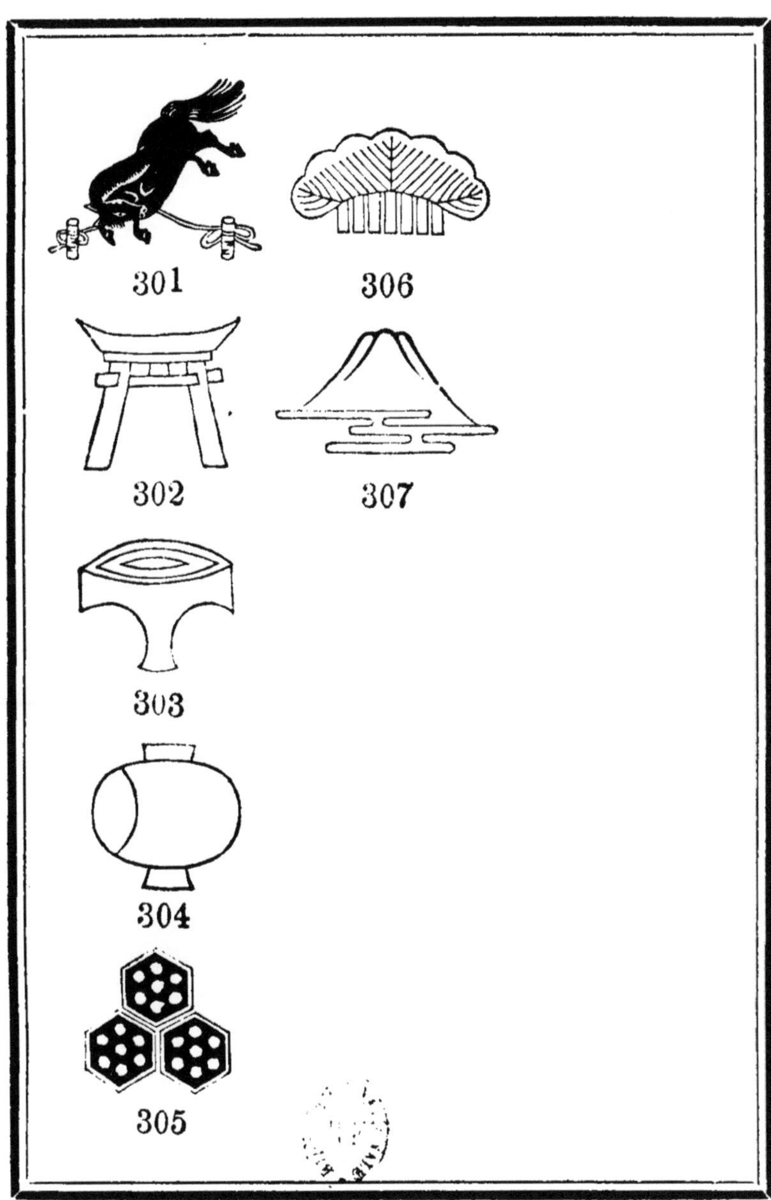
301
306
302
307
303
304
305

TABLE DES MON.

Permettant, lorsqu'on connait le numéro correspondant à un mon de trouver à quelle famille il appartient.

N°	Familles
1	Famille impériale; Ashikaga; Kiogoku (*Toyooka*); Makino (*Nagaoka, Tanabe*); Uesugi; Sō.
2, 3	Toyotomi; Ashikaga; Ota (*Tendō*); Kiogoku (*Toyooka, Tadotsu*); Mōri; Shimazu (*Kagoshima*); Akizuki; Arima (*Kurume*); Hayashi; Iwaki; Kinoshita (*Ashimori*); Makino (*Nagaoka*); Naitō; Nabeshima (*Saga*); Niwa (*Mikusa*); Ogasawara (*Anshi, Katsuyama, Kokura*); Sō; Tamura; Uemura; Uesugi.
4	Hosokawa (*Kumamoto, Uto*); Kiogoku (*Marugame, Mineyama*); Kuki (*Sanda*); Kuchiki; Matsudaira (*Hirose, Itoigawa, Kaminoyama, Mori, Ueda*); Mori, Mōri (*Saiki*); Ogasawara (*Karatsu*); Ota (*Kashiwabara*); Seki; Sengoku; Tani; Wakizaka.
5	Tokugawa; Matsudaira; Hoshina (*Aizu*); Ikeda (*Tottori*); Hachisuka.
6	Matsudaira (*Fuchū, Moriyama, Saijō, Shishido*).
7	Matsudaira (*Takasu*).
8	Honda.
9	Matsudaira (*Iwamura, Nishio*).
10	Tokugawa; Matsudaira (*Akashi, Hamada, Takamatsu, Tsuyama*); Hoshina (*Aizu*); Ikeda (*Tottori*).
11	Matsudaira (*Hirose, Fuchū, Matsue, Mori, Moriyama, Saijō, Shishido, Takasu*).
12	Matsudaira (*Fukui, Itoigawa, Kawagoe, Matsuyama, Oshi*).
13	Shinjō.
14	Tozawa; Suwa; Torii; Mori (*Mikazuki*); Mōri (*Saiki*).
15	Mori (*Akao*).
16	Seki.
17	Nambu.
18	Date (*Uwashima*).
19	Uesugi.
20	Ikeda (*Okayama*); famille Taira.
21	Seki; Ota (*Shibamura, Yanagimoto*) Tani; famille Taira.
22	Ikeda (*Tottori*).
23	Ikeda.

24 Ikeda.

25 Ikeda.

26 Hōjō.

27 Tatebe.

28 Tatebe.

29 Ōkōchi.

30 Matsudaira (*Ōtaka*); Ōkōchi (*Takasaki*).

31 Ikeda.

32 Tsugaru.

33 Tsugaru.

34 Date (*Sendai*).

35 Akita.

36 Matsudaira (*Yada*); Kuroda (*Fukuoka*, *Akizuki*).

37 Date.

38 Yagiu.

39 Torii.

40 Yamaguchi.

41 Katō (*Ōsu*, *Minakuchi*); Tōyama.

42 Andō.

43 Ōkubo.

44 Naitō.

45 Naitō (*Murakami*).

46 Shinjō.

47 Toki.

48 Aoyama.

49 Tamura.

50 Nabeshima (*Saga*).

51 Hori (*Iida*).

52 Inagaki.

53 Tachibana (*Yanagawa*).

54 Nabeshima (*Saga*, *Hasunoike*, *Kashima*).

55 Nabeshima (*Ogi*).

56 Tachibana (*Shitedo*).

57 Mōri (*Hagi*, *Kiyosue*)

58 Hori (*Iida*); Mōri (*Tokuyama*, *Fuchū*); Sakai (*Matsuyama*, *Shōnai*).

59 Mizuno (*Yūki*).

60 Kinoshita (*Hiji*).

61 Mizuno (*Numatsu*); Okudaira.

62 Mizuno (*Tsurumaki*).

63 Ōseki.

64 Doi; Inagaki; Hisamatsu (*Tako*).

65 Mizuno (*Yamagata*).

66 Okudaira.

67 Miura.

68 Mōri (*Fuchū*).

69 Ōseki.

70 Nakagawa.

71 Hachisuka.

72 Kanō.

73 Makino (*Tanabe*).

74 Makino.

75 Yamanouchi.

76 Matsudaira (*Iwamura*); Tōdō (*Hisai*).

77 Toda (*Matsumoto*); Ma-

tsudaira (*Okudono, Oshima, Tanakura*); Rokugō; Tōdō.

78 Matsudaira (*Nishio*).

79 Nabeshima (*Kashima*).

80 Matsudaira (*Obata*).

81 Akizuki.

82 Hoshina (*Iino*).

83 Matsura; Ambe.

84 Ōmura.

85 Honda (*Okazaki, Yamasaki*).

86 Ichihashi.

87 Suwa.

88 Famille Minamoto.

89 Mori (*Akao*).

90 Matsudaira (*Kitsuki*).

91 Ishikawa (*Kameyama*).

92 Ishikawa (*Shimodate*).

93 Ikeda (*Okayama*).

94 Arima (*Kurume Fukiage*).

95 Inaba (*Yodo, Tateyama*); Horita (*Sano*).

96 Ishikawa (*Kameyama*).

97 Matsudaira (*Iwamura*).

98 Hosokawa (*Kumamoto*).

99 Matsudaira (*Kaminoyama*); Sakurai.

100 Matsudaira (*Ueda*).

101 Matsudaira (*Tanakura*).

102 Hori (*Iida*).

103 Nagai (*Takatsuki*).

104 Wakigaka; Toki; Uemura.

105 Toki.

106 Mizuno (*Tsurumaki*).

107 Matsudaira (*Oshima*); Ōta.

108 Aoyama,

109 Nagai (*Kanō, Shinjō*).

110 Arima (*Maruoka*).

111 Matsudaira (*Kameyama, Yada*).

112 Yonekura.

113 Yanagisawa.

114 Nambu.

115 Yanagisawa (*Kōriyama*).

116 Gotō; Matsumae.

117 Yonekura.

118 Matsura.

119 Sōma; Hori; Katagiri.

120 Endō.

121 Koide.

122 Ōmura; Ota; Arima (*Maruoka*); Akimoto.

123 Kuroda (*Kururi*).

124 Horita.

125 Sagara.

126 Niwa (*Nihonmatsu*).

127 Itō.

128 Uchida.

129 Shimazu (*Sadowara*).

130	Sakai (*Himeji*).	153	Itakura.
131	Matsudaira (*Kaminoyama*.	154	Sengoku.
132	Sakai (*Katsuyama*).	155	Tozawa; Aoyama (*Hachiman*).
133	Nishio; Sakai (*Isezaki, Obama, Tsuruga*).	156	Hoshina (*Iino*).
134	Sakai (*Tsurugaoka* ou *Shōnai*).	157	Matsudaira (*Kitsuki*); Kuki (*Sanda*); Tanuma.
135	Morikawa; Tōdō.	158	Miyake.
136	Sakai (*Matsuyama*).	159	Rokugō.
137	Sanada.	160	Maeda.
138	Aoki.	161	Hisamatsu (*Tako*).
139	Matsudaira (*Shimabara*).	162	Maeda (*Nanukaichi*); Matsudaira (*Kuwana*); Hisamatsu.
140	Kuze.	163	Toda (*Matsumoto, Utsunomiya, Ashikaga*).
141	Ii.	164	Sagara.
142	Kuroda (*Akizuki*).	165	Yonezu.
143	Abe (*Shirakawa*).	166	Matsura.
144	Takaki; Abe (*Fukuyama, Sanuki*).	167	Nagai (*Kanō, Shinjō*); Mōri.
145	Asano.	168	Mōri (*Tokuyama*).
146	Kuze.	169	Nagai (*Takatsuki*).
147	Asano.	170	Watanabe.
148	Mōri (*Saiki*).	171	Doi.
149	Itō (*Obi*); Endō.	172	Ichihashi; Tani; Abe (*Sanuki*.
150	Hosokawa.	173	Matsudaira (*Kuwana*); Abe (*Shirakawa*).
151	Hosokawa (*Yatabe*).	174	Kuroda (*Fukuoka*); Abe (*Fukuyama*).
152	Tsuchiya; Makino (*Komnro, Tanabe*); Ogiu; Tozawa; Sōma; Itō (*Okada*); Hijikata; Date; Nambe; Matsudaira (*Oshi, Obata*); Sakakiwara; Ōkubo (*Karasuyama*); Toda (*Ōgaki*); Sakurai.	175	Wakizaka.
		176	Kuroda (*Kururi*).

177 Kuroda (*Kururi*).
178 Ōseki; Ōtawara.
179 Iwaki.
180 Watanabe.
181 Kuroda (*Kururi*)
182 Ōmura.
183 Matsudaira (*Kitsuki*).
184 Ishikawa; Kiogoku (*Mineyama*); Kato; Hori (*Iida*); Hosokawa (*Yatabe*); Toda (*Ōgaki, Utsunomiya, Ashikaga*); Sakurai.
185 Mizuno (*Yuki*); Kuki (*Sanda*).
186 Aoyama (*Sasayama*).
187 Mizuno; Sengoku.
188 Sanada; Ambe.
189 Koide.
190 Ogiu; Otawara.
191 Hitotsuyanagi.
192 Okabe; Itakura; Kuki (*Ayabe*); Hijikata; Arima (*Kurume, Fukiage*).
193 Itakura (*Matsuyama*).
194 Kinoshita (*Ashimori*).
195 Hayashi.
196 Morikawa.
197 Ii.
198 Inoue.
199 Sakai (*Katsuyama, Obama*).
200 Kamei.
201 Hori (*Muramatsu, Shiiya*); Arima (*Kurume, Fukiage*).
202 Kiogoku (*Marugame*); Morikawa.
203 Kiogoku (*Tadotsu, Toyooka*); Kuchiki; Nabeshima (*Ogi*).
204 Kamei.
205 Sō.
206 Kiogoku (*Mineyama*).
207 Honjō.
208 Mizokuchi.
209 Nambu.
210 Yanagisawa (*Kōriyama*).
211 Yanagisawa.
212 Yamaguchi.
213 Itakura (*Matsuyama*).
214 Matsumae.
215 Hōjō.
216 Ichihashi.
217 Tsuchiya.
218 Mizokuchi.
219 Ogasawara; Hayashi.
220 Shimazu.
221 Naitō (*Takatō*).
222 Horita (*Sakura*).
223 Niwa (*Nihonmatsu*).
224 Katō (*Ōsu*)
225 Katagiri.
226 Ōta.
227 Matsudaira (*Okudono*); Takaki; Tsugaru (*Hirosaki*)

228	Hachisuka.	255	Matsudaira(*Kameyama*).
229	Hori (*Susaka*).	256	Sengoku.
230	Nakagawa.	257	Miyake.
231	Tanuma.	258	Naitō (*Takatō*).
232	Uemura.	259	Matsudaira (*Nishio*).
233	Sakai (*Himeji*).	260	Morikawa.
234	Matsura; Tōyama; Hosokawa (*Kumamoto*), Ashikaga.	261	Satake.
		262	Satake.
		263	Matsudaira (*Shimabara*).
235	Wakebe.	264	Watanabe.
236	Asono; Ambe.	265	Ōkōchi (*Yoshida*).
237	Date; Tamura.	266	Ōkōchi (*Takasaki*).
238	Miura.	267	Tachibana (*Yanagawa*).
239	Manabe.	268	Asano.
240	Kurushima.	269	Honjō.
241	Hitotsuyanagi.	270	Niwa (*Mikusa*).
242	Inaba.	271	Akita.
243	Wakebe.	272	Okudaira.
244	Yamanouchi.	273	Matsudaira (*Obata*).
245	Gotō.	274	Naitō (*Murakami*).
246	Satake.	275	Kurushima.
247	Andō.	276	Yonezu.
248	Tozawa.	277	Sakakiwara; Akimoto.
249	Hisamatsu (*Imahari*).	278	Kanō.
250	Kuki (*Ayabe*).	279	Miyake.
251	Honda (*Tanaka, Kambe, Iiyama*).	280	Uchida.
252	Honda (*Okazaki, Izumi, Zeze*).	281	Nabeshima (*Hasunoike*).
		282	Inoue.
253	Ōkubo (*Ogino, Yamanaka*).	283	Ōoka.
254	Masuyama.	284	Akizuki.

285	Itō (*Okada*).	297	Makino (*Nagaoka, Kasama*).
286	Manabe.	298	Ōoka.
287	Ikeda; Tachibana.	299	Tōyama.
288	Toda (*Matsumoto, Utsunomiya, Ashikaga*).	300	Honda (*Iiyama*).
289	Ikeda (*Okayama*).	301	Sōma.
290	Tatebe.	302	Torii.
291	Yagiu.	303	Kinoshita (*Hiji*).
292	Sanada.	304	Inaba (*Usuki*),
293	Masuyama.	305	Rokugō.
294	Nagai (*Kanō*).	306	Nishio.
295	Nagai (*Shinjō*).	307	Aoki.
296	Honjō.		

LISTE DES PEINTRES JAPONAIS (1)

CLASSÉS PAR ÉCOLES.

Toute classification, en matière d'art, peut être plus ou moins taxée d'arbitraire. D'une part certains artistes sont réclamés par deux ou trois écoles, alors que d'autres semblent ne pouvoir être rattachés à aucune. D'autre part, on peut, selon le point de vue qu'on adopte, grouper les peintres en deux ou trois catégories ou multiplier à l'infini les subdivisions (2).

Nous avons préféré nous en tenir à peu près aux distinctions généralement connues.

A la suite de la classification des peintres par écoles, on trouvera les cachets et les signatures les plus utiles à connaître, dans la recherche des *kakemono*. Enfin notre *Dictionnaire* fournira, quelques détails biographiques sur les artistes les plus célèbres.

Nous avons fait, aux peintres de l'école *vulgaire*, une place à part, que les Japonais jugeraient hors de proportion avec leur mérite réel. La raison en est que leurs œuvres sont à la fois les mieux connues des Européens, les plus faciles à se procurer, popularisées qu'elles sont par la gravure, enfin les plus intéressantes, grâce à la nature des sujets traités.

PRIMITIFS (3)

Sugawara Michizane (4)	IXe S[e]		Kintada (5)	v.	950
Kose Kanaoka	vers	880	Kimmochi	v.	980

(1) Pour les sculpteurs, graveurs sur métaux, architectes etc. nous renvoyons à l'*Art Japonais* de *Gonse* et au *Pictorial Arts* d'*Anderson*.

(2) *Kohitsu Riochu*, dans un ouvrage récent et d'ailleurs fort soigneusement fait, le *Fu-ro gwa jin den*, découvre plus de 100 écoles.

(3) Ce sont généralement des peintres de *Butsu-e* (peintures religieuses).

(4) Les noms en italiques sont ceux des peintres qui font, dans le Dictionnaire, l'objet d'un article.

(5) Nous avons dû, faute de renseignements, nous borner à indiquer, pour beaucoup d'artistes, l'époque vers laquelle ils ont vécu.

Hirotaka	v. 1010	Genkei	v. 1201
Toba Sōjō (1)	v. 1150	Genson	v. 1235
Kose Arimune	v. 1157	Ariye	v. 1321

ECOLE DE YAMATO.

Branche de Kasuga.

Motomitsu	v. 1000	Shiba Kwanshin	v. 1430
Fujiwara Takanobu	† 1205	Shiba Sonkai	v. 1441
Mitsunaga	v. 1185	Shiba Rinken	v. 1504
Nobuzane	v. 1263	Shiba Keishun	v. 1469

Branche de Takuma.

Takuma Tameuji	v. 1038	Enichibo	v. 1260
Tamehisa	v. 1182	Takakane	v. 1310
Chōga	v. 1201	Eiga	v. 1312
Shōga	v. 1204	Riōson	v. 1326
Riōga	v. 1226	Mitsuaki	v. 1345
Tameyuki	v. 1230	Jōko	v. 1387

Branche de Tosa.

Tsunetaka	v. 1230	Nagataka	v. 1280
Kunitaka	v. 1264	Yoshimitsu	v. 1300
Yukimitsu	v. 1356	Mitsushige	XVIe Se
Tsunemitsu	v. 1400	Mitsuoki	1616-1691
Mitsunobu	1433-1525	Mitsuyoshi	XVIIIe Se

Branche de Sumiyoshi.

Keion (2)	v. 1200	Hiromasa	† 1797
Hiromichi	XVIIe Se	Hironaga	XVIIIe Se
Hiromitsu	† 1670	Hirosada	XVIIIe Se

---

(1) Inventeur d'un genre de caricatures (*toba-e*).

(2) *Kohitsu Riochu* donne *Keion* pour le fondateur des *Sumi-yoshi*. M.

BRANCHE DE KŌRIN.

Sōtatsu	v. 1640	Kenzan	1663-1743
Kōetsu	XVII[e] S[e]	Hōitsu	1761-1828
Kōrin	1660-1716	Kōson	† 1866

ECOLES CHINOISES.

PRIMITIFS.

Chō-Densu (1)	1351-1431	*Soga Shūbun*	v. 1410
Josetsu	v. 1410	*Yekkei Shūbun* (3)	v. 1420
Yoshimochi, shogun (2)			

ECOLE DE SHŪBUN.

Nōami (4)	v. 1450	Sōritsu	v. 1480
Keishoki (5)	?	Sōyo	v. 1480
Oguri Sōtan	v. 1453	Sōami	v. 1510
Geami	v. 1466	Soga Chokwan	XVIe S[e]
Soga Jasoku	v. 1467	Ni Chokwan	XVIe S[e]
Fukei	v. 1467	Shōjowo (6)	† 1636
Tōgen	v. 1470	Soga Shōhaku	v. 1770

ECOLE DE SESSHIŪ (7).

Sesshiū	1420-1507	Sōin	XVIe S[e]
Shūgetsu	v. 1510	Tōseki	XVIe S[e]
Shūtoku	v. 1510	Tōsatsu	XVIe S[e]

Anderson fait remonter cette branche à *Hiromichi* seulement. Du reste on ne voit pas que *Keion* ait laissé d'élèves directs.

(1) Il est également connu sous le nom de *Meichō*.

(2) Il occupa le shogunat de 1394 à 1422.

(3) C'est celui qu'on désigne souvent sous le nom de *Shūbun* le bonze.

(4) On l'appelle encore *Shinno*.

(5) D'après certains auteurs *Keishoki* (ou *Shokei*) serait mort en 1345, tandis que d'autres en font un élève de *Shubun*.

(6) Il est souvent appelé *Shokuado*.

(7) Elle est souvent appelée *Unkoku-riu*, parce que *Sesshiū* habita le temple d'*Unkoku-ji*.

Tobai	v. 1500	Sesson	v. 1570
Shūkō	v. 1510	Tōgan	v. 1580
Yōgetsu	v. 1525	Yamada Dōan	v. 1573
Shōyō	v. 1530	Riōkai	v. 1590
Unkei	v. 1535	Tōhaku (1)	v. 1600

Ecole de Kano (2)

Masanobu	1453-1490	Naonobu	1607-1651
Motonobu (3)	1476-1559	Sansetsu	† 1651
Utanosuke (4)	v. 1520	Yasunobu (7)	1612-1685
Eitoku	† 1590	Tsunenobu	1635-1713
Shōei	† 1592	Morikage	XVIIe Se
Mitsunobu	† 1608	Tōun	† 1694
Yusho (5)	† 1614	Eino	† 1697
Takanobu	† 1619	Tsuruzawa Tanzan	v. 1700
Sanraku	1558-1635	Eisen	† 1731
Tanyū (6)	1601-1675	Tangen	† 1866

Ecole Chinoise (nouveau style) (8)

Chi-Nampin (9)	XVIIIe Se	Giokuzan	† 1812
Taikadō	v. 1760	Chō-Gessho	† 1832
Giokuran	v. 1760	Chikuden	† 1835

(1) On range aussi *Tōkuku* parmi les indépendants ou dans l'école de *Kano*.

(2) Tous les peintres de cette école portent le nom de *Kano*.

(3) C'est à lui plus spécialement qu'on donne parfois le titre de *Ko-Hōgen*.

(4) On l'appelle encore *Yukinobu*.

(5) Il a fondé une branche spéciale dite branche de *Kaiboku*.

(6) *Tanyū* et ses élèves forment une branche spéciale.

(7) On l'appelle aussi *Eishin*.

(8) Les écoles ci-dessus procèdent des peintres Chinois antérieurs au XVe Siècle (style du Nord). Les artistes dont les noms suivent procèdent des peintres Chinois postérieurs (style du Sud).

(9) C'est un Chinois établi au Japon.

Yuhi	† 1772	*Tani Bunchō* (2)	1762-1841
Sōshiseki	† 1774	Kwazan (Watanabe)	† 1841
Jakuchu Ito	† 1800	Chinzan	† 1854
Fukuhara Gogaku	v. 1800	Nammei Haruki	† 1878
Kenkado	† 1802	*Buson* (3)	1716-1783
Gessen (1)	1721-1809	Yanagisawa	† 1758

ÉCOLES MODERNES. (4)

École de Shijō.

Maruyama Ōkio	1732-1795	Asegawa Giokuho	v. 1820
Rōsetsu	1754-1799	Kishi Renzan	† 1859
Goshun (5)	1741-1811	Murase Soseki	v. 1820
Gessen	1721-1809	Keibun	† 1844
Mori Sosen	1746-1821	Hoyen (6)	† 1868
Genki	† 1797	*Kikuchi Yōsai*	1788-1878
Nikka	v. 1800	Zeshin (7)	Vivant
Mori Ippō	v. 1800	Mori Kansai	id.
Yokoyama Kazan	† 1837	Kishi Chikudo	id.
Yokoyama Seki	† 1865		

École de Ganku.

Ganku	1749-1838	Gantoku Renzan	v. 1820
Gantai	v. 1820	Ganrio	† 1852

(1) On le range parfois dans l'école de *Shijō*.

(2) Quoiqu'il dérive des Chinois, son originalité permettrait de le ranger parmi les Indépendants.

(3) *Buson* peut encore être considéré comme indépendant.

(4) Nous désignons ainsi celles qui, bien que procédant de la peinture Chinoise, ont emprunté quelque chose à l'art Européen.

(5) Il est connu aussi sous le nom de *Gekkei*.

(6) *Hoyen*, elève de *Keibun* est parfois rangé dans l'école de *Ganku*.

(7) *Yōsai* et *Zeshin*, bien que se rattachant à cette école, se sont créé un genre à part.

ÉCOLES RÉALISTES OU VULGAIRES

(Ukiyo-e).

岩佐又兵衛	*Iwasa Matahei*	v. 1595.
菱川師宣	*Hishikawa Moronobu* (1)	† v. 1715.
菱川師房	Morofusa	XVIIIe Se.
菱川師重	Moroshige	id.
菱川師永	Moronaga	id.
奥村政信	Okumura Masanobu (2)	v. 1720.
石川俊之	Ishikawa Toshiyuki	XVIIIe Se.
鈴木春信	Suzuki Harunobu	† 1770.
宮川長春	Miyagawa Choshun	v. 1720.
鳥居清信	Toryi Kyonobu (3)	v. 1710.
鳥居清倍	Toryi Kyomasu	XVIIIe Se.
鳥居清満	Toryi Kyomitsu	id.
北尾重政	Kitao Shigemasa	† 1819.
西村重長	Nishimura Shigenaga	v. 1730.
橘守國	Tachibana Morikuni	1670-1748.
西川祐信	Nishikawa Sukenobu (4)	† v. 1750.
礒田湖龍齋	Ko-riū-sai	XVIIIe Se.
英一蝶	*Hanabusa Ichō* (5)	1652-1724.
英一蜂	Ippō	1707-1772.
勝川新水	Katsukawa Shinsui (6)	v. 1742.
勝川春章	Katsukawa Shunshō	† 1792.
勝川春朝	Katsukawa Shunchō	v. 1772.
勝川春好	Katsukawa Shunkō	v. 1775.
勝川春英	Katsukawa Shunei	1763-1819.

(1) Il reçoit communément le surnom de *Kichibei*.

(2) Ainsi que les trois précédents, *Masanobu* procède directement de *Moronobu*.

(3) Il forme avec les trois suivants la branche des Toryi.

(4) C'est lui qu'on appelait encore *Ukiyo*, surnom qu'il a donné à l'école.

(5) Les peintures *d'Ichō* et *Ippō* (qu'il ne faut pas confondre avec *Mori Ippō*) composent un genre d'*ukiyo-e* tout spécial.

(6) *Shinsui* est le chef de la branche des *Katsukawa*.

勝川春亭	Katsukawa Shuntei	v. 1815.
石田玉山	Ishida Giokuzan	v. 1800.
北川歌麿	*Kitagawa Utamaro*	v. 1795.
谷本月麿	Tsukimaro	v. 1800.
細田榮之	Eishi	v. 1790.
菊川英山	Kikugawa Eizan	v. 1810.
葛飾北齋	*Hokusai*	1760-1849.
辰齋	Shunsai	v. 1820.
柳川重信	Yanagawa Shigenobu	† 1832.
魚屋北溪	Hokkei (1)	v. 1830.
猩々曉齋	*Shojo Kiōsai*	Vivant.
歌川豐春	Utagawa Toyoharu	1735-1814.
歌川豐國	*Utagawa Toyokuni*	1769-1825.
歌川國貞	Kunisada (2)	1786-1864.
歌川國長	Kuninaga	1785-1824.
溪齋英泉	Eisen	† 1848.
一立齋廣重	*Hiroshige*	1786-1858.
松川半山	Matsukawa Hanzan	v. 1860.
竹原春朝齋	Takahara Shunchōsai	v. 1790.

(1) *Hokkei* et les deux qui précèdent sont élèves de *Hokusai*.
(2) Il signe souvent " *Toyokuni.*"

SPECIMENS DE VOLUMES ILLUSTRÉS. (1)

MODÈLES DE DESSIN. COLLECTIONS.

E hon kokan (1688), par HASEGAWA TŌUN.

Gwa shi kwai yo (1707), p. OOKA SHUNBOKU.

畫本大和墨 *E hon Yamato zumi*, p. HISHIKAWA MORONOBU. 3 vol.

訓蒙圖彙 *Kummō zui*, p. le même.

繪本古事談 *E hon koji dan* (1714), p. TACHIBANA MORIKUNI.

繪本寫寶袋 *E hon sha ho bukuro* (1720), p. le même. 10 vol.

畫典通考 *Gwa ten tsu kō*, p. le même : 10 vol. (Règles du dessin).

鳥山石燕畫譜 *Toriyama seki en gwa fu* (1774). Dess. en coul. p. TORIYAMA TOYOFUSA.

Itchō gwa ei (1779), p. HANABUSA ITCHŌ.

麁畫一覽 *So gwa ichiran* (1790), p. HOKUSAI.

北齋麁畫 *Hokusai so gwa* (1820), p. le même. Dess. en coul.

---

(1) Les Japonais, si amplement informés, en général, sur leurs grands peintres, ont négligé, ou peu s'en faut, de collectionner et d'étudier leurs gravures. Aussi le choix que nous nous proposions de faire n'allait il pas sans de grandes difficultés. Cependant, quoique nos indications manquent parfois, non d'exactitude, mais de précision, nous avons pensé qu'une liste de cette nature pourrait rendre service aux collectionneurs. Ils y trouveront assurément bon nombre de volumes précieux soit par leur perfection artistique, soit pour l'étude du Japon et des mœurs Japonaises.

一筆畫譜	*Ippitsu gwa fu* (1823), p. le même.
北齋畫式	*Hokusai gwa shiki* (1828), p. le même. 3 vol.
混雜倭草畫	*Konzatsu Yamato gusa e*, p. Ko-riū-sai. 3 vol.
浮世畫譜	*Ukiyo gwa fu*, p. Keisai Eisen. 10 vol.
錦袋畫叢	*Kintai gwa so*, p. le même.
北溪漫畫	*Hokkei mangwa*, p. Hokkei. 1 vol.
北齋漫畫	*Hokusai mangwa*, p. Hokusai. 13 vol.
年玉筆	*Toshidama fude*, p. Utagawa Toyokuni.
	Hōitsu shonin shinsei kagami (1820), p. Hōitsu. Dess. en coul.
	Bokuchiku hatsumo (1831).
畫本錦ノ袋	*E hon nishiki no fukuro*, p. Keisai Eisen.
	En wo gwa fu (1837) : choix de dessins d'Ōkio. 2 vol.
應擧畫譜	*Ōkio gwa fu* (1850) : 1 vol.
百鳥畫譜	*Hiaku chō gwa fu* (1882), 5 vol. p. Bairei.
畫本獨稽古	*E hon shitori keiko*, (Méthode pour apprendre seul le dessin), p. Hokusai. 4 vol.
花松堂畫帖	*Shokuadō gwa-jo* (1804) (Dessins de Shokuadō).

HISTOIRE, MŒURS, ROMANS.

伊勢物語	*Ise monogatari* (1608). 2 vol. Grav. hors texte, papier teinté. (1)

(1) A notre connaissance, c'est le plus ancien livre illustré dont la date soit certaine. On possède toutefois des gravures soit isolées soit en *makimono (rouleaux)* beaucoup plus anciennes.

保元物語 *Hogen monogatari* (1626).

平治物語 *Heiji monogatari* (1626).

戀ノミナカミ *Koi no mina kami* (1685), p. HISHIKAWA MORONOBU. 1 vol.

月次ノ遊ヒ *Tsuki nami no asobi* (1691), p. le même. (Plaisirs de chaque mois). 3 vol.

和國百女 *Wakoku hiaku jo* (1695), p. le même. 3 vol.

百人美女 *Hiaku nin bijo* (vers 1720), p. NISHIKAWA SUKENOBU.

士農工商 *Shi nō kō shō*, p. le même. 3 vol.

百人女郎品定 *Hiaku nin jōrō shina sadame*, p. le même.

新吉原千本櫻 *Shin Yoshiwara sembon zakura*, p. OKUMURA MASANOBU.

Endo Fujibakama (1769), p. TORYI KYOTSUNE.

青樓美人合 *Seirō bijin awase* (1776), p. KATSUKAWA SHUNSHŌ. Grav. en coul.

吉原年中行事 *Yoshiwara nen-ju gio ji*, p. KITAGAWA UTAMARO. 2 vol.

百千鳥狂歌合 *Momo chidori kiōka awase* (1800), p. le même.

繪本言葉ノ花 *E hon kotoba no hana.*

女今川 *Onna imagawa*, p. HOKUSAI. 1 vol.

東遊 *Azuma asobi* (plaisirs de Yedo), p. le même.

劇場顯微鏡 *Shibai kembikyo* (Le théâtre vu à la lorgnette), p. UTAGAWA KUNISADA.

女風俗玉鏡 *Onna fūzoku tama kagami*, p. NISHIKAWA SUKENOBU. 2 vol.

曾我物語 *Soga monogatari*, p. KITAO MASAYOSHI. 2 vol.

年中行事大成 *Nenju giōji daisei*, p. SHUNKIŌSAI. (1807).

前賢古實 *Zenken ko jitsu* (1832), p. KIKUCHI YŌSAI. 20 vol.

VOYAGES, ENDROITS CÉLÈBRES (MEISHO) (1).

華洛細見圖 *Kwaraku saiken zu* (1703). Dessins dans le texte.

江戸雀 *Yedo suzume*, p. HISHIKAWA MORONOBU.

倭名所繪本盡 *Yamato meisho e hon zukushi*, p. le même.

都絲紙 *Miakō zoshi*, p. NISHIKAWA SUKENOBU. 3 vol.

南都名所圖 *Nanto meisho zu*, p. TACHIBANA MORIKUNI. 1 vol.

東國名所志 *Tō goku meisho shi*, p. TSUKIOKA SETTEI. (1762). 5 vol.

京ノ水 *Kiō no mizu*, p. SHIMOKABE KIUSUI.

江戸土產 *Yedo miyage*, p. NISHIMURA SHIGENAGA et SUZUKI HARUNOBU. 3 vol.

都名所圖會 *Miako meisho zu e* (1787), p. TAKAHARA SHUNCHOSAI.

大和名所圖會 *Yamato meisho zu e* (1791) p. le même.

和泉名所圖會 *Izumi meisho zu e* (1793) p. le même.

攝津名所圖會 *Settsu meisho zu e* (1798) p. le même.

江戸名所 *Yedo meisho* (1790), p. UTAGAWA TOYOKUNI. Dess. en coul.

---

(1) Bon nombre d'œuvres citées ici sont des *suites de gravures*, sans texte, plutôt que des volumes illustrés.

繪本隅田川両岸一覽	*E hon Sumida gawa riōgan ichiran* (1802), p. le même. Dess. en coul. 2 vol.
山又山	*Yama mata yama*, p. le même.
東都勝景一覽	*Tōto shōkei ichiran*, p. le même.
東名所	*Azuma meisho*, p. le même.
富士ノ百景	*Fuji no hiaku kei* (1836), p. le même. 3 vol.
三十六富士	*San ju roku Fuji*, p. le même. Dess. en coul.
東海道五十三次	*Tōkaidō go ju san tsugi*, p. le même.
唐土名所圖會	*Morokoshi meisho zu e* (Description de la Chine), p. Ishida Giokuzan. 5 vol.
夏ノ富士	*Natsu no Fuji* (1827), p. Kunisada. Dess. en coul. 3 vol.
名山圖會	*Meizan zu e* (1810), p. Tani Buncho.
駿河舞	*Suruga mai*, p. K. Utamaro. 3 vol.
物見ヶ岡	*Mono migaoka*, p. Toryi Kyonaga. 3 vol.
江戸名所圖會	*Yedo meisho zu e* (1837), p. Hasegawa Settan.
江戸名所	*Yedo meisho*, p. Hokkei. 2 vol.
紀州名所圖會	*Kishiu meisho zu e*, p. Hōkio Chuwa.
木曾海道名所圖會	*Kiso kaidō meisho zu e*, p. le même.
江戸名所百景	*Yedo meisho hiaku kei*, p. Ichi Riusai Hiroshige. Dess. en coul.
東海道五十三次	*Tōkaidō go ju san tsugi*, p. le même. Dess. en coul.

都名所 *Miako meisho*, p. le même. Dess. en coul.

近江八景 *Omi haku kei*, p. le même. Dess. en coul.

扶桑名所圖會 *Fu-so meisho zu e*, p. le même. Dess. en coul.

華洛名所圖畫 *Kwaraku meisho zu e* (1859), p. Hanzan Yasunobu.

VARIA.

智惠鑑 *Chiye kagami* (1660).

犬百人一首 *Inu hiaku nin isshiu* (1669). Poëmes travestis.

古今武士道繪盡 *Kokon bushi dō ezu kushi* (1685), p. H. Moronobu (guerriers célèbres).

勇士力草 *Yushi chikara gusa* (1685) p. le même.

Yukei sennin (1710) p. O. Masanobu.

謠曲畫志 *Yō kioku gwa shi* (Dessins sur les danses), p. T. Morikuni. 10 vol.

武勇錦ノ袂 *Buyu nishiki no tamoto* (1767), p. Suzuki Harunobu.

狂畫苑 *Kio gwa en* (1776). Dess. attrib. à Tanyū (Caricatures).

Kaeri bana ei yu taihei ki (1779), p. Toryi Kyonaga.

七福物語 *Shichi fuku monogatàri* (1809), p. Ut. Toyokuni.

新雛形 *Shin hina gata* (1836) (charpentes et décorations de maisons). 2 vol. p. Hokusai.

百人一首 *Hiaku nin isshiu* (100 poësies avec portraits), p. Katsukawa Shunshō.

武勇魁圖會 *Buyu sakigake zu e* (1835), (guerriers célèbres), p. Keisai Eisen.

繪本鷹鏡	*E hon taka kagami* (Traité de fauconnerie illustré) p. KIÔSAI et K. YOSAI. 3 vol.
職人歌合	*Shoku nin uta awase* (Poësies sur les divers métiers, illustrées). 1 vol.
職人鏡	*Shoku nin kagami* (même sujet). 1 vol.
江戸職人歌合	*Yedo shoku nin uta awase.* 2 vol.

QUELQUES CARACTÈRES CHINOIS UTILES À CONNAÎTRE. (1)

NOMBRES.

一	壹	*Hitotsu, ichi.*	1	十	*To, ju.*	10
二	貳	*Futatsu, ni.*	2	十一	*Ju-ichi.*	11
三	參	*Mitsu, san.*	3	十二	*Ju-ni.*	12
四		*Yotsu, shi.*	4	二十	*Ni-ju.*	20
五		*Itsutsu, go.*	5	三十	*San-ju.*	30
六		*Mutsu, roku.*	6	百	*Hiaku.*	100
七		*Nanatsu, shichi.*	7	二百	*Ni hiaku.*	200
八		*Yatsu, hachi.*	8	千	*Sen.*	1,000
九		*Kokonotsu, ku.*	9	萬	*Man.*	10,000

DÉNOMINATIONS GEOGRAPHIQUES, QUARTIERS CÉLÈBRES.

國	*Kuni, koku.*	Pays, province.	川	*Kawa.*	Rivière.
町	*Machi.*	Ville, quartier.	市	*Ichi.*	Marché.
村	*Mura.*	Village.	橋	*Hashi.*	Pont.
森	*Mori.*	Bois.	宮	*Miya.*	Temple shintoiste.
山	*Yama.*	Montagne.	寺	*Tera.*	Temple Bouddhiste.

(1) Nous avons jugé utile de placer ici les caractères Chinois les plus usités dans le titre des livres illustrés ou dans la légende des gravures. Rarement ils permettront de lire un titre en entier. Mais souvent ils pourront fournir à l'amateur de précieux renseignements sur le sujet traité, le lieu de publication etc. Pour lire les dates, on devra recourir à la chronologie qui forme la première partie du présent ouvrage.

道	*Michi, dō.*	Route.
次	*Tsugi.*	Station.
山水	*San-sui.*	Paysage.
上	*Kami, ue.*	En haut.
下	*Shimo, shita.*	En bas.
坂	*Saka.*	Pente.
外	*Gwai, soto.*	Extérieur.
内	*Nai, uchi.*	Intérieur.
北	*Kita.*	Nord.
南	*Minami.*	Sud.
東	*Higashi.*	Est.
西	*Nishi.*	Ouest.
青樓	*Seirō.*	Maison publique.
名所	*Meisho.*	Lieu remarquable.
日本	*Nippon.*	Japon.
江戸	*Yedo.*	
東京	*Tōkiō.*	
東	*Azuma.*	
大坂	*Osaka.*	
浪華	*Naniwa.*	
西京	*Saikiō.*	
富士	*Fuji.*	
大和	*Yamato.*	
向島	*Mukojima.* (1)	
兩國	*Riō-goku.*	
上野	*Ueno.*	
淺草	*Assakusa*	

御殿山	*Go-ten Yama*
吉原	*Yoshiwara*
東海道	*Tō-kaidō*
木曾街道	*Kiso-kaidō*
蝦夷	*Yezo*
日本橋	*Nihon-bashi* (2)
品川	*Shinagawa*
川崎	*Kawasaki*
神奈川	*Kanagawa*
程ケ谷	*Hodogaya*
戸塚	*Totsuka*
藤澤	*Fujisawa*
平塚	*Hiratsuka*
大磯	*Ōiso*
小田原	*Odawara*
函根	*Hakone*
三島	*Mishima*
沼津	*Numazu*
原	*Hara*
吉原	*Yoshiwara*
蒲原	*Kambara*
由比	*Yui*
興津	*Okitsu*
江尻	*Ejiri*
府中	*Fuchu*
鞠子	*Mariko*
岡部	*Okabe*
藤枝	*Fujieda*
島田	*Shimada*

(1) Ce nom et les cinq qui suivent sont ceux de six quartiers d'*Yedo*.

(2) Ce nom et ceux qui suivent sont ceux des fameuses stations (*go ju san tsugi*) du *Tōkaidō*.

金谷	*Kanaya*
日坂	*Nissaka*
掛川	*Kakegawa*
袋井	*Fukuroi*
見付	*Mitsuke*
濱松	*Hamamatsu*
舞坂	*Maizaka*
新居	*Arai*
白須賀	*Shirasuka*
二川	*Futagawa*
吉田	*Yoshida*
御油	*Goyu*
赤阪	*Akasaka*
岡崎	*Okasaki*
池鯉鮒	*Chiriu*
鳴海	*Narumi*
宮	*Miya*
桑名	*Kuwana*
四日市	*Yokkaichi*
石藥師	*Ishi yakushi*
庄野	*Shōno*
龜山	*Kameyama*
關	*Seki*
阪ノ下	*Sakanoshita*
土山	*Tsuchiyama*
水口	*Minakuchi*
石部	*Ishibe*
草津	*Kusatsu*
大津	*Otsu*
京都	*Kyōto*

AUTRES CARACTÈRES.

人	*Jin*	Personne.
男	*Otoko*	Homme
女	*Onna*	Femme.
口	*Kuchi*	Bouche.
佛	*Butsu*	Bouddha. [1]
大	*Dai, ō*	Grand.
小	*Shō, ko*	Petit
刀	*Katana*	Sabre
日	*Hi, nichi*	Soleil, jour.
月	*Tsuki*	Lune, mois.
天	*Ten*	Ciel.
水	*Mizu, sui*	Eau
氷	*Kōri*	Glace.
雪	*Yuki*	Neige.
木	*Ki*	Arbre.
本	*Hon, moto*	Livre, Source.
花	*Hana*	Fleur.
金	*Kane, kin*	Métal, or.
銀	*Gin*	Argent.
石	*Ishi, seki*	Pierre.
家	*Iye*	Maison.
門	*Mon*	Porte.
屋	*Ya*	Marchand.
旅店	*Yado*	Auberge.
玉	*Tama*	Boule
畫	*E*	Dessin.
圖	*Zu*	Plan.

(1) C'est aussi le caractère adopté pour désigner la France : *Futsu.*

DICTIONNAIRE

Des institutions, des coutumes et des personnages célèbres de l'ancien Japon.

Nous avons fait entrer dans notre Dictionnaire :

1° Les personnages ou les familles les plus célèbres,

2° Les divinités ou êtres mythologiques, qui ont fourni aux artistes (peintres, sculpteurs etc.) les plus nombreux motifs;

3° Les institutions politiques et les coutumes privées qui caractérisent l'ancien Japon;

4° les objets qui nous ont paru se rattacher à quelque particularité des mœurs Japonaises et ceux qui figurent le plus souvent dans les collections Européennes. On y trouvera surtout ceux qui, n'ayant pas d'analogues en Europe, ne sont jamais désignés que sous leur nom Japonais(1). Quant à ceux qui peuvent être traduits par un seul mot Français, nous les avons volontairement laissés de coté, quand nous n'avions pas à signaler quelque renseignement curieux(2). On les trouvera d'ailleurs aisément dans le Dictionnaire d'*Hepburn* ou tout autre.

Notre dictionnaire offre assurément bien des lacunes et des imperfections. Ceux qui viendront après nous feront aisément mieux. Nous avons d'ailleurs renvoyé toutes les fois que nous l'avons pu, aux travaux déja publiés en Français ou en Anglais.

---

(1) Tels sont les mots : *haori, tatami, tansu, inro,* etc.

(2) Nos articles figurent toujours sous le mot *Japonais* qu'ils expliquent. Cependant, pour la commodité des amateurs tout à fait ignorants de la langue Japonaise, nous avons donné place à quelques mots français avec renvoi aux mots Japonais dont ils sont la traduction. Voy. par exemple : **Armes, Vêtements.**

ABE—Nom d'une famille puissante du XIe S^e. Son chef, *Yoritoki*, se révolta contre l'Empereur en 1052 (*Guerre d'Oshiu* ou *de 9 ans*), et fut tué en 1057. Un des fils de *Yoritoki*, *Sadato*, périt peu de temps après dans un combat; un autre, *Muneto*, fut pris et enfermé dans une cage de bois.

ABE NO NAKAMARO—Poëte et ambassadeur du VIIIe S^e. Envoyé en Chine par l'Impératrice *Kôken*, il s'y fixa. Les peintres le représentent contemplant la lune.

ABUMI—Etriers. Ils étaient de fer, parfois incrusté d'argent, et très lourds. Ils avaient la forme d'une semelle fortement relevée à son extrémité antérieure, de façon à protéger le pied contre les flèches. Il s'en trouve encore un stock considérable au Japon.

AIKUCHI—Sorte de dague ou poignard. Quelques *daimyō* le portaient dans les cérémonies.

AÏNO—Nom donné, surtout par les Européens, aux indigènes de *Yezo*. Ils sont désignés dans les histoires du Japon sous le nom d'*Ebisu* (barbares). Il est certain que leur race a peuplé jadis la partie septentrionale du Nippon. Il semble même assez probable qu'elle s'étendait primitivement sur l'archipel Japonais tout entier, et qu'elle fut refoulée vers le Nord par une autre race venue du Sud (*Milne. Journal of the Authrop. Soc.* 1881. *Chamberlain. Memoir on the language of Japan.*)

AKASHITO (YAMABE NO)—Fameux poëte du VIIIe S^e, adoré comme dieu de la poësie.

AKAZOME NO EMON—Femme célèbre qui vécut à la fin du Xe S^e et au commencement du XIe. C'est l'auteur du *Ei-gwa monogatari*, ouvrage plein de renseignements précieux sur les mœurs de l'époque.

AMA—Prêtresse de Bouddha ou nonne. Les *ama* étaient astreintes au célibat.

AMA-SHŌGUN—Surnom de *Masago*.

AMATERASU—Nom Japonais de la déesse du Soleil. Elle porte encore le nom de *Ten-sho-ko Daijin*, lequel dérive du Chinois.

AMIDA—Nom Japonais du Bouddha. On l'appelle également : *Amida Butsu.*

AOTO FUJITSUNA—Conseiller des *Hōjō* fameux par son désintéressement et son impartialité. Ayant perdu dans une rivière quelques pièces de monnaie, il dépensa pour les faire rechercher, beaucoup plus qu'elles ne valaient, sous prétexte que cette dépense, du moins, profiterait au monde. Ce trait souvent cité nous laisse des doutes sur la valeur de ses conceptions économiques.

ARICHIKA—Descendant des *Minamoto*, qui, poursuivi au XIVe S^e par *Ashikaga*, quitta la province de *Kōzuke* pour s'établir à *Mikawa.* Il y fonda la branche des *Tokugawa* de *Mikawa*, d'où devait descendre *Iyeyasu.*

ARMES—Voy. *Aikuchi*, *Ebira*, *Katana*, *Ken*, *Kozuka*, *Metezashi*, *Naginata*, *Tachi*, *Tantō*, *Tate*, *Tsuba*, *Tsubuko*, *Tsuzumi-Zeiro*, *Uchimono*, *Wakizashi*, *Yari* et *Yumi.*

ARMOIRIES—Voy. *Mon.*

ARMURE—Voy. *Dō*, *Gusoku*, *Kabuto*, *Horo*, et un article paru dans les *Trans. of Asiat. Soc.* (1881).

ASASHINA—Guerrier célèbre par sa force et son courage. Sa famille ayant été exterminée par les *Hōjō*, il s'enfuit, selon la légende, dans l'île de *Kikai.* Là, il émerveilla si bien les *oni* par sa vigueur que ceux-ci se soumirent à lui.

ASHI-ARAI—(Littér : *lavement des pieds*). Somme que payaient les *hi-nin* pour devenir *heimin.*

ASHIGARU—Soldat de condition inférieure, qui se tenait aux derniers rangs de l'escorte d'un grand personnage.

ASHIKAGA—Famille issue des *Minamoto*, dont les membres occupèrent le shogunat de 1338 à 1573. C'est la période la plus troublée de l'histoire Japonaise. V. pour les détails : *Takauji* et *Yoshimitsu.*

ASON—A l'origine c'était le nom d'un des 8 clans (*kabane*) qui se partageaient le pouvoir avant le VIIIe S^e. Plus tard ce nom devint une sorte de titre que portaient certains fonctionnaires de la Cour Impériale.

Atsumori Taira—Il n'avait que 16 ans, quand, au siége d'*Ichi-no Tani* (1184), il fut provoqué par un des guerriers les plus fameux de l'armée ennemie, *Naozane*. Celui-ci, touché de sa jeunesse et de sa beauté, allait l'épargner, quand il s'entendit accuser de trahison. *Naozane* tua son jeune ennemi; mais pris ensuite de remords, il se fit bonze. Les peintres et les poëtes ont à l'envi célébré cet épisode.

Atsutane—Voy. *Hirata*.

Ayamari-jomon—Ecrit par lequel on demandait pardon d'une faute. Certains tribunaux l'exigeaient du coupable, quand sa culpabilité avait été établie. Entre particuliers c'était l'usage.

Azuma—Nom donné tantôt à *Yedo* et aux environs, tantôt à toutes les province Orientales du Japon. C'est la contraction des mots: *Aga-tsuma* (O ma femme) prononcés par *Yamato Dake*, en souvenir de *Tachibana-hime*. (Voy. ce mot).

Baishin—Vassal indirect, par opposition au *Jikisan* ou vassal direct. Les *hatamoto* étaient *Jikisan* du *shogun* et *Baishin* de l'Empereur. Les vassaux directs d'un *daimyō* étaient *Baishin* du *shōgun*.

Bakin—Romancier célèbre (1767-1848). Ses œuvres sont très-nombreuses. Citons seulement: le *Yumi hari zuki;* le *Shichiya no kura* et le *Hakken den*.

Bakufu—Gouvernement shogunal. Il se composait du *shōgun*, d'un *tairō*, de cinq ou six *Rōjū* et autant de *Wakadoshiyori*. L'origine de cette organisation remonte à *Yoritomo*.

Ban—Gardien. Ce mot s'emploie toujours en composition: *Mom-ban*, gardien de la porte; *hi-no-ban*, garde d'incendie; *tsuji ban*, gardien de la voie publique, (qui se plaçait au carrefour de deux rues).

Benkei—Personnage semi-légendaire, que sa force physique et ses exploits ont rendu très-populaire. Tout d'abord il était bonze. Il s'était proposé de réunir 1000 sabres et déjà il en avait pris 999, quand arriva *Yoshitsune* sur le pont de *Gojō* à *Kyōto*. Cette fois *Benkei* fut vaincu et, plein d'admiration pour son vainqueur, devint le plus fidèle de ses partisans. Les peintres représentent volontiers *Benkei* avec 7 armes ou machines de guerre, ou lisant aux gardes du *seki* d'*Ataka* une lettre (*Kan-jin-cho*) imaginaire, ou enfin luttant contre *Yoshitsune*, lequel saute par dessus sa tête avec de hauts *geta*.

Benten—Déesse Indienne, rangée parmi les *Shichi-fuku-jin*. Elle est spécialement adorée par les artistes. On la représente, tantôt jouant du *biwa*, tantôt avec 4 bras de chaque côté.

Besso—Maison que les *daimyō* ou les gens riches possédaient aux environs ou dans les faubourgs de la capitale. C'est là qu'ils se retiraient pour se distraire et qu'ils entretenaient le plus souvent une *mekake*. Synon : *Kakae-yashiki*.

Bishamon—Dieu de la guerre, d'origine Indienne, rangé parmi les *Shichi fukujin*. On le représente tenant dans sa main gauche une lance appuyée sur le sol et de sa droite une petite pagode.

Biwa—Luth à 4 cordes accordées deux à deux. Il n'est guère utilisé que dans les concerts ou pour accompagner certains chants héroïques. Quoique d'origine Chinoise, (la tradition veut qu'il ait été importé par *Kibi-Daijin*), le *Biwa* Japonais diffère sensiblement du *Biwa* Chinois. Le *Chrysanthemum* (1881) a publié un article sur l'histoire de cet instrument.

Bon—Plateau de bois sur lequel on place des tasses ou autres objets. Le *tabako-bon* est un plateau ou un petit meuble à l'usage des fumeurs.

Bon—Fête des ancêtres qui se place du 14 au 16 juillet. Les Japonais pensent qu'à cette époque les ancêtres reviennent sur terre et ils les honorent par des offrandes aux temples et des visites aux cimetières. Synon : *Uran-bon*.

Bo-ri—Circonscription administrative du *Tai-hō-rio*, qui comprenait 50 familles. Les deux mots *bo* et *ri* étaient, semble t-il, dans le même rapport que sont aujourd'hui *fu* et *ken* : *ri* était le terme général, *bo* le terme réservé aux capitales.

Bozu—Bonze, c.a.d. prêtre Bouddhiste. Sauf dans la secte d'*Ikkoshiu*, les bonzes étaient astreints au célibat et vivaient en commun dans des couvents (*tera*).

Bu—Unité de superficie égale au *tsubo*, c.a.d. valant 3 mètres carrés, 305. Le *bu* est usité dans l'évaluation des terrains non bâtis. Avant le VIIIe S^e le *bu* officiel était de 4 mètres carrés, 40.

Bu—Mesure de longueur valant 3 millimètres.

Bugaku—Danse de caractère symbolique, autrefois usitée à la Cour.

Bugyō—Chef d'une administration. Tels étaient le *kanjo bugyō* pour les finances, les *machi bugyō* pour la gestion des affaires d'*Yedo*, les *jisha bugyō* pour les temples. Ceux que nous citons étaient investis à la fois de pouvoirs administratifs et judiciaires. D'autres, comme le *sakuji bugyō* (chef du bureau des réparations) n'étaient qu'administrateurs. Le bureau présidé par le *bugyō* s'appelait *bugyō-sho*.

Bunjinga—(Litt. : *Dessins des lettrés*). On appelle ainsi des dessins d'un genre tout particulier, qui, à l'origine du moins, étaient l'œuvre des lettrés plutôt que celle des peintres de profession. Cette école procède des peintres Chinois de la dynastie des *Ming*. On y place le mérite dans la virtuosité du pinceau et les idées suggérées par l'artiste-poëte bien plus que dans la vraie représentation des objets. Aujourd'hui d'ailleurs on enseigne cette sorte de peinture comme toutes les autres.

Bukan—Sorte d'armorial de la noblesse féodale Japonaise. On y trouvait le nom, les armoiries, la résidence et les revenus de chaque *daimyō*, le nom de ses principaux *kerai*, la liste des présents qu'il devait annuellement offrir au *shōgun* et en recevoir, etc.

Buke ou Bushi—Gens de la classe militaire. Voy. *Samurai*.

Buke-jidai—Période militaire. On y comprend généralement tout le temps qui s'écoule depuis *Yoritomo* jusqu'à *Iyeyasu* c.a.d. de la fin du XIIe S^e à celle du XVIIe.

BUKE HIAKU KAJO—(Litt. : 100 *règles pour les buke*). C'est une sorte de testament politique laissé par *Iyeyasu*. Il a été traduit en Anglais par M. *Lowder* et M. *Dickson* (*Japan*), en Français dans la *Soc. des Etud. Jap.*

BUNCHŌ—Plusieurs peintres ont porté ce nom. Le plus célèbre est *Tani Bunchō* (1764-1841), qui, d'abord elève de *Kano*, se convertit à l'ecole Chinoise, en se créant toutefois un style propre et original. On a publié maintes fois ses dessins, par ex: dans le *Nippon Mei-zan zu e* (1810) et dans le *Tani Bunchō gwa fu* (1862). —Citons encore *Ippitsusai Bunchō*, peintre d'*ukiyo-e*.

BURETSU—Empereur (499-506) célèbre par sa cruauté. Le *Nihon-sho-ki* raconte qu'il prenait plaisir à faire éventrer sous ses yeux des femmes grosses, qu'il forçait des malheureux à creuser la terre de leurs mains, après leur avoir fait arracher les ongles, qu'il s'amusait à en faire grimper dans les arbres, pour ensuite les percer de flèches, et à d'autres récréations du même ordre.

.BUSON—Poëte et peintre (1716-1783) très-original. Ses distractions sont célèbres. Un soir, pour contempler la lune, il imagina de faire un trou au toit de sa maison avec une chandelle et alluma ainsi un incendie qui détruisit la moitié de *Kyōto*.

CACHET—Voy. *In* et *In-kagami*.

CHA NO YU—Cérémonies destinées à donner de la dignité et de la grâce à la préparation et à la dégustation du thé. C'est vers la fin du XVe S^{e} qu'elles ont été réglées aussi minutieusement que les rites d'une religion. L'inventeur, *Murata Shinko*, eut la chance heureuse de trouver, dans le *shōgun Yoshimasa* et le peintre *Sōami*, des adeptes dont l'influence contribua fort à faire adopter ces cérémonies dans la haute société. *Hideyoshi* acheva de leur donner la vogue. Des sociétés de *Cha-jin* se fondèrent pour les pratiquer et les hommes savants en cet art (*Cha-sei*) furent tenus en haute estime. Il est certain que ce fut une école de politesse et de délicatesse, qui influa sur les mœurs des classes élevées et sur les arts plastiques. Elle donna le goût d'une simplicité un peu étudiée et développa l'amour du bibelot et des antiquités. Par contre, l'attachement des *Cha-jin* aux modèles anciens a pu retarder les progrès de la céramique. On a décrit dans plusieurs recueils les rites du *cha-no yu.* Voy. par ex : *J. Dixon* (*Japanese etiquette*)

CHAIA—Maison dans laquelle on prend le thé et, par extension, restaurant. Les clients y sont répartis dans de petites chambres, chaque société ayant la sienne. Pas de salle commune comme dans nos cafés. On appelle *kake-jaia*, les petites échoppes ouvertes à tous vents, où se reposent un instant les promeneurs et voyageurs. Les *machi ai chaia* sont des *chaia* spécialement affectées aux rendez-vous.

CHÂTEAU—Voy. *Shiro, Jinya.*

CHIGYŌ—Terres ou rente en argent ou en denrées que donnait l'Etat à des nobles ou à des temples.

CHŌ—Subdivision du *ri* valant aujourd'hui 109 mètres. On appelle encore *chō* l'unité de superficie valant aujourd'hui 9915 mètres carrés. An VIIIe S[e] le *chō* valait environ 11, 100 mètres carrés. A la fin du XVIe S[e] il était réduit à peu près de moitié.

CHŌ-DENSU—Peintre-bonze (1351-1431), qui, d'abord élève de l'école de *Takuma*, étudia les peintres Chinois et fut des premiers à les imiter. Il est assez connu sous le nom de *Meichō*. On n'a guère conservé de lui que des peintures religieuses.

CHOKU-SHI—Envoyé Impérial. Par ex : on appelait ainsi la personne que l'Empereur envoyait au *shōgun*.

CHŌNAI—Quartier d'une ville. La division en *chō*, sans être la division officielle de l'administration, avait, dans les mœurs, une importance pratique assez grande. Chaque *chō* avait en effet ses charges propres, par ex : dans les fêtes.

CHŌNIN—Bourgeois, par opposition soit aux gens de la campagne, soit aux *samurai*.

CHŪGEN—Domestique inférieur d'un *samurai*.

CHŪGOSHO—*Samurai* de condition moyenne, qui faisait partie de l'escorte d'un *daimyō*.

CHŪKO—Moyen-âge: du VIIIe S^e à la fin du XIIe.

CHŪNAGON—Conseiller de la Cour Impériale, qui prenait rang après le *Dainagon.*

CHŪSHO—Général placé au dessous du *Taisho*, dans la hiérarchie militaire. Il y avait deux *chusho*, comme deux *taisho.*

COIFFURE—Voy. *Eboshi, Kammuri, Kanzashi, Kasa* etc., et pour plus de détails un article de M. *Conder* sur le costume Japonais (*Asiat. Soc.* 1880).

DAI-JIN—Ministre de l'Empereur. Le nombre des Ministres a peu varié. Dès le milieu du VIIe S^e, le conseil des ministres, avait à sa tête, au dessous de l'Empereur, un *Dajō-dai-jin* (Premier Ministre), un *U-dai-jin* (Ministre de gauche) et un *Sa-dai-jin* (Ministre de droite).

DAIKAN—Gouverneur d'un domaine du *shōgun.* Les *Daikan*, chargés d'administrer un vaste territoire, étaient, en fait, assimilés aux *daimyō.* Telle était la situation du *Daikan* de *Takayama*, qui administrait, pour le compte des *Tokugawa*, la province de *Hida.*

DAIKOKU—Divinité Bouddhiste, qui a pris place parmi les *Shichi-fuku-jin*, comme Dieu de la richesse. Il porte à la main un marteau (*kozuchi*) dont il frappe la terre, pour en faire sortir des trésors, et, sur le dos, un sac plein d'objets précieux. Le plus souvent, il est environné de rats.

DAIMYŌ—(Litt: *grand nom* c. a. d. grande famille). On appelait ainsi les plus puissants des vassaux militaires qui relevaient directement de l'Empereur. Cette dénomination apparaît dès *Yoritomo.* Jusqu'au XVIIe S^e les *daimyō* jouirent dans leurs domaines d'une large indépendance. Mais les guerres civiles étaient continuelles et ces domaines passaient fréquemment d'une famille à une autre. Sous les *Tokugawa* la noblesse féodale perdit en indépendance ce qu'elle gagna en stabilité. *Iyemitsu* déclara formellement qu'il considérerait tous les *daimiyō* comme ses vassaux. Dès lors, le criterium servant à distinguer les *daimiyō* des *hatamoto* se trouve dans le chiffre des revenus. Pour être *daimyō*, il fallait avoir un revenu d'au moins 10 000 *koku* de riz.

DAINAGON—Grand conseiller de la Cour Impériale, qui venait immédiatement en rang après le *Nai-Dai-jin.*

DAIRI—Palais Impérial et, par extension, l'Empereur lui-même.

DAISHI—Titre honorifique ajouté au nom des bonzes savants; ex: *Kobo Daishi.*

DAJŌ-TENNŌ—Titre que portait un Empereur, après son abdication. Syn: *Da-jō-kō.*

DA-JŌ-KWAN—Conseil supérieur de Gouvernement, qui se composait des trois grands *Daijin* (V. ce mot) et du *Dai-nagon.*

DAKYŪ—Jeu de balles qu'on jouait à cheval. On s'exerçait ainsi à ramasser la tête d'un ennemi.

DANSE—Voy. *Bugaku, Kagura, Nō.*

DANZAIMON—Exécuteur en chef des hautes œuvres. C'est lui qui était chargé de surveiller les *eta.*

DARUMA—Fils d'un roi Indien, adoré au Japon et en Chine comme un demi dieu. Il arriva en Chine vers 530 pour y prêcher le Bouddhisme et surtout la vraie morale. Afin de donner un exemple d'austérité, il voulut vivre dans les montagnes. Suivant une tradition ses jambes s'usèrent de fatigue. Suivant une autre, que rapporte *Kaempfer*, il se les coupa lui-même et les vit se métamorphoser en feuilles de thé. Aussi lui attribue t'on la découverte du thé. Rien de plus répandu dans le peuple que les poupées représentant *Daruma* sans jambes.

DASHI—Grands chars qu'on promenait (l'usage a persisté) dans les rues aux jours de fêtes religieuses, à grand renfort de cris et de sons discordants. Sur les uns on exhibe des armes et de grossières images figurant des dieux ou demi-dieux. Sur d'autres ont lieu en musique certaines danses spéciales *odori yatai.* Tantôt ces chars sont traînés par des bœufs ou des hommes; tantôt ils sont portés sur les épaules.

DAZAIFU—Ancienne capitale de *Tsukushi* (*Kiu-Siu*), fondée vers 670 ap. J. C. Le Gouverneur de *Dazaifu* avait dans ses attributions les rapports avec les étrangers.

DEN—Rizière. Suivant leur nature juridique et l'origine de leur possession, les rizières portaient des noms différents : *Eki den* désignait les rizières affectées aux frais des transports officiels; *handen*, *kubun den* ou *kobun-den*, celles qui avaient été partagées entre les familles d'un village suivant le nombre des bouches (*ku*) de chacune; *hon-den* celles qui étaient cultivées et payaient l'impôt; *i-den* celles que le Gouvernement avait attribuées aux possesseurs de *kura-i*; *kon-den* ou *shin-den* celles qui avaient été récemment défrichées; *shoku-den* ou *shokubun-den*, celles qu'on recevait du Gouvernement en qualité de traitement, *ko-den* celles qu'il accordait pour services rendus; *ko-den* aussi celles qui étaient consacrées à subvenir aux dépenses du *Da-jō-kan*, etc.

DEN—Construction comprise dans un palais. Ce mot était surtout usité en composition, pour désigner un palais déterminé (Ex : *Shi-shin-den*). Parfois pourtant on l'employait seul, en le faisant alors précéder de la particule honorifique *go* (*Go-ten*).

DESHIMA—Ile voisine de *Nagasaki*, où furent relégués les négociants Hollandais et Chinois de 1638 à 1854. *Kaempfer* nous éclaire aussi complètement que possible sur la situation qui leur était faite.

DIEUX—Voy. *Fuku-jin*, *Gongen*, *Hotoke*, *Kami*.

DIVORCE—Voy. *Mikudari-han*.

DŌ—La partie de l'armure qui protége le tronc.

DŌ—Grande circonscription qui comprenait plusieurs provinces. Outre le *go-kinai*, on comptait 7 *dō*. (V. notre carte du *Japon féodal*). Cette division, empruntée des Coréens, doit remonter à l'époque des premières expéditions Japonaises en Corée.

DO-HI—Esclave. Voy. *Nu-hi*.

DOKIO—Bonze qui avait su, par ses intrigues, dominer l'esprit de l'Impératrice *Kōken*. Il la détermina, en 761, à déposer *Junnin Tennō*, en faveur de qui elle avait abdiqué et à reprendre le pouvoir. Il essaya de faire croire à l'Impératrice que le dieu *Ha-*

chiman ordonnait de le choisir lui-même pour époux et Empereur. Mais la supercherie fut découverte. A la mort de l'impératrice, il fut exilé.

DORA-TATAKI—Bonze-voyageur. Les *dora tataki* formaient une sorte de corporation et étaient ainsi appelés, parce qu'en marchant, ils faisaient sonner un petit gong (*dora*).

DŌSHIN—Agent de police inférieur.

EBIRA—Carquois. Il variait de formes et chacune portait un nom spécial. Tantôt les flèches s'y trouvaient enfermées, comme dans une boîte; tantôt elles n'y étaient que maintenues aux extrémités, de façon à demeurer visibles.

EBISU—Troisième fils d'*Izanagi no Mikoto*, qui a pris place parmi les 7 *fuku jin*, comme personnifiant la probité. C'est le seul des *fuku-jin* qui soit d'origine Japonaise. On en fait parfois le dieu du commerce et c'est peut-être à ce titre qu'il doit de figurer sur le papier-monnaie. Presque toujours on le représente avec des instruments de pêche et un poisson. Comme fils d'*Izanagi*, il porte plutôt le nom de *Hiruko*.

EBISU—Barbare. C'est sous ce nom que les historiens Japonais désignent les *Aino*.

EBOSHI—Coiffure faite de papier laqué, que portaient dans les circonstances ordinaires, les *kuge* (nobles) et les *Kannushi* (prêtres Shintoïstes). Elle était fixée par des cordons sur la tête. D'ailleurs elle variait de forme suivant la condition sociale de son propriétaire.

E-FUMI—(Litt: *marcher sur l'image*). Obligation qu'on imposa aux gens de *Kiu Siu* de fouler aux pieds un crucifix, quand le Gouvernement eût interdit la propagation du Christianisme. Cette cérémonie devint un moyen de recensement. Les étrangers s'y trouvaient soumis, lorsqu'ils débarquaient au Japon.

EMPEREUR—Voy. *Dairi*, *Hōwo*, *Mikado*, *Tennō*, *Tenshi*.

ENRYO—Peine consistant à consigner une personne chez elle, sans qu'elle pût recevoir aucune visite. On l'infligeait pour de legères infractions, par ex: en cas d'incendie causé par négligence.

EPOQUES—Voy. *Jōko, Chūko, Buke-jidai, Kinsei, Inshin-igo.*

ETA—(Littér : *très-sale*). On désignait par ce mot une classe tout à fait inférieure de l'ancienne société. Les *eta* habitaient des villages, ou du moins des quartiers à part, et l'on évitait le plus possible tous rapports avec eux. Ils vivaient de métiers considérés comme impurs, tels que la préparation du cuir. Voy., sur ces *parias* du Japon, *Mitford* (*Tales of old Japan*).

EVENTAIL—Voy. *Ogi, Uchiwa.*

EZU-CHŌ—Registre qui renfermait le plan de chacun des terrains d'une commune. Il se tenait à la mairie.

FÊTES—Voy. *Bon, Matsuri, Sekku.*

FUCHI—Ration de riz allouée à certaines personnes par le *shōgun* ou les *daimyō*. Un *fuchi* (1) donnait droit à 15 *shō* par mois. C'était la paie des soldats. Les médecins recevaient des *fuchi* de plusieurs côtés à la fois.

FUDAI—Serviteur ou vassal depuis plusieurs générations. Le *Chōsokabe hiaku kajo* déclare que 10 ans de services dans une maison suffisaient pour qu'on fût considéré comme *Fudai*. A dater du XVIIe S^e^ on distingua soigneusement les *fudai-daimyō*, par opposition aux *tozama-daimyō*. Les premiers étaient ceux qui descendaient d'anciens vassaux des *Tokugawa*. Ces *daimyō* avaient soutenu *Iyeyasu* dans sa lutte contre le parti de *Hideyori*. Aussi dans le *Buke hiaku kajō* déclare t'il que les *fudai daimyō* sont ceux qui ont reconnu sa suprématie avant le siége d'*Osaka* (1600). C'est à eux qu'étaient réservés tous les postes importants du Gouvernement shogunal. Quoique tous les *daimyō* aient fini par se soumettre aux *Tokugawa*, la distinction garda donc son importance. (2) On classait les *fudai daimyō*, d'après leur rang et la chambre qu'ils occupaient, au palais du *shōgun*, en *Tamarizume*, *Teikannoma*, *Gannoma* et *Kikunoma*.

(1) On disait : *ichi nin fuchi, ni nin fuchi*. c.a.d. la ration d'une, deux personnes.

(2) C'est pourquoi nous avons, dans notre liste des *daimyō*, indiqué pour chaque famille, si elle se trouvait rangée parmi les *fudai* ou parmi les *tozama*.

FUE—Flûte. C'est un bambou percé de 7 à 8 trous, sans clefs. Il existe quelques flûtes en ivoire. Les mélodies que tirent des unes et des autres les musiciens Japonais ne sont pas pour donner une haute idée de l'instrument.

FUJI—Nom Japonais de la montagne que nos géographes appellent le *Fusiyama*. Elle doit ce nom (*Fuji* veut dire : sans égal) tant à sa hauteur qu'à son élégance majestueuse. Tous les poëtes et les artistes s'inspirent d'elle et l'on ne peut trouver si pauvre cabane qui ne possède, en *kakemono* ou autrement, une image du *Fuji*. *Hokusai* lui a consacré deux de ses meilleurs recueils; (l'un d'eux a été réédité en Angleterre). *Hiroshige* a publié aussi une collection de 36 vues du *Fuji*. Chaque année des milliers de pèlerins font l'ascension de la montagne sacrée. (Voy. dans le *Chrysanthemum* de 1882 la traduction d'un catéchisme écrit à leur usage).

FUJIWARA—Famille qui, du VIIIe au XIIe S^e, fut toute puissante à la cour Impériale et gouverna réellement le Japon. Plus tard même ses membres continuèrent à occuper près de l'Empereur les postes les plus élevés. La plupart des *kuge* en étaient issus. Le grand nombre de peintres, poëtes, savants, historiens, etc., qu'elle a donnés au Japon, mérite d'immortaliser son nom. *Metchnikoff* (*l'Empire du Japon*, p. 383) dresse une liste de ses principaux membres.

FŪKO—Prérogative que donnait l'Empereur de percevoir tout ou partie des redevances imposées à un village ou à quelques familles. Après le XIIe S^e les *fūko* furent réservés aux princes Impériaux et aux temples.

FUKU—Bonheur, richesse. On appelle *Shichi fuku jin* les 7 divinités qui ouvrent aux hommes les sources du bonheur (*Jurojin*, *Daikoku*, *Fukuroku*, *Ebisu*, *Benten*, *Hotei* et *Bishamon*). D'après une légende, ce serait un grand prêtre du nom de *Tenkai*, qui, à la demande de *Iyeyasu*, aurait fixé les attributions de ces dieux d'ailleurs adorés à une époque bien antérieure. Il aurait personnifié en eux les 7 éléments du bonheur : la longévité, la richesse, la popularité, la probité, la grâce, la bonté et la force. Cette énumération ne laisse pas que d'étonner. Il n'en est pas moins certain que ces personnages sont, au Japon, l'objet d'un culte aussi universel qu'original. Il suffit de parcourir les albums de caricatures pour voir que les artistes en prennent fort à l'aise avec eux : ce dont personne d'ailleurs ne songe à s'offenser. La répartition de leurs attributions respectives est généralement assez mal connue et l'on confond volontiers leur rôle. Des savants voient en eux des espèces de Dieux Lares (Voy. *Dickins : Asiat. Soc. Trans.* 1880).

FUKUROKU—Celui des 7 *fuku jin* qui personnifie la popularité. Ce serait l'incarnation d'un astre. (1) On le représente avec un crâne chauve et démesurément élevé. Il porte à la main un bâton sur lequel se trouve un livre de prières. Près de lui se tient une grue.

FUKUSA—Petit carré d'étoffe de soie parfois orné de dessins ou broderies. On s'en sert, dans les cérémonies du *cha no yu*, pour essuyer la poussière déposée sur les tasses ou pour envelopper des objets de prix. Mais les plus riches *fukusa* sont employés à recouvrir le *kowa meshi* qu'on offre au dehors. Voy. *Meshi.*

FUMI-E—Crucifix qu'on foulait aux pieds. Voy : *E-fumi.*

FUNDOSHI—Pièce d'étoffe qui, passée entre les jambes et nouée autour des reins, permet au vent de prendre avec la robe Japonaise quelques libertés, sans enfreindre les lois de la pudeur.

FUNE—Bateau. Les Japonais semblent avoir, de toute antiquité, navigué sur leurs lacs et sur mer. On appelle *Watashi-bune* les bacs; *yane bune*, *yakata bune* et *yusan bune* les gondoles recouvertes d'un toit, dans lesquelles les bonnes gens d'*Yedo* et d'*Osaka* aiment à faire la fête.

FUREI—Ordre émané du *shōgun* ou d'un *daimyō.* Ce mot ne devint en usage que depuis l'avénement des *Tokugawa.*

GANKU—(1749 1838) S'inspirant à la fois des Chinois et des principes d'*Ūkio*, *Ganku* fonda une école de peinture qui porte son nom. Lui-même excellait surtout à peindre les tigres.

(1) La plupart du temps on le confond avec *Jurojin*, pour en faire un autre dieu de la longévité.

GEKKIN—Instrument Chinois, composé de 4 cordes accordées deux à deux et montées sur une caisse de bois ronde. Dans l'intérieur est une longue tige métallique, libre à une de ses extrémités.

GEMBUKU—Cérémonie destinée à constater l'arrivée d'un homme à l'âge de 15 ans. Primitivement on le coiffait alors du *kammuri*. Plus tard l'habitude se répandit de lui raser la partie antérieure du crâne.

GEISHA—Danseuse et chanteuse. Il ne se donne guère de fêtes publiques ou privées, sans qu'on y fasse figurer un certain nombre de *geisha*. Elles accompagnent généralement leur chant du *shamisen*. Les plus jeunes, appelées *odori-ko* à *Yedo* et *maiko* à *Kyōto*, ont pour fonction spéciale de danser. Voir pour plus amples détails sur cette aimable corporation les impressions de voyage des divers *glob-trotters*.

GENJI—Voy. *Minamoto*.

GENIN—Terme général applicable aux divers serviteurs.

GETA—Socques de bois qui se portent hors de la maison. La forme et la beauté des *geta* varient avec le rang, le sexe, l'âge, les provinces et les circonstances. Autrefois l'inférieur ne pouvait garder aux pieds ses *geta* devant son supérieur : c'eût été l'outrager. Le *samurai* inférieur (*kachi*) qui rencontrait un *samurai* d'un rang plus élevé s'empressait de les ôter. Les hommes d'escorte n'en portaient pas.

GIDAYŪ—Sorte de chant dramatique inventé au XVIIe S^{e} par un homme de ce nom.

GIMMIYAKU—Fonctionnaire placé immédiatement sous les ordres du *kanjo-bugyō*.

GO—Jeu quelque peu analogue au *jeu de dames*, fort répandu au Japon. Le damier est généralement tracé sur une petite table très-pesante. La tradition veut que ce jeu ait été importé de Chine par *Kibi Daijin*.

GO—Préfixe honorifique placé devant le nom de certaines choses (*go-han* : repas, *go-kanjo* : compte) ou le titre de certaines personnes. Dans le langage populaire surtout ce préfixe est devenu inséparable de certains mots (*go-sho :* palais etc.). Le plus souvent il est employé par politesse pour la personne à qui l'on parle et alors il correspond presque à l'adjectif "*votre.*" (*Go-kanai :* votre femme).

Go—(Postérieur). Particule qui se place devant le nom de certains Empereurs pour indiquer le deuxième du nom.

Go-Daigo—(*Daigo II*). Empereur de 1318 à 1339. Désireux de secouer la tyrannie des *Hōjō*, il réunit autour de lui tous ceux qu'avait indisposés leur orgueil et surtout les bonzes. Mais cette première tentative échoua : il s'enfuit dans la province d'*Omi* (1331) et fut exilé dans l'ile d'*Oki*. Il s'échappa, reprit les hostilités et réussit à les chasser (1334). Mais il vit bientôt s'insurger contre son autorité un des chefs qui l'avaient aidé dans cette lutte : *Ashikaga Takauji* (1335). Vaincu, il dut transporter sa cour à *Yoshino*, cédant la place au nouvel Empereur choisi par *Ashikaga*. Ses malheurs et ses amours sont restés populaires.

Gofu—Petit papier sur lequel se trouve une sentence tirée des livres Bouddhistes. On le fait avaler aux malades en guise de médecine.

Go-kenin—*Samurai*, serviteur direct du *shōgun*. Avant les *Tokugawa* le sens de ce mot était général. Depuis lors, il fut réservé aux serviteurs qui ne pouvaient assister aux cérémonies du palais, par opposition aux *hatamoto*.

Go-koku—On désigne par là les cinq céréales considérées comme principales : le riz, le blé, le millet, les fèves et le sorgho.

Gompachi (Shirai)—Personnage légendaire célèbre par sa bravoure, ses crimes et ses amours avec *Ko-Murasaki*. Ses aventures ont fourni une mine inépuisable à l'imagerie populaire. (Voy. par ex : les *nishiki-e d'Utamaro*, *Ezan* etc.) *Mitford* (*Tales of old Japan*) les a résumées.

Gongen—(Littér : *Manifestation temporaire*). C'est un titre donné par les Bouddhistes aux dieux du *Shintō*, qu'ils considèrent comme des manifestations temporaires des divinités Indiennes.

Spécialement c'est le titre sous lequel, à *Nikko* par exemple, on adore *Iyeyasu*.

GO-NIN-GUMI—Groupe de 5 familles, qui, vis à vis de l'administration, répondaient pécuniairement et même pénalement les unes des autres. Ces familles habitaient le plus souvent des maisons contigues ou très rapprochées. Le nombre 5 n'était pas toujours strictement indispensable. Chaque *kumi* avait à sa tête un *kumi-gashira*.

GO-ON—Prononciation primitive des caractères Chinois. Elle n'est plus guère en usage (sauf parmi les bonzes) que pour la lecture des livres Bouddhiques ou la désignation de certains *nengo*. Aujourd'hui on use de la prononciation dite *Kan-on*.

GO-RIN—On désigne ainsi les 5 relations essentielles dans la société (et par suite les 5 vertus sociales): entre enfants et parents, entre époux, entre frères, entre amis, entre maître et serviteur.

GO-RŌJŪ—Conseil des Ministres du *shōgun*. Les *Rōjū*, choisis parmi les *fudai-daimyō*, au nombre de 4 ou 5, siégeaient et administraient presque toujours alternativement. Pourtant, dans les occasions graves, ils se réunissaient pour tenir conseil.

GORODAYU SHONZUI—Potier d'*Ise*, qui , en 1510, introduisit à *Arita* la fabrication de la porcelaine, jusque là inconnue au Japon. Il est considéré comme l'inventeur de la porcelaine à fond blanc avec dessins bleus sous la glaçure.

GO-SAN-KE—Voy. *San-ke*.

GO-SEKKE—Voy. *Sekke*.

GŌ-SHI—Paysan riche, qui avait le droit de porter des armes.

GO-SHU-IN-CHI—Terrain donné par le *shōgun*. Le mot venait de ce que la donation était revêtue d'un cachet (*in*) rouge (*shu*).

GOTEN-YAMA—Colline située dans le faubourg méridional d'*Yedo*. La foule s'y portait en masse au moment de la floraison des cerisiers. Lorsqu'en 1861 le *Bakufu* céda cette colline aux Légations étrangères, il en résulta une sorte d'émeute et des troubles assez graves. Depuis lors elle a été rasée.

GOTŌ YUJŌ (1435-1513)—Artiste qui passe pour avoir créé au

Japon l'art de ciseler les métaux. Il est donc le chef de cette école de ciseleurs qui s'est perpétuée jusqu'à la révolution (1868). *Satow*, en tête de son *Guide*, donne la liste des plus connus.

GOZEN—Terme honorifique que jadis on ajoutait après le nom d'une femme (*Tomoe Gozen*, *Tokiwa Gozen*).

GUN—Division de la province (*kuni*). Au début le *gun* était administré par un *gun-cho*, que nommait l'Empereur, et qui avait sous sa direction un certain nombre de fonctionnaires formant le *gun-shi*. Plus tard le mot de *gun-shi* servit à désigner le chef du *gun*, qu'on appelait aussi *gun-bugyō* ou *gun-dai* (sous les *Tokugawa*). A partir de la fin du XIIe S^e^ les *gun-shi* perdirent leur pouvoir, ne gardant qu'une autorité nominale.—Syn : *kōri*.

GUNKEN—Système de gouvernement centralisateur, par opposition au système féodal (*Hoken*).

GUSOKU—Armure. Voy. *Dō*, *Horo*, *Kabuto*, et l'étude publiée par M. *Conder* (*Asiat. Soc.* 1881).

GWA-MYŌ—(Littér : *Nom de dessin*) Nom sous lequel les peintres signent leurs œuvres.

HACHIMAN—Dieu de la guerre. Voy. *Ōjin*.

HAIKAI—Poësie composée de 17 syllabes.

HAI-MYŌ—Nom de plume sous lequel les poëtes signent leurs œuvres.

HAKAMA—Large pantalon de soie ou coton que portaient les *samurai*. Dans les cérémonies, la jambe était complétement enveloppée par le *naga-bakama*, lequel traînait à terre de 20 à 30 centimètres et gênait la marche. Le *shita-bakama* (pour les hommes), *uchi-bakama* (pour les femmes) étaient des espèces de *naga-bakama*.

HAKASE—Savant et professeur. Ce titre était conféré par l'Empereur et assurait de sérieux avantages.

HAKUCHŌ—Vêtement que portaient les serviteurs des *kuge*. De nos jours il est réservé au personnel inférieur du culte Shintoïste (serviteurs de *kannushi*, employés des pompes funèbres etc.)

HAKUSEKI (ARAI)—(1656-1725) Un des plus remarquables historiens du Japon. Outre ses grands ouvrages historiques, comme le *Toku-shi-yoron*, aperçu général de l'histoire ancienne du Japon, et le *Hankampu* (Histoire des familles de *Daimyō*), il a laissé plusieurs ouvrages de géographie, tels que le *Sei-ki-bun*, (Description de l'Europe), le *Sai ran igen* (mœurs des pays étrangers), le *Nanto shi* (Hist. des îles du Sud), le *Riu-Kiu-Jiriaku*, le *Yezo shi*, le *Yezo dan hikki* etc.; une œuvre de philosophie naturaliste, (le *Kohitsu*), et une foule de monographies sur divers sujets, par ex : le *Hon-chō gun ki ko* (Essai sur les armes Japonaises).

HAN—Territoire gouverné par un *daimyō*. Il suffit d'examiner un instant une carte du Japon féodal, pour voir que les *han* étaient loin de se confondre avec les provinces (*kuni*). En 1871 le Gouvernement Impérial supprima ces fiefs et reprit l'administration directe du pays tout entier. Sous le régime féodal, les *daimyō* gouvernaient à peu près à leur gré leurs sujets : le recours au *shōgun* était très-rare.

HANIWA—Dans les siècles antérieurs à l'ère chrétienne, l'usage était de sacrifier, sur la tombe des Empereurs et des grands personnages, des personnes et des chevaux. Un décret de l'Empereur *Suinin* (1e an. av. J. C.) interdit ces sacrifices et ordonna de substituer aux victimes des figurines de terre. Ce sont les *haniwa*. On en retrouve encore dans l'intérieur ou autour des tombes. Le premier qui en fabriqua s'appelait *Hashi*, d'où le nom de *Hashi-be* donné à ses successeurs.

HAN-YUZURI—(Littér : *Cession du cachet*) Succession. L'héritier recueille le cachet de la maison. Le fait peut d'ailleurs se produire du vivant de son auteur. Voy : *inkyo*.

HAORI—Manteau de soie ou coton, porté par dessus la ceinture. Autrefois il était généralement orné de 5 *mon*. En hiver le *haori* est ouaté et doublé. Pour les incendies, on se couvrait d'un *haori* de cuir ou d'étoffe très-épaisse.

HARA-KIRI—(Littér : *Ouverture du ventre*) Mode de suicide propre au Japon. Primitivement le patient s'ouvrait le ventre lui-même. Dans les derniers siècles, il se bornait à se faire très-solennellement une légère incision; un ami ou un serviteur, placé derrière lui, terminait la cérémonie en lui tranchant la tête. Les détails de la scène étaient minutieusement réglés par l'étiquette. Voy. d'ailleurs *Mitford* (*Tales of old Japan*. 1er append.). Synon : ***Seppuku.***

HARAI—Cérémonie qui avait pour but de purifier les criminels, les malades etc., en exorcisant les mauvais esprits qui habitaient en eux. Elle se pratique encore au Palais impérial.—On appelle aussi *o harai* une petite boîte de papier, que chaque famille place dans le *kami-dana*. Elle renferme un morceau de bois consacré dans un temple d'*Ise*, lequel morceau doit être renouvelé tous les ans. Voy. *Satow* (*Transact. of Asiat. Soc.* t. II.).

HARI-BAN—Sentinelle, garde. Synon : ***Mi-hari-ban.***

HASAMI-BAKO—Boîte de laque noire que les grands personnages faisaient porter devant eux, lorsqu'ils sortaient en promenade ou en voyage. On y plaçait des vêtements et tout ce qu'on jugeait pouvoir être utile sur la route.

HASHI—Bâtonnets dont les peuples de l'Extrême-Orient se servent pour appréhender les objets et surtout pour manger. Entre leurs mains les *hashi* remplacent tant bien que mal la cuiller, la fourchette et le couteau de table. Pour saisir les charbons, on emploie des tiges de fer ou de cuivre (*hi-bashi*).

HATAKO—(Littér : *enfant des champs*). Enfant du hasard.

HATAMOTO—Vassaux directs du *shōgun*, qui pouvaient assister aux cérémonies du palais. Tous recevaient du *shōgun* une pension plus élevée que celle de la plupart des autres *samurai*. Le terme de *hatamoto* ne remonte pas au delà des *Tokugawa*. *Mitford* (*Tales of old Japon.* I. p. 77, 95) donne sur cette classe d'intéressants détails.

HEI-AN-JŌ—Ancien nom de *Kyōto*, encore employé parfois dans la langue poëtique.

HEIMIN—Classe de la population qui comprenait les agriculteurs, les commerçants et les artisans. Au dessus d'elle étaient les *samurai*, jouissant vis-à vis d'elle de privilèges exorbitants. Au dessous, les *eta* et les *hinin*, qu'on comptait pour rien.

Heishi ou Heike—Autre nom de la famille *Taira.*

Heya-zumi—Fils, qui, devenu adulte, continue à vivre chez ses parents, sans être chef de famille. Dans les relations extérieures, le chef de famille représentait seul la famille.

Hibachi—Brasero en bronze ou porcelaine. Parfois il se compose d'un récipient en cuivre, lequel est placé dans une caisse de bois, garnie ou non de tiroirs. On peut dire que c'est, par excellence, le meuble national, le premier qu'on apporte au visiteur, l'accessoire indispensable de la conversation et le seul moyen connu d'attiédir en hiver l'air glacé des appartements.

Hideyoshi—(1536-1598) Fils de paysan, il s'attacha de bonne heure à la fortune de *Nobunaga*, qu'il servit d'ailleurs fidèlement. Après la mort de celui-ci, il réussit à pacifier et, sous le titre de *kwampaku*, à gouverner en maître le Japon, que, depuis un siècle, désolait la guerre civile. Il céda en 1591 ses fonctions à *Hidetsugu*, mais en conservant la réalité du pouvoir jusqu'à sa mort. Les Japonais lettrés le désignent volontiers sous le nom de *Toyotomi*, le vulgaire sous celui de *Taikō.* (Voir dans les *Transac. of Asiat. Soc.* plusieurs études sur lui). Les Japonais le considèrent, à juste titre, comme un de leurs plus grands politiques.

Hime—Terme honorifique usité pour les femmes de très-haut rang (Ex : *Tachibana no Hime*).

Hina—Petites poupées, représentant des personnages de la Cour Impériale, qu'il est d'usage d'exposer le 3 Mars (*Hina-sekku*). Cette coutume, essentiellement Japonaise, remonte à la plus haute antiquité.

Hinin—(Littér : *Qui n'est pas une personne*) : classe très-inférieure de l'ancienne société. C'est à tort que parfois on les confond avec les *eta.* Cette classe se recrutait surtout parmi les mendiants. (Beaucoup d'*eta* étaient riches ou dans l'aisance).

Hirata Atsutane—(1776-1843) Un des plus savants écrivains Japonais. A la suite de *Motoori*, il se lança dans l'étude des antiquités nationales et contribua si bien à la renaissance du Shintoïsme, qu'aujourd'hui les Shistoïstes l'adorent comme un dieu.

Un ouvrage qu'il écrivit en 1836 sur l'Empereur porta ombrage au *shōgun* et fut supprimé. Il a laissé de nombreux traités sur l'histoire des premiers siècles, les étymologies, les alphabets préhistoriques, la Poëtique et la Médecine.

HIRŌ—Publicité résultant d'une cérémonie. Ce terme s'appliquait surtout à celle qui suivait le mariage ou la naissance d'un enfant. Après le mariage, on conduisait la jeune femme chez les voisins ; dans certaines provinces, les deux familles donnaient un grand banquet (qu'on appelait aussi *hirō*). Quant à l'enfant nouveau né, il était exhibé aux parents et aux membres du *go-nin-gumi*. Synon : *Hirome.*

HIROSHIGE (ICHI RIOSAI)—(1787-1858) D'abord pompier, il entra assez tard dans l'école de dessin de *Kano Rinsai*, puis dans celle de *Toyoshiro*. C'est sans contredit, avec *Hokusai*, le plus grand paysagiste de l'école vulgaire, et le meilleur peintre des scènes populaires. Doué d'une fantaisie et d'une fécondité inépuisables, il a laissé, sans parler de ses *kakemono*, de nombreux albums de gravures.

HIROTAKA (KOSE)—Grand peintre du Xe S^e^. On prétend qu'il composa de l'Enfer un tableau d'ailleurs perdu qui l'épouvanta lui-même.

HIRUKO—Voy. *Ebisu.*

HITATARE—Vêtement que portaient surtout les *kuge.*

HITO-BARAI (KITTE)—Congé en forme qu'octroyait le maire d'un village à celui qui entrait par adoption dans une famille d'un autre village.

HITOMARO—Fameux poëte du VIIe S^e^, adoré comme un des dieux de la poësie. On l'appelle encore *Kakino-moto.*

HITOTSUBASHI—Fils du fameux *Nariaki*, *daimyō* de *Mito* et chef du parti hostile aux étrangers, il entra d'abord dans ce parti, devint tuteur du *shōgun* (*tairō*) en 1862, puis *shōgun* lui-même en 1866, sous le nom de *Keiki* ou *Yoshinobu.* Mais il résigna le pouvoir en Janvier 1868 et n'eut pas de successeur. Le rôle qu'il joua dans les grands événements de cette époque est, en somme, assez insignifiant.

Hōjō—Famille, dont les chefs, sous le titre de *shikken*, administrèrent le Japon de 1205 à 1332. C'est une des périodes prospères de l'histoire Japonaise.

Hōjō—Famille, qui, fondée, vers la fin des *Ashikaga*, par un chevalier errant, devint très puissante dans le *Kuanto*, jusqu'à ce qu'elle eût été ruinée par *Hideyoshi*. Elle résidait à *Odawara*.

Hoken—Système de gouvernement militaire ou féodal.

Hokusai—(1760-1849) Le plus célèbre des peintres d'*ukyo-e* et l'un des artistes les plus originaux. Elève de *Katsukawa Shunshō*, il prit d'abord le nom de *Katsukawa Shunro* et n'adopta qu'en 1799 celui de *Katsushika Hokusai*. On n'a de lui que fort peu de peintures bien authentiques, parce qu'il a surtout travaillé pour la gravure. Mais il a laissé une foule d'albums et illustré quantité de livres dont le catalogue du *British Museum* donne la nomenclature à peu près complète (on en peut trouver une autre dans l'*Art Japonais* de *Gonse*, avec un *fac-simile* de ses diverses signatures). Les critiques étrangers ont épuisé pour ce grand artiste les formules d'admiration. Il est certain que ses compatriotes, du moins dans les classes élevées, le tiennent en moins haute estime.

Honchō—Mot dont les Japonais se servent parfois pour désigner leur pays, par opposition aux pays étrangers.

Hōnen Shōnin—(1133-1212) Fondateur de la secte Bouddhiste de *Jōdo*. Des prodiges accompagnèrent sa naissance. Dès l'âge de 13 ans, on le comparait aux sages de l'antiquité. On trouvera quelques détails sur sa vie et sa doctrine dans le *Hand-Book* de *Satow*.

Honke—Famille souche (par opposition à la branche qui s'en est détachée).

Hora-gai—Conque qui servait à donner, en guerre, le signal d'une attaque. Les *yama-bushi* soufflaient aussi dans ces conques, lorsqu'ils arrivaient devant le Bouddha.

Horo—Sac de soie que portaient en guerre les cavaliers pour se préserver des flèches. Il était gonflé d'air et tendu par une armature de bambou. L'origine en est Chinoise.

Hotei—Prêtre Chinois du Xe S[e], qui doit à son affection pour les enfants d'avoir pris rang parmi les *Shichi Fuku-jin*, en personnifiant la bonté. Les peintres le répresentent avec un ventre énorme et velu, l'air jovial, un sac de toile sur le dos, et, près de lui, des bambins fort peu respectueux de son auguste personne.

HOTOKE—Terme général servant à désigner les dieux Bouddhistes.

HOTOKE GOZEN—Maîtresse de *Taira Kiyomori*, célèbre par sa beauté et ses aventures. Quand elle apprit que les maîtresses antérieures de celui-ci s'étaient retirées dans un couvent, elle alla spontanément les y rejoindre.

HŌWŌ—Titre sous lequel on désignait l'Empereur, qui, après son abdication, se rasait la tête et devenait bonze. A partir du IXe Siècle, ce fait devint fréquent.

HYAKUSHŌ—Paysan. Les paysans formaient une classe de la population supérieure à celle des marchands.

HYŌ—Mesure de capacité valant environ 72 litres.

HYŌ-JŌ-SHO—Tribunal criminel supérieur, créé sous les *Tokugawa*, pour juger les procès particulièrement difficiles et importants. Il se composait d'un *Rōju* d'un *O-Metsuke*, du *Kanjo-bugyō*, des deux *Machi-bugyō* d'*Yedo*, des *Jisha-bugyō*, du *Gimmiyaku* et de deux *Yoriki*.

I-HAI—Planchette de bois sur laquelle on écrit le nom posthume d'un mort et la date du décès. Elle est censée le représenter dans le petit temple domestique où on la place. C'est donc à elle qu'on vient offrir chaque jour le riz, les fleurs etc.

IMAGAWA RIŌSHUN—Successivement guerrier et bonze, il occupa de hautes fonctions sous les *Ashikaga* (XIVe S^{e}). On a de lui un traité de morale (*Kakun*).

IMI—Deuil. Le mot a fini par prendre le sens général d'impureté. Après la naissance d'un enfant, les parents, en état de *chi-imi*, s'enfermaient chez eux. La durée et toutes les conséquences du deuil étaient officiellement déterminées dans les anciennes lois. Voy. par ex : l'*Engi-shiki*.

IN—Cachet. L'empreinte du cachet remplaçant au Japon la

signature, sur les contrats et toute pièce quelque peu officielle, on conçoit toute l'importance qu'il prend dans la vie Japonaise. Un Japonais ne se sépare guère de son cachet, lequel est fait de bois, cuivre, ivoire, corne ou argent et enfermé dans un étui plus ou moins élégant. L'empreinte doit en être préalablement déposée à la mairie (*In-kagami*). La collection de ces empreintes forme le registre dit *In-ban-cho.* L'héritier d'une personne échange ordinairement son propre cachet contre celui de son auteur. L'origine des *in* est Chinoise. L'usage en était, au moyen-âge, beaucoup moins général qu'aujourd'hui. On signait de son nom. Peu à peu on substitua à la signature un cachet de même dimension. Puis on usa de caractères spéciaux (*Tensho*) et la dimension diminua. Les artistes apposent sur leurs œuvres un cachet spécial, à côté de leur *gwa-myō* signé à la main. Les très-anciens *kakemono* portent souvent un simple cachet, sans signature.

INARI—Nom sous lequel on adore le personnage plus ou moins légendaire qui aurait introduit au Japon la culture du riz. Ses temples, fort nombreux à la campagne, sont gardés par deux renards de pierre.

INKYO—Lorsqu'un chef de famille, par suite de l'âge, de la maladie, ou de ses prodigalités, se montre incapable de gérer les affaires de la maison, il fait, spontanément ou contraint par un conseil de famille, une sorte de cession de biens à un héritier. Il devient ainsi *inkyo.* Quelquefois l'*inkyo* reprend l'administration desdits biens, si l'héritier se conduit mal ou tombe malade.

INRŌ—Chapelet de 2, 3, ou 4 petites boîtes reliées les unes aux autres par un cordon de soie. Chacun avait jadis le sien, dans lequel il renfermait quelques médicaments. Les *inrō* étaient le plus souvent en fort belle laque.

INSHIN-IGO—Période contemporaine, c'est-à-dire postérieure à 1868.

ISHA—Médecin. Jadis on distinguait les *Machi-isha* ou médecins particuliers, les *o-isha* ou médecins employés par le Gouvernement et les *oku-isha* (ou *oku-ishi*) c'est-à dire les médecins attachés à la famille du *shōgun.*

ITCHŌ (HANABUSA)—(1652-1724). Peintre très-original, dont la manière prend place entre les *ukiyo-e* et la peinture Chinoise. D'abord élève de *Kano*, il se signala par des caricatures si hardies qu'elles le firent exiler dans l'île de *Hachi-jo*. Ses œuvres n'ont été gravées que 40 ans environ après sa mort.

IY KAMON NO KAMI—*Daimyō* de *Hikone*, qui, nommé Premier Ministre du *shōgun* en 1858, lutta énergiquement contre le parti hostile aux étrangers, conclut avec ceux-ci des traités et fut, pour ce motif, assassiné (23 Mars 1868) près de la porte de *Sakurada*. Il est moins connu sous le nom de *Naosuke*.

IYEYASU—(1542-1616) D'abord partisan fidèle de *Nobunaga*, puis de *Hideyoshi*, il s'empara du pouvoir après la mort de ce dernier, devint *shōgun* en 1603, et abdiqua le titre en 1605 sans renoncer à la réalité du pouvoir. Il acheva l'œuvre de pacification commencée par *Nobunaga* et *Hideyoshi*, dota le Japon d'une organisation politique nouvelle et fonda cette toute-puissance des *Tokugawa*, qui devait durer près de trois siècles.

IZANAGI—Dieu, qui, dans la cosmogonie purement Japonaise du *Kojiki*, est considéré comme le créateur de la Terre et le père des divinités terrestres.

IZANAMI—Déesse, qui, avec *Izanagi*, créa la Terre et engendra les divinités terrestres.

JEU—Voy. *Go*, *Kemari*, *Ken*, *Shōgi*, *Sugoroku*.

JIDAI-MONO—(Littér : Chose ancienne) Il semble que, du XIIe au XVIIe S^e^, cette expression ait été réservée aux laques. On ajoutait d'ailleurs, pour préciser, le nom du principal personnage de l'époque dont elles dataient (*Go-Toba jidai no mono*, *Nobunaga jidai no mono*). A partir du XVIIe S^e^ le mot prit une acception plus générale.

JIKISAN—Vassal direct, par opposition aux *baishin*. Les *hatamoto*, par ex : étaient *jikisan* du *shōgun*.

JIMMU-TENNŌ—Descendant du Soleil au 5e degré, premier Empereur du Japon et fondateur de la dynastie actuelle. Il régna, selon la tradition officielle (660-582 av. J. C.), sur le Japon tout entier, après avoir soumis toutes les tribus ennemies. Il est aujourd'hui l'objet d'un culte et la mémoire de son avénement est célébrée le 11 février (*Kigen-Setsu*). Lorsqu'on laisse de côté l'histoire officielle, on est conduit à penser que, si *Jimmu-Tennō* a jamais existé, (il est à remarquer que les annales de la Chine ne mentionnent pas son nom), ce fut le chef d'un petite peuplade, qui, venue de Corée ou des iles du Sud, refoula peu à peu vers le Nord du Japon les populations indigènes. Peut-être aussi faut-il voir en lui une sorte de Clovis, qui réunit sous son autorité les diverses tribus Japonaises, après s'être débarrassé de leurs chefs.

JINGORO HIDARI—(1575-1634) Artiste auquel on doit, entre autres chefs d'œuvre, les plus belles sculptures de *Nikkō*. Il eut en outre la gloire de fonder l'école d'où sont sortis les plus grands sculpteurs Japonais.

JINGŌ KŌGŌ—Impératrice, qui, après la mort de l'Empereur *Juai-Tennō*, gouverna le Japon sous le titre de régente (201-269) c'est-à-dire au nom de son fils. Elle pacifia le Sud du Japon, entretint des relations avec la Chine et soumit à un tribut les rois de Corée. Enceinte au début de son expédition en Corée, elle sut, au moyen d'une pierre placée dans sa ceinture, retarder l'accouchement jusqu'à la fin des hostilités. On l'adore aujourd'hui sous le nom de *Kashi Dai-Miōjin*. Son image figure sur le papier-monnaie émis en 1884.

JINYA—(Littér: *camp militaire*). Pour construire un *shiro* c.à.d. un véritable château-fort, il fallait une autorisation du *shōgun*. Aussi beaucoup de *daimyō* n'avaient ils qu'un simple *jinya* c.à.d. une résidence un peu fortifiée. Les *Sankio*, qui habitaient toujours *Yedo* n'avaient pas de *shiro*. Abusivement on donnait ce titre de *jinya* à la résidence des *Daikan* ou des *kerai* que certains grands *Daimyō* chargeaient d'administrer des domaines éloignés.

JIRŌ—Prénom attribué au deuxième fils, pour le distinguer des autres.

JISHA-BUGYŌ—Fonctionnaires qui avaient sur les temples, y compris les prêtres, les paysans et les biens qui en dépendaient, des pouvoirs non-seulement de haute administration, mais encore de justice civile et criminelle. Leur compétence toutefois ne prit cette extension que sous les *Tokugawa*.

JITŌ—Impératrice (687-696) qui signala son règne par de grandes réformes agraires et administratives. Elle a laissé quelques poësies célèbres.

JITŌ—(Littéralem : *Seigneur du sol*). Il est certain qu'au XIIe S^e on désignait par ce mot l'administrateur d'un *shōen* (Voy. *Shōen*), et qu'en 1185 *Yoritomo* confia aux *jitō* le pouvoir attribué jusque là aux *gunshi*, ne laissant à ceux-ci qu'une autorité nominale (Voy. *Gun*). On est parfois embarrassé pour distinguer les *jitō* et *shugo* des *daimyō* et *shōmyō*. Les deux premiers termes se réfèrent à des fonctions, tandis que les deux autres, au moins à l'origine, n'étaient que des dénominations de fait, appliquées aux grands propriétaires.

JITTOKU—(Littér : *Dix usages*). Vêtement fort commode que portaient presque exclusivement les médecins et les savants pensionnés par le Gouvernement. Primitivement il était de chanvre. On substitua plus tard au chanvre une soie légère.

JITSU-MYŌ—Nom officiel que portait une personne pendant sa vie, par opposition au *Zoku-myō* et *Kai-myō*. *Yoshitsune*, par exemple, est un *Jitsu-myō*.

JŌ—Mesure de longueur valant 10 *shaku*. (Voy. *Shaku*).

JODAI—Gouverneur militaire, qui commandait le *shiro*, en l'absence du seigneur. Sous les *Tokugawa*, il y en avait toujours un au château d'*Ōsaka*.

JOFUKU—Médecin Chinois, qui, suivant la tradition, vint (221 av. J. C.) au Japon, et noua les premières relations entre ce pays et la Chine.

JŌKO—Epoque ancienne, dans laquelle on comprend toute la portion de l'histoire Japonaise qui va jusqu'au VIIIe S^e.

JŌRURI—Terme général qui comprend les diverses espèces de chants dramatiques, tels que le *Gidayū*, le *Shinnai*, le *Kiomoto* etc.

JOSETSU—Peintre Chinois, naturalisé Japonais, qu'on peut considérer comme ayant introduit le style Chinois dans la peinture Japonaise. On sait qu'il vécut vers 1410 et qu'il eut pour élèves les chefs des trois grandes écoles du moyen-âge : *Shūbun*, *Sesshiū* et *Kano*, (sauf quelques doutes cependant pour le dernier).

JURŌJIN—Celui des 7 *Fuku-jin* qui personnifie la longévité. On le représente sous les traits d'un vieillard à longue barbe, un bâton à la main; un cerf se tient près de lui. *Jurōjin* est l'incarnation de l'Etoile Polaire du Sud.

KABANE—Sorte de clan, analogue à la *gens* des Romains, qui existait encore au VIIIe S[e]. On en comptait huit (*Ason*, *Omi*, *Muraji* etc.)

KABUKI—On appelait ainsi jadis les femmes qui figuraient au théâtre. Elles y portaient des costumes d'hommes, tandis que les hommes y étaient déguisés en femmes. Sous les premiers *Tokugawa*, les femmes cessèrent de paraître sur la scène. Aujourd'hui le mot *kabuki* s'emploie, dans le style écrit, avec le sens de théâtre (Ex : *Kabuki Shimpō*—Revue Théâtrale).

KABUTO—Casque. Les *samurai* seuls en portaient, (les *ashigaru* n'étaient coiffés que d'un chapeau plat ou *kasa*). Le *kabuto* était le plus souvent de fer, très-lourd, et surmonté parfois de cornes ou d'un dragon. La nuque et le cou étaient protégés par un prolongement articulé.

KACHI—(Littér : *Qui marche à pied*). Petit *samurai* qui escortait un *daimyō*.

KADOTSUKE—Ménestrels qui vont de porte en porte chanter et jouer du *shamisen*. Ce sont le plus souvent des femmes. Voy. *Tori-oi*.

KADOYA—Baraque ou loge placée près de la grand-porte d'une ferme. Par extension, on désignait ainsi le paysan non-propriétaire qui habitait une *kadoya*.

KAGEKIŌ—Célèbre général du parti des *Taira* que *Yoritomo* avait pris et épargné. Suivant une tradition, il feignit d'être aveugle, pour assassiner *Yoritomo*, qui cette fois le condamna à mourir de soif. Suivant une autre, que rapporte *Kaempfer*, il s'arracha lui-même les yeux, pour n'être tenté ni de servir *Yoritomo*, l'ennemi de son parti, ni d'abuser de sa clémence. On le représente parfois attirant à lui un ennemi par la partie postérieure de son casque.

KAGO—Palanquin, porté par deux ou quatre hommes à l'aide d'une pièce de bois fixée à sa partie superieure. Autrefois des réglements déterminaient strictement l'espèce de *kago* que chacun pouvait employer, suivant sa condition, et, lorsqu'on allait au palais, le lieu où les porteurs (*kago-ya*) devaient s'arrêter. (Voir le *Ao biōshi*). Aujourd'hui l'on ne se sert plus guère que des *yama-kago*, chaises en rotin, que les Européens prennent, non sans quelque raison, pour des instruments de torture—Synon : *Norimono.*

KAGURA—Sorte de danse religieuse.

KAHŌ—(Littér : *Réglement d'une maison*). On appelait ainsi la loi imposée par un *daimyō* dans ses domaines.

KAI-DORI—Voy. *Uchi-kake.*

KAI-MYŌ—Nom posthume attribué à tout adepte du culte Bouddhiste.

KAJIN—(Littér : *Personne d'uue maison*). Vieux mot qui désignait les serviteurs attachés à une maison. Le *kajin* était un peu supérieur aux *nu-hi.* Synon : *Fudai.*

KAJIWARA KAGESUE—Guerrier du XIIe S[e], qu'on représente avec une branche de prunier derrière le dos, parce qu'il avait eu l'idée plus gracieuse que pratique d'aller dans cet accoutrement combattre les *Taira.*

KAKEMONO—(Littér : *Chose suspendue*). On appelle ainsi les aquarelles ou les autographes remarquables destinés à être suspendus comme nous suspendons nos cartes géographiques. C'est la forme économique et commode, sous laquelle chaque maison Japonaise s'offre ordinairement le luxe d'une ou plusieurs peintures. Lorsqu'un Japonais de distinction cède à un nouveau locataire la maison qu'il habitait, il laisse un *kakemono* dans la pièce principale, afin que son successeur puisse immédiatement recevoir ses hôtes, s'il s'en présente, dans une pièce menblée. Les

Japonais ont emprunté à la Chine l'usage des *kakemono*. M. *Anderson* (*Pictorial Arts of Japan*) a minutieusement décrit les diverses façons dont peuvent être montées ces peintures.—Synon : *Kakeji*.

KAMAKURA—Dès la fin du XIe S^e, *Kamakura* était le siége de la famille *Minamoto*. Quand celle-ci triompha avec *Yoritomo*, *Kamakura* devint la résidence des *shōgun*. Les *Ashikaga* s'étant fixés à *Kyōto*, elle demeura encore, jusqu'au milieu du XVe S^e, la capitale du *Kuanto*. Mais incendiée deux fois, dans les guerres civiles de cette époque, elle tomba au pouvoir des *Hōjō* d'*Odawara*. Lorsqu'en 1590, *Iyeyasu* s'établit à *Yedo*, *Kamakura* avait déjà perdu toute importance.

KAMAKURA GONGORO—Guerrier fameux du parti de *Minamoto*, dans la guerre d'*Ōshiū* (XIe S^e). L'œil percé d'une flèche, dans une bataille, il poursuivit son ennemi et n'enleva la flèche qu'après l'avoir tué.

KAMI—Ce mot qui littéralement signifie : " En haut," implique toujours, dans ses diverses acceptions, l'idée d'une supériorité. Tout à l'origine il s'applique aux dieux et aux innombrables génies du *Shintō*, par suite aux Empereurs, descendants directs du Soleil. Au VIIIe S^e, le mot *kami* désigne le chef d'un département Ministériel ou d'une province. Plus tard les Empereurs conférèrent ce titre avec une fonction, d'ailleurs toute nominale. (Ex : *Kamon no Kami :* Surveillant en chef des Cours Impériales). Le *shōgun* portait aussi le titre de *Kami*, (qu'on prononçait encore *Ue-Sama*). Enfin les *daimyō* recevaient de lui ce même titre, ajouté au nom d'une province, presque toujours autre que celle qu'ils gouvernaient. (Ainsi le *daimyō* de *Higo* était appelé *Etchū no kami*). [1]

KAMI-DANA—(Littér *Planche des dieux*). On nomme ainsi l'endroit où se trouve le temple que chaque famille consacre aux ancêtres et aux dieux domestiques. Chaque jour, on allume quel-

(1) Chacune des diverses acceptions du mot *kami* correspond à un caractère Chinois différent. Ainsi 上 veut dire " En haut " ; 越中守 se lira *Etchu no kami*, tandis qu'une divinité est indiquée par le caractère 神.

ques lumières devant ce temple et on offre aux *kami* un peu de riz, de sel et autres aliments, que d'ailleurs on leur reprend ensuite pour les manger.

KAMI-SHIMO—Vêtement sans manches, usité pour les cérémonies civiles. Celui qu'on portait dans le palais du *shōgun* devait être fait de chanvre.

KAMMURI—Chapeau, qui, durant les derniers siècles, était fait d'une sorte d'étoffe noire vernie et raide, avec une bande retombant assez bas derrière la tête. A l'origine, toutes les classes le portaient, sauf différences de formes et de couleurs. Sous les *Tokugawa*, c'était une coiffure de cérémonie réservée aux *kannushi*, aux *daimyō* et à quelques *samurai*.

KAMON—*Daimyō* appartenant à la famille *Tokugawa*. On distinguait parmi eux les *San-kiō*, *San-ke* et *Echizen-ke*.

KANAOKA (KOSE)—Le plus célèbre des peintres primitifs (fin du IXe S[e]). C'est à peine si on connaît de lui 5 à 6 œuvres bien authentiques.

KANJO-BUGYŌ—Fonctionnaire, qui, sous les *Tokugawa* avait la haute direction des finances du *shōgun*, par suite, autorité sur tous les *daikan*, et droit de justice civile et criminelle sur leurs administrés. C'est à lui que les *daimyō* du *Kuantō* renvoyaient les procès qu'ils ne pouvaient juger.

KANKO—Tambour posé sur un pied et surmonté d'un coq. Il était, dans l'antiquité, placé devant le palais Impérial : toute personne qui désirait présenter à l'Empereur des réclamations ou même des avis demandait audience par quelques coups frappés sur ce tambour. L'histoire ne nous apprend pas si ce règlement, qui rappelle, sinon l'âge d'or, au moins l'âge d'argent, donna lieu à d'utiles réformes. Le *kanko* figure encore dans les fêtes religieuses.

KANNUSHI—Prêtre d'un temple Shintoïste. A parler rigoureusement, le mot *kannushi* ne désigne que le grand-prêtre du temple. Cette charge était héréditaire. La plupart des *kannushi* descendaient de héros ou de saints divinisés.

Kano—Nom d'une école de peinture, que fonda, au XVe S^e, *Kano Masanobu*. Elle procède des Chinois et a donné naissance à une série de grands artistes, qui font précéder leur nom propre du nom de l'école. Les Japonais donnent le premier rang à *Motonobu*, petit-fils de *Masanobu* (1475-1559). Voy. aussi *Tanyū* (1601-1675).

Kan-on—Prononciation des caractères Chinois, qui, importée au Japon sous la dynastie Chinoise des *Kan*, a peu à peu remplacé la prononciation *Gō-on*.

Kansatsushi—Inspecteur qui était chargé, au IXe S^e, de contrôler l'administration locale.

Kanzashi—Epingles de bois, de métal ou d'écaille, que les femmes placent dans leurs cheveux. Les anciennes étaient fort simples. L'usage des *kanzashi* de luxe, communs aujourd'hui, ne remonte guère qu'à deux siècles. On peut, à peu près, d'après le nombre et la nature des *kanzashi* portés par une femme, déterminer son âge et sa condition. Chez les femmes mariées, ces épingles sont placées horizontalement. Chez les jeunes filles, il y en a toujours une qui se dresse à peu près verticalement. Celles des femmes publiques, plus nombreuses et plus longues, rayonnent autour du front.

Kappa—Manteau de coton et plus souvent de papier contre la pluie.

Kappa—Démon qui habite les rivières et attire les hommes dans l'eau pour dévorer leurs intestins.

Karakami—Chassis analogues aux feuilles d'un paravent, glissant sur des rainures et servant à séparer les différentes chambres d'une maison. Il n'est pas rare, dans les temples et les riches palais, de les trouver ornés de peintures inestimables. En revanche, ces séparations par trop conventionnelles, dont les Japonais s'accommodent à merveille, donnent à leur maison un air de phalanstère, qui explique plus d'un détail de la vie ou de l'histoire Japonaise.

Kari-ginu—Vêtement de chasse court et léger. On pouvait à volonté en ôter les manches et en relever les extrémités flottantes. Syn : *Hoi*.

Karo—Sorte d'intendant ou Ministre d'un *daimyō*, chargé de gérer ses domaines. La fonction était généralement héréditaire.

Kasa—Large chapeau de paille que portaient surtout les gens de condition inférieure et les *samurai* lorsqu'ils suivaient leur seigneur. Le chapeau de fer ou de cuir laqué des *ashigaru* s'appelait *jin-gasa*(1) Jusqu'à la fin du XVIII° S°, les femmes conservèrent l'habitude de porter, pour sortir, des chapeaux de jonc tressé (*Amagasa, Sugegasa*).

Kasa—Parapluie. Il était fait de papier et variait avec la condition de son propriétaire. Le *tate-gasa*, par exemple, était un long parapluie qu'on portait verticalement et fermé devant les *daimyō*. Le *nagai-gasa*, autre grand parapluie de cérémonie, était tenu obliquement. Le *tsuma-ori-gasa* présentait quelque analogie avec nos anciennes marquises. En province, pour spécifier l'origine étrangère du *kasa*, (importé de Luçon en 1594), on disait plus volontiers : *kara-kasa*. C'est à la fin du XVIII° S° que les femmes commencèrent à se servir du parasol (*Higasa*).

Kasane—Tunique large en soie, que portaient les Empereurs et les *kuge*. Très-courte par-devant, elle se prolongeait, dans sa partie postérieure, par une bande qui traînait plus ou moins sur le sol suivant le rang de son possesseur.

Kashira—Chef. Ce mot est généralement employé en composition. Ex : *O-kago-kashira* (chef des porteurs de *kago*); *O chūgen-gashira* (chef des domestiques).

Kata-ginu—(Littér : *Soie des épaules*). Vêtement de soie forte, sans manches, qui n'était porté que par les hauts fonctionnaires, ou dans les cérémonies.

Katana—Sabre. En temps de paix, les *samurai* n'en portaient que deux, qu'ils passaient à gauche dans la ceinture : le *katana* proprement dit et le *wakizashi* ou petit sabre. En cas de guerre, ils y ajoutaient le *tanto*, grand couteau placé à droite. Par opposition au *tachi* (Voy. ce mot), le sabre passé dans la ceinture s'appelait *koshi-gatana*. On s'explique aisément la haute considération en laquelle étaient tenus les fabricants de sabre dans une société militaire, comme l'ancienne société Japonaise. Voy. sur ce

(1) Le *kabuto* était réservé pour les jours de bataille. En temps de paix, dans les manœuvres, ou pour jouer au *daiku*, les *daimyō* mêmes usaient du *jin-gasa*,

point *Mitford* dans les *Tales of old Japan* (*Kazuma's revenge*). Sur l'histoire des divers accessoires qui ornaient le sabre, voy. *Gonse* (*L'Art Japonais*). C'est en 1876 que le Gouvernement interdit de porter les deux sabres.

Katsugi—Espèce de voile de soie ou de chanvre que portaient les femmes, pour sortir, ou dans la cérémonie du mariage. Il couvrait la tête et retombait derrière le dos.

Kebiishi—Chef de la police.

Keichiu—(1640-1701) Erudit qui contribua des premiers à remettre en honneur l'étude de la littérature Japonaise.

Keiki—Voy. *Hitotsubashi.*

Kemari—Jeu qui consistait à lancer une balle avec les pieds. C'était le passe-temps favori des *kuge*.

Ken—Subdivision du *chō*, valant aujourd'hui 1^m, 82 environ.

Ken—Epée droite, très-large, à deux tranchants. Elle semble avoir été, dans l'usage, remplacée de bonne heure par le sabre. Les peintres ou sculpteurs représentent les *kami* et les héros de l'antiquité Chinoise ou Japonaise un *ken* à la main.

Ken—Jeu de mains. Il existe une assez grande variété de ces jeux, tous fort prisés et pratiqués dans les fêtes de *geisha* (le *to-hachi*, le *janken*, le *honken*, la *chonkina*, etc.)

Kenchi-cho—Registre, tenu dans les mairies, qui contenait le tableau des terrains de la commune, classés d'après leur nature, avec la superficie de chacun.

Kenjo-mono—Présent d'un inférieur à un supérieur. Spécialement on appelait ainsi les présents que les *daimyō* devaient périodiquement offrir au *shōgun* des produits propres à leurs provinces. Ils étaient rigoureusement déterminés et même indiqués dans les *Bukan* (Voy. ce mot). L'un était tenu d'offrir de la glace, un autre des prunes sèches, tel autre des soieries, etc.

Kenko Hoshi—Savant du XIIIe S^e, auteur du *Tsure-zure-gusa.*

Kenshin (Uesugi)—*Daimyō* d'*Echigo*, un des plus fameux tacticiens du XVIe S^e. C'était le rival du non moins fameux *Shingen.*

KERAI—Vassal d'un *daimyō* ou serviteur attaché à une famille. Sa condition, au moins à l'origine, ressemblait assez à celle du serf.

KIBI—Ancienne dénomination appliquée à la contrée qui comprenait *Mimasaka*, *Bichu*, *Bizen* et *Bingo*.

KIBI DAIJIN—Savant du VIIIe S[e], qui, envoyé comme ambassadeur en Chine, en rapporta l'art de la broderie, le jeu de *go*, le *biwa* etc. Il est, d'après la tradition, l'inventeur des *kata-kana* (un des alphabets Japonais).

KIMO-IRI-NANUSHI—Sorte de Maire en chef, qui avait sous son autorité plusieurs *nanushi*. Dans certaines provinces, *kimo-iri* était simplement synonyme de *nanushi*.

KIMONO—Longue tunique portée par les deux sexes, se croisant par devant, le côté gauche sur le côté droit. Une longue ceinture la maintient fermée, du moins au milieu. Par extension, ce mot désigne tous les vêtements.

KIN—Unité de poids usitée surtout dans le commerce et valant 601 grammes.

KINAI—Provinces centrales du Japon. A l'origine, on n'en comptait que quatre: *Settsu*, *Yamato*, *Yamashiro* et *Kawachi*. De cette dernière on tira la province d'*Izumi*, d'où l'expression de *Go-Kinai*, (*Go* voulant dire 5).

KINJU—*Hatamoto* qui se tenait près du *shōgun*.

KINO TSURAYUKI—Poëte du Xe S[e], auquel on doit le recueil dit *Kokin-shu*.

KINSEI—Epoque moderne c.à.d. datant de l'avénement des *Tokugawa* (XVIIe S[e]).

KINSHIN—Peine qui contraignait le condamné à se claustrer chez lui.

KIŌSAI—Né en 1832, le plus fécond et le plus original des caricaturistes et peut-être même des peintres vivants. Elève de *Kano*, il s'est fait un genre propre que personne n'a pu imiter. Il a beaucoup travaillé pour la gravure, et chaque année les fabricants d'*uchiwa* ou de lanternes se disputent ses modèles. En ce genre il s'est même créé une spécialité remarquable par la peinture des corbeaux. Son surnom de *Shōjō* (le grand buveur) fait assez connaître son mignon défaut.

KISAKI—Impératrice.

KISANDA—(Dit *O-uma-ya*) Palefrenier de *Yoshitsune*, qui se rendit célèbre en défendant seul, pendant quelques instants, le château de *Kyōto* contre les envoyés de *Yoritomo*, lesquels voulaient y surprendre son maître (*Yoshitsune*). Celui-ci eut le temps de rassembler ses partisans et put repousser l'attaque.

KISO-KAIDŌ—Route de *Kyōto* à *Yedo*, par la vallée du *Kiso-gawa*. Moins fréquentée que le *Tōkaidō*, mais plus accidentée, elle a fourni à plusieurs peintres, (par ex: à *Kuniyoshi* et à *Hiroshige*) le sujet d'une collection de gravures. Synon: *Nakasendō*.

KISERU—Pipe. C'est un des accessoires indispensables de la conversation: hommes et femmes en usent preque également. Le tuyau de la pipe d'intérieur est un bambou; les deux extrémités sont faites de métal. Pour sortir, on use parfois d'une pipe plus courte et entièrement métallique. La petitesse du fourneau a fait croire en Europe que les Japonais fumaient l'opium. C'est une erreur: ils y introduisent une petite boulette de tabac, qui d'ailleurs se consume en moins d'une minute.

KITABATAKE—Famille de *kuge*. Le plus illustre de ses membres fut *Chikafusa*, qui, *Dai-nagon* sous l'Empereur *Go-Daigo*, lui demeura fidèle dans sa mauvaise fortune. Il a composé une histoire du Japon (*Jinno Seitoki*) et un ouvrage sur l'administration (*Shoku-gen-shō*).

KIYOMORI—(1118-1181) Fils naturel de *Taira no Tadamori* et d'une concubine de l'Empereur *Shirakawa*. Grâce à l'appui de ce dernier, il succéda aux charges de *Tadamori*. En 1156 il assura la couronne aux mains de *Go-Shirakawa Tennō*, qu'une intrigue de palais allait renverser. Depuis lors, tout puissant à la Cour, on le vit faire et défaire à son gré les empereurs. Vainqueur du parti de *Minamoto* en 1159, il s'appliqua consciencieusement à massacrer tous les membres de cette famille, sauf quelques enfants qu'il épargna à contre-cœur. Il put, avant de mourir, regretter sa clémence et prévoir la revanche décisive qu'ils allaient prendre sur les *Taira*.

KOBITO—Petit agent de police placé sous les ordres du ***metsuke***.

KOBO-DAISHI—Bonze qui composa une doctrine mélangée de Bouddhisme et de l'ancienne religion. Les dieux du ***Shintō*** n'étaient, suivant lui, que des transmigrations des divinités Bouddhistes. En réalité, il absorbait ainsi l'ancienne religion dans la nouvelle. Il passe en outre pour avoir inventé le ***hirakana*** (un des alphabets Japonais), en 809. Enfin on lui attribue de fort belles sculptures du temple de *Toji* à *Kyōto*. De son vivant, il s'appelait *Kūkai*.

KŌGAI—Instrument, analogue de forme à un coupe-papier très étroit, qui se plaçait, dans le fourreau du sabre, à l'opposé du *kozuka*. Il pouvait être lancé à la façon des couteaux Catalans. Parfois il était en deux pièces, qui servaient en guise de bâtonnets à appréhender les objets. Dans une bataille, le guerrier les lançait successivement.

KŌGI—Terme ordinairement employé, sous les ***Tokugawa***, pour désigner le Gouvernement Shogunal.

KŌGŌ—Impératrice.

KOJIKI—Ouvrage rédigé en 712, le plus ancien qu'on ait conservé concernant les origines et la religion de l'Antiquité Japonaise. Comme il n'a que très peu subi les effets de l'influence Chinoise, il constitue un document de la plus haute importance quant à la langue et aux idées de cette époque. Suivant le récit des annales, il aurait été écrit sous la dictée d'une vieille femme, ***Hiyeda no Are***, dont la mémoire merveilleuse avait fidèlement conservé les antiques traditions. Le *Kojiki* ou ***Furu-koto-bumi*** fut l'objet d'un long commentaire de *Motoori*. M. *Chamberlain* en a donné une savante traduction Anglaise avec notes et introduction.

KOJIMA TAKANORI—Partisan de l'Empereur *Go-Daigo*, qui prit une part active à la restauration du pouvoir impérial et à la chûte des *Hōjō*. Le papier-monnaie émis vers 1877 le représente, écrivant sur un arbre, pour soutenir le courage de *Go-Daigo*, que les *Hōjō* emmenaient en captivité.

Kōkai—Ce mot, qui aujourd'hui embrasse tous les établissements publics, désignait, dans les anciennes lois, les greniers où se conservaient les réserves de riz de l'Etat.—Synon : *Kansha*. On appelait *kōkai-den* les rizières que le Gouvernement, au VIIIe S^e^, attribuait à certains fonctionnaires, tels que les *kokushi*, probablement pour les indemniser des pertes que leur causait leur responsabilité en matière d'impôts.

Kōke—(Litter : *Haute famille*)—Sous les *Tokugawa*, on désignait par là de grandes familles qui avaient été jadis les égales de la famille *Tokugawa*, et que celle-ci traitait comme hôtes. Spécialement ce mot s'appliquait aux descendants de *daimyō* tombés dans la misère.

Kōken—Régent nommé au cas de minorité du *shōgun*. Depuis le XVIIe S^e^, c'était toujours un *Tokugawa*.

Kōken—Impératrice de 749 à 758. Elle avait abdiqué en faveur d'un cousin, *Junnin-Tennō*. Mais sous la toute-puissante influence du bonze *Dōkio*, elle détrôna *Junnin* et reprit le trône, (765-769). Très dévote, elle avait, dit-on, fait fabriquer un million de petites pagodes, dont chacune renfermait une prière imprimée. Si la légende est vraie, c'est une date pour les débuts de l'imprimerie.

Kōken-nin—Tuteur. L'*uchi-gōken nin* avait soin de la personne du pupille; le *soto-gōken-nin* était chargé d'administrer ses biens.

Kokiu—Sorte de violon, dont on joue avec un long archet, en appuyant l'extrémité de l'instrument sur la cuisse.

Koku—Province, pays.—Synon. : *Kuni*.

Koku—Mesure employée pour les grains, équivalente à 180 litres environ. Les revenus des *daimyō*, le traitement des fonctionnaires, etc. étaient jadis évalués en *koku* de riz. Sous les *Tokugawa*, le titre de *daimyō* exigeait un revenu d'au moins 10,000 *koku*.

Koku-shi—Au VIIe S^e^ on désignait par là l'ensemble des fonctionnaires chargés d'administrer une province. Ils avaient pour chef un *koku-shu*. Peu-à-peu le terme de *koku-shi* devint synonyme de *koku-shu*. D'ailleurs ce corps administratif, battu en brèche par le pouvoir militaire, à partir du Xe et surtout du XIIe S^e^, d sparut tout-à-fait vers le XVIe.

KOKU-SHU—Chef d'un *koku-shi* (Voy. ce mot). Sous les *Tokugawa*, on donnait ce titre aux 18 *daimyō* qui possédaient toute une province. Ils jouissaient, dans les cérémonies, de quelques prérogatives honorifiques.

KOKUZO—Nom sous lequel on désignait les seigneurs ou possesseurs de terres avant le VIIIe S^e^.—Synon : *Kuni no myatsuko*.

KO-MACHI (ONO NO)—Femme célèbre par sa beauté et son talent poëtique. Son nom a fini par devenir synonyme de *belle femme*, (par exemple dans les légendes des *nishiki-e*). Elle vécut longtemps et les artistes la représentent souvent arrivée à la décrépitude.

KOMUSO—Membre d'un ordre religieux qui se recrutait surtout de gens coupables d'un crime politique ou ordinaire. Une ordonnance de *Iyeyasu* enjoint à la police de les respecter, lorsqu'ils portent le costume de l'ordre. Ils parcouraient le pays jouant de la flûte, vivant d'aumônes et le visage masqué par une espèce de panier. Les gens qui méditaient une vengeance revêtaient parfois ce costume, pour n'être pas reconnus.

KOMPIRA—Nom sous lequel on adore l'Empereur *Sutoku*, déifié en 1165.

KŌRIN (OGATA)—(1640-1716). Le plus grand peintre décorateur qu'aît eu peut-être le Japon. Il était l'élève de *Sumiyoshi Hirozumi*, de *Kano Yasunobu* et de *Sōtatsu*. Il travailla surtout pour les laques et fonda l'école nouvelle d'art décoratif. M. *Gonse* a donné de lui, dans l'*Art Japonais*, une appréciation remarquable et remarquée. *Hōitsu* fit publier une collection de ses meilleurs dessins (*Kōrin hiaku zu*).

KŌRO—Brûle-parfums. Généralement fait en bronze, il affecte les formes les plus variées et parfois les plus originales. Il est en usage surtout dans les temples ou dans les cérémonies religieuses. Parfois aussi les gens riches brûlent des parfums, pour faire honneur à leurs visiteurs.

KOSE—Nom d'une famille de peintres dont le plus célèbre est *Kanaoka* (Voy. ce mot). C'est à tort qu'on en a fait le nom d'une école de peinture, car ces artistes ont adopté des genres assez différents.

KŌSHI—Nom Japonais de Confucius.

KOSHI—Dénomination appliquée jadis à la partie du Japon qui embrassait *Echizen*, *Echigo*, *Etchu*, *Kaga* et *Noto*.

KOSHŌ—Page, attaché au service d'un noble.

KŌTAIKŌGŪ—Impératrice-mère.

KŌTAI-YORI-AI—*Hatamoto* qui passait alternativement un an dans ses domaines et un an à *Yedo*.

KOTO—Harpe à 13 cordes rattachées à une caisse sonore qui repose sur le sol. Elle sert surtout à l'accompagnement des *naga-uta*. Suivant la tradition, c'est en l'an 300 ap. J. C. que fut fabriqué le premier *koto* Japonais : mais on connaissait déja à ce moment le *koto* importé de Chine.

KŌTOKU—Empereur de 645 à 654, célèbre par les excellentes réformes qu'il apporta dans l'administration. Il avait ordonné de placer devant le Palais Impérial une caisse et une cloche. Quiconque avait à souffrir d'un déni de justice pouvait frapper la cloche et déposer sa plainte dans la caisse.

KOWAMESHI—Voy. *Meshi*.

KOZUKA—Petit couteau qui se glissait dans le fourreau du sabre. En temps normal il servait surtout de coupe-papier. Il n'est pas rare de trouver dans le manche des *kozuka* des chefs-d'œuvre de ciselure merveilleux.

KUBO—Titre que l'Empereur donnait au *shōgun* depuis le XIVe Se. Dans les écrits des Jésuites, le *shōgun* est le plus souvent désigné du nom de *Kubo-sama*.

KUGE—Nobles de la Cour Impériale. Ils appartenaient tous aux familles *Fujiwara*, *Sugawara*, *Taira*, *Minamoto*, *Kiowara*, *Abe*, *Onakadomi*, *Urabe* et *Tamba*. Tous ou presque tous avaient dans les veines du sang impérial. Le *Wakun san sai zu e* définit les *kuge*: Fonctionnaires du Gouvernement Impérial. Mais il est certain 1° que ce titre n'appartenait pas aux petits fonctionnaires, 2° qu'il était héréditaire dans les familles (comme aussi les hautes fonctions). Cette noblesse était tout-à-fait distincte de la noblesse militaire (*daimyō*), qu'elle primait d'ailleurs à la Cour. En fait, affublés de fonctions de parade, la plupart des *kuge* vivaient dans une oisiveté voisine de la misère. *M. Dixon* (*Japan.* p. 55) a donné une liste des *kuge* vers 1860 en indiquant leur origine et leurs revenus.

Kugyo—Titre honorifique qu'on donnait à de grands personnages. Le *Ao Bioshi* recommande de ne l'attribuer qu'aux *ni-i* et *sam-i*, c.à.d. aux hommes placés au deuxième ou troisième rang de *kura-i*.—Souvent ce mot est employé comme synonyme de *kuge.*

Kujiki—Ouvrage sur les origines du Japon, composé en 620 par *Shōtoku Taishi.* Suivant une tradition, il aurait été en partie sauvé de l'incendie par *Fune no Fubito.* Ce fragment échappé aux flammes serait alors le plus ancien monument de la littérature Japonaise. Mais bien des savants, parmi lesquels *Motoori*, contestent absolument son authenticité, et y voient l'œuvre très-postérieure d'un faussaire.

Kumi-gashira—Chef d'un groupe. Ainsi le chef d'un groupe de *samurai* appartenant au même *daimyō* portait ce titre. Plus spécialement on appelait ainsi le chef d'un *go-nin-gumi.*

Kuni—Pays, province. Nous avons pris pour base de notre carte la division en *kuni.*—Synon : *Koku.*

Kura—Selle. Elle était faite de bois laqué.

Kura—Magasin construit avec des murs très-épais. Disposé pour pouvoir être clos hermétiquement, il sert à remiser les objets qu'on veut mettre à l'abri du feu. Les Japonais l'ont emprunté aux Chinois. On nomme *ana-gura* des caves assez étroites qu'on trouve chez quelques marchands.

Kura-i—Marque de distinction très-ancienne, qui subsiste encore, sans d'ailleurs se confondre avec la *kunsho* (décoration). C'est l'Impératrice *Suiko* qui, au VIIe S^e, créa 12 rangs de *kura-i.* Les *kura-i* conféraient à leurs titulaires, outre l'honneur, des bénéfices matériels, tels que des concessions de terres. Ils n'étaient donnés qu'aux sujets directs de l'Empereur, *daimyō* ou *kuge*, jamais aux *samurai*. Aujourd'hui on compte 8 rangs de *kurai*, chacun comprenant 2 degrés (*ju* et *shō*).

KUSAZŌSHI—Petits volumes (romans ou pièces de théâtre), grossièrement imprimés, avec illustrations dans le texte, parfois à chaque page. Ils remontent au milieu du siècle dernier. La plupart des graveurs d'*ukyo-e* y travaillèrent.

KUSUNOKI MASASHIGE—*Daimyō* de *Kawachi*, il aida puissamment l'Empereur *Go-Daigo* à chasser les *Hōjō* (1333). Dans la guerre de *Mīdera*, il réussit à chasser de *Kyōto* les troupes d'*Ashikaga*; mais il fut défait par celles-ci (1336) près du *Minato-gawa* et se tua peu de temps après. Il est considéré comme le type de la fidélité politique et du désintéressement.

KWAMME—Poids égal à 1000 *momme* ou 3756 gr.

KWAMPAKU—Sorte de Vice-Empereur ou Maire du Palais. Cette fonction fut créée, à la fin du IXe S^e^, pour les *Fujiwara*, qui purent ainsi gouverner réellement le Japon. Elle fut abolie en 1868; mais, depuis la toute-puissance des *shōgun*, elle avait perdu de son importance.

KWAN—Ancienne monnaie, qui valait 10 *sen*.

KWANNIN—Fonctionnaire du Gouvernement Impérial.

KWANNON—Déesse de la pitié. Elle est d'origine Indienne et figure souvent parmi les personnages qui entourent *Shaka*. On la représente soit assise sur un éléphant blanc, soit dans une posture hiératique, avec plusieurs visages ou une infinité de mains.

KWANRYŌ—Titre donné, sous les *Ashikaga*, au premier Ministre du *shōgun* et au Gouverneur du *Kuanto*. Le premier était choisi dans une des trois familles *Shiba*, *Hosokawa* et *Hatakeyama*. La seconde fonction était héréditaire dans une branche de la famille *Ashikaga*.

KYŌKA—Sorte de poësie comique.

KYŌTŌ—Résidence des Empereurs de 794 à 1868. Les *shōgun* l'habitèrent aussi du XIVe à la fin du XVIe S^e^. Cette ville fut incendiée plusieurs fois, presque toujours à la suite des guerres civiles. Il est probable qu'elle comptait autrefois près de 500,000 habitants, sinon plus.

LAQUE—Voy. *Urushi*, *Jidai-mono.*

MACHI—Ville ou quartier. Le *Machi-bugyō* était une sorte de gouverneur propre aux grandes villes, avec des fonctions administratives et judiciaires. On en créa deux à *Yedo* en 1719; ils administraient à tour de rôle, pendant un mois chacun. Le *machi-bugyō* avait sous ses ordres des *yoriki* et des *dōshin*, pour rechercher les infractions, arrêter les coupables et instruire les procès.—Le *machi-gwai-shō* était une façon d'hôtel de ville.

MAE-DARE—Tablier de soie ou coton porté par les femmes. Synon : *Mae-kake.*

MAGATAMA—Petite pierre polie, que les anciens Japonais portaient au cou en guise d'ornement. Elle affectait le plus souvent la forme d'un anneau ou celle d'un haricot.

MAIRE—Voy. *Kimoiri*, *Nanushi*, *Shoya.*

MAKIMONO—Peinture ou écriture fixée sur un rouleau et qu'on déroule horizontalement.

MAKU—Tentures dont on entourait le camp à la guerre. On s'en servait encore dans bien des occasions, pour mettre un terrain à l'abri de la foule.

MANDOKORO—On appelait ainsi, du XIIIe au XVIe S^e^, l'administration centrale du Gouvernement Impérial ou Shogunal.

MARI—Voy. *Kemari.*

MARIAGE—Voy. *Mikudari-han*, *Muko*, *Riyenjō*, *San-san-ku-do*, *Shima-dai*, *Yome.* Pour plus de détails, voy. *Kaempfer*, *Bousquet* (*le Japon de nos jours*) et un article de *M. Küchler* (*Asiat. Soc* 1885).

MASAGO—Fille de *Hōjō Tokimasa* et femme de *Yoritomo.* Après la mort de son mari, elle s'empara du pouvoir avec son père et dirigea les affaires jusqu'à sa mort (1225), faisant preuve d'une énergie parfois cruelle. On l'appelle souvent *Ama shōgun* (Elle s'était faite nonne, ou *Ama*).

MASAKADO (TAIRA)—Fameux guerrier qui se révolta contre l'Empereur (939) et voulut se rendre indépendant dans le *Kuanto*. Il fut vaincu par un autre *Taira*, *Sadamori*. On l'adorait à *Yedo* sous le nom de *Kanda Miōjin*.

MASAMUNE—Le plus célèbre des artistes forgerons qui aient fabriqué des lames de sabre. Il vivait au XIV° S°.

MASU—Mesure de capacité. Au VIII° S°, on distinguait: le *O-Masu* qui valait à peu près 75 centilitres et le *Ko-Masu* qui valait environ 25 centilitres. Aux XI° et XVI° S° leur capacité s'accrut, si bien qu'au XVII° S° celle du *O-Masu* était d'un litre 85 centilitres. Aujourd'hui on reconnaît un *Masu* de 18 litres, un autre de 1 litre, 80 et un troisième de 18 centilitres.—Synon: *Shō*.

MATAHEI (IWASA)—Peintre considéré comme le créateur de la peinture vulgaire (*ukyo-e*). Bien des obscurités subsistent sur son compte. On sait toutefois qu'il vivait à la fin du XVI° S° et au commencement du XVII°. Des historiens lui attribuent le surnom d'*Ukiyo*, d'où la dénomination d'*ukiyo-e*. D'autres la croient postérieure de plus d'un siècle. *Kohitsu Riochu* pense qu'outre ce premier artiste, (d'aucuns prononcent *Matabe*, pour le distinguer), un autre *Matahei* aurait existé vers 1640. Ce dernier serait l'inventeur des grossières caricatures connues sous le nom d'*Otsu-e*; (c'est surtout à *Otsu* que se fabriquent ces dessins).

MATSUDAIRA—Nom d'un petit village de la province de *Mikawa* qu'habitait, aux XV° et XVI° Ses, une branche de la famille *Tokugawa*. Un des petits fils d'*Arichika Tokugawa* (Voy. le mot *Tokugawa*), adopté par le maire de ce village, prit le nom de *Matsudaira* et le transmit à *Nobuhiro*, l'un de ses fils, tandis que l'autre, *Nobumitsu*, conservait le nom de sa famille. Quand, plus tard, celle-ci parvint au shogunat, elle autorisa un certain nombre de *daimyō* à porter le nom de *Matsudaira* à la place de leur propre nom, les rattachant ainsi fictivement à elle. Les descendants de ces *daimyō* ne reprirent leur nom originaire qu'après 1868.

MATSURA SAYO HIME—Jeune femme, que la douleur de voir partir son amant pour l'expédition de Corée (III° S°) changea en pierre.

Cette pierre est encore visible dans la province de *Chikuzen.*

Matsuri—Fête Shintoïste, célébrée du reste par toutes les classes de la population. En dehors des fêtes locales, propres à chaque ville ou village, on ne fêtait jadis dans le peuple que 5 *matsuri.* Depuis 1868 la population en célèbre d'autres, que d'ailleurs on fêtait autrefois au palais Impérial. Ces fêtes officielles (on trouvera les 5 autres au mot *Sekku*) se célèbrent: le 1er janvier (*Shi-hō-hai*); le 3 janvier (*Genshi sai*); le 11 février (*Kigen setsu* c.à.d. avénement de *Jimmu-Tennō*); le 21 Mars (*Shunki kōrei sai* c.à.d. Fête du Printemps); le 3 Avril (*Jimmu-Tennō Sai* c.à.d. Mort de *Jimmu-Tennō*); le 22 Septembre (*Shuki kōrei sai* c.à.d. Fête de l'automne); le 17 Octobre (*Kaminame sai* c.à.d. offrande des premiers riz); le 23 Novembre (*Niiname sai*: jour où l'Empereur mange les premiers riz de l'année). On peut y ajouter, pour le moment actuel, la fête de l'Empereur régnant (3 Novembre) et celle de *Kōmei-Tennō* son prédécesseur (30 janvier).

Mei-butsu—Produits naturels ou industriels propres à une ville ou à une province. Avant que la multiplication des routes, canaux et chemins de fer eut uniformisé le Japon, lorsque chaque région conservait son caractère original, les voyageurs prenaient bonne note de ces *meibutsu.* D'ailleurs des Guides très-pratiques et très-répandus (*Dōchū-ki*) les indiquaient soigneusement. Un père de famille, revenant à *Yedo* par le *Tōkaidō,* se fut fait scrupule de ne pas rapporter à ses petits enfants des images d'*Otsu* (*Otsu-e*), à ses jeunes filles du blanc (*oshiroi*) et du rouge (*beni*) de *Kyōto* etc.

Mei-chō—Voy. *Chō-Densu.*

Meshi—Riz cuit. Après un mariage, ou la naissance d'un enfant et généralement dans toutes les circonstances qui appellent des félicitations et des cadeaux, il est d'usage d'envoyer aux donateurs, comme friandise, une sorte de riz cuit avec des haricots rouges (*kowa-meshi*). Celui qu'on mange alors dans la maison, au lieu de riz ordinaire, et qui diffère un peu du *kowa-meshi* s'appelle *Aka-meshi.*

Mesures—Voy. *Bu, Chō, Hyō, Jō, Ken, Kin, Koku, Ri, Se, Shō, Tan, Tawara, To, Tsubo.*

METEZASHI—Poignard qu'on portait en temps de guerre du côté droit.

METSUKE—Sorte d'inspecteur du gouvernement Shogunal, chargé de surveiller l'application des règlements. Le chef des *Metsuke* (*Ō-metsuke*) siégeait au *Hyō-jō-shō* quand l'accusé était un *daimyō* ou un *hatamoto*.

MICHIZANE (SUGAWARA)—Savant du IXe S^e, auteur du *Rui-ju-koku-shi*. D'abord simple professeur, il devint le conseiller intime de l'Empereur *Uta*. Mais, après la mort de celui-ci (898), les *Fujiwara*, rivaux de la famille *Sugawara*, réussirent à le faire envoyer à *Kiu-Siu*, peut-être comme gouverneur de *Dazaifu*. Toutefois une tradition plus populaire veut qu'il y ait été exilé et y soit mort de misère. On l'adore aujourd'hui (les étudiants surtout) sous le nom de *Tenjin* ou *Temmangu*, comme dieu de la calligraphie. On lui attribue de fort belles peintures.

MIKADO—Empereur. Ce terme est moins usité des Japonais que ceux de *Tenshi* et *Tennō*.

MIKOTO—Titre ajouté au nom des demi-dieux, des Empereurs et des princes des premiers siècles. Aujourd'hui même les princes Impériaux reçoivent ce titre après leur mort.

MIKUDARI-HAN—(Littér : *Trois lignes et demie*). Acte de répudiation envoyé par le mari à la femme : il devait avoir juste 3 lignes ½.

MINAMOTO—Famille dont l'histoire détaillée se confondrait presque avec l'histoire politique du Japon depuis le XIe S^e. Elle fut fondée par un petit fils de l'Empereur *Seiwa*, au Xe S^e. D'abord rivale des *Fujiwara*, puis des *Taira*, elle réussit à annuler à peu près l'influence des premiers et à exterminer les seconds en 1185. Son chef, *Yoritomo*, s'empara du pouvoir sous le titre de *shōgun*. Mais il ne laissa pas de descendants dignes de lui. Les deux familles *Ashikaga* et *Tokugawa* étaient issues des *Minamoto*.—Synon : *Genji*. (Voy. pour les détails : *Tsunemoto*, *Yoriyoshi*, *Yoshiye*, *Yoshimitsu*, *Yorimasa*, *Yoritomo*, *Yoshitsune* et notre chronologie).

MIYA—Temple Shintoïste ou Palais Impérial. C'est aussi un titre honorifique donné aux princes de la famille Impériale.

MIYAKO—Capitale. Employé seul, ce mot désignait la ville habitée par les Empereurs. On l'employait aussi parfois pour indiquer la capitable des *shōgun*, mais alors en y ajoutant une sorte de qualificatif, (par ex: *Azuma no Miyako*).

MOJIRI—Lance terminée par des pointes multiples. Les gardiens des portes s'en servaient pour arrêter les ennemis ou les voleurs.

MOKKIN—Sorte d'harmonica ou xylophone, dont les planches sonores sont en bois, la caisse sonore affectant la forme d'un bateau. Cet instrument d'origine Chinoise est encore usité en Chine.

MOMME—Unité de poids valant à peu près 376 centigrammes. Mille *momme* font un *kwamme*.

MOMOHIKI—Pantalon collant des hommes de peine. Dans les campagnes, les femmes elles mêmes s'en affublent pour travailler aux champs.

MOMOTARO—Personnage d'une conte enfantin, que les artistes représentent constamment sortant d'une pêche. Sa légende a été traduite en Français par M. l'abbé *Everard*.

MON—Armoiries. On aimait à en décorer les objets précieux, les vêtements de luxe(1), les lanternes, la porte principale du *yashiki* etc. Chacun adoptait, outre le *mon* officiel, qu'il tenait de sa famille, un ou plusieurs *mon* de fantaisie. Il existait d'ailleurs, à ce sujet, des règlements minutieux qu'on trouve dans l'*Ao-Bioshi*. Nous avons donné les *mon* des *daimyō*, parce qu'ils avaient jadis une importance capitale. D'ailleurs ce sont ceux qu'on trouvera généralement sur les anciens bibelots. Mais les *kuge*, les *samurai* et même les *heimin* avaient également leurs armoiries.

MONGAKU—Fameux bonze du XIIe S^e^. D'abord soldat, il s'était fait bonze dès 18 ans, à la suite d'un amour malheureux. (Une jenne femme qu'il aimait se fit tuer pour lui échapper). C'est lui qui décida *Yoritomo* à prendre les armes et à relever la fortune

(1) L'usage de porter des *haori* ornés d'un ou cinq *mon* ne remonte qu'au XVIIe Siècle.

des *Minamoto*. Etant resté 3 jours en prières, sous une cascade, il mourut, mais fut ressuscité par *Bouddha*.

Monzeki—Titre que prenaient les Princes Impériaux quand ils se faisaient bonzes. Par extension, le titre était donné aux supérieurs des monastères les plus importants.

Moronobu (Hishikawa)—Né en 1646, mort vers 1715, *Moronobu* est l'un des meilleurs peintres d'*ukyo-e* et probablement le premier qui se fit une spécialité de l'illustration des livres. Quoiqu'il ait beaucoup travaillé pour la gravure, ses œuvres sont devenues très-rares. On l'appelle assez communément *Kichibei*.

Motomitsu—Peintre, élève de *Kose*, fonda l'école de *Kasuga*, la plus ancienne du genre *Yamato*. On sait qu'il vivait vers l'an 1000. Il est considéré par les amateurs comme un des 3 plus grands artistes (*sampitsu*) de ce genre (*Yamato-riu*).

Motoori Morinaga—(1730-1801) Ecrivain que beaucoup considèrent comme le véritable fondateur de la littérature Japonaise moderne. Sans jamais perdre de vue son but constant, qui était de réagir en faveur des idées et des traditions nationales contre l'invasion des choses Chinoises, il aborda les sujets les plus variés : la politique (dans le *Tamakushige*), la critique historique (commentaire du *Manyoshu*, du *Kokin-shu* et du *Genji Monogatari*), l'archéologie et surtout l'histoire des traditions religieuses (*Kojiki-den*). Il contribua ainsi plus que personne à préparer la résurrection du Shintoïsme. (Voy. *Satow. Asiat. Soc.* IIIe Vol.) *M. Chamberlain* a traduit de lui une curieuse notice sur l'art Japonais (*Asiat. Soc.* XIIe Vol.).

Muko—Gendre. A proprement parler, on appelle *muko* l'homme qui entre dans une famille étrangère pour en épouser une fille, au lieu d'amener, selon l'usage, sa femme dans sa famille à lui (*yome*). Le cas se présente, par exemple, quand le beau-père, n'ayant qu'une fille, veut la garder avec lui. Il prend à la fois un gendre et un héritier (*muko-yoshi*). La condition du *muko* est considérée comme digne de pitié. D'où le dicton : " Tant que vous aurez trois *go* de son (le *go* vaut 18 centilitres), ne vous faites pas *muko*".

MUKOJIMA—Faubourg aristocratique du Nord de *Yedo*. Ses coquettes *chaia*, ses jardins et surtout l'allée de cerisiers qui borde le *Sumida* en faisaient à certaines époques le rendez-vous du *high life*. Aujourd'hui encore, toute la ville s'y porte en masse, lorsqu'apparaît ce que le poëte appelle la neige odorante des fleurs. C'est un prétexte à des *beuveries* dignes de Rabelais..

MURASAKI SHIKEBU—Femme-auteur du *Genji monogatari*, dans lequel on trouve les renseignements les plus précieux sur l'époque où elle vécut (fin du Xe Siècle).

MURA-YAKUNIN—Maire et administrateurs inférieurs du village, tels que les *kumi-gashira*. Ils obtenaient parfois du *daimyō* le droit de porter deux sabres et d'avoir un nom de famille (*myōji*) comme les *buke*.

MUSHA-SHUGYO—Chevaliers errants, à la recherche d'aventures et de beaux faits d'armes.

MUSIQUE—Les charmes de la musique Japonaise, sensibles, paraît-il aux oreilles indigènes, ont échappé jusqu'à présent aux dilettante Européens. Comme, en outre, les airs ne sont pas notés, (les artistes jouant tout de mémoire), cette musique n'a pas fait jusqu'à présent, à notre connaissance du moins, l'objet d'études sérieuses. *Mr. Ch. Leroux* a recueilli, harmonisé et publié (*Airs Japonais et Chinois*) les plus jolies des mélodies populaires en leur conservant leur saveur propre. Le même artiste a écrit et publiera prochainement une étude approfondie sur la musique et les instruments Chinois, de toute antiquité connus au Japon.—Voy. *Fue*, *Gekkin*, *Geisha*, *Kokiu*, *Koto*, *Mokkin*, *Shamisen*, *Shakuhachi*, *Shō*, *Taiko*, *Tsuzumi*, *Yōkin*.

MYŌJI—Nom de famille, qui se transmettait de père en fils. Sous les *Tokugawa*, les *samurai* seuls avaient le droit de porter un *myōji*. Ce n'est que par exception et à titre de récompense que les *heimin* l'obtenaient.

NA—Prénom qui sert à distinguer les membres d'une famille les uns des autres. Fréquemment, mais abusivement, on donne à ce mot une acception plus générale, au point de s'en servir pour le nom de famille. Le nom qu'une personne reçoit après sa mort est dit *imi-na*. ([1])

NAGINATA—Hallebarde. Il en existait plusieurs variétés : la hallebarde légèrement recourbée (*kozori naginata*), la hallebarde à manche blanc (*shira-e naginata*), la hallebarde en feuille de glaïeul (*shōbu gata naginata*) et la hallebarde avec anneau de fer (*hirumaki naginata*). Chacune avait, bien entendu, sa destination propre.

NAKŌDO ou NAKA-UDO—Personne servant d'intermédiaire dans un mariage. On peut dire que les usages rendaient obligatoire l'intervention d'au moins un *nakōdo*. Souvent même deux intervenaient : l'un (*shita nakōdo*), dont la mission était de rapprocher les deux familles; l'autre (*hon nakōdo nin*), qui présidait à la cérémonie. (Coutume locale).

NAMIDA KIN—(Littér : *Prix des larmes*). Petite somme que le débiteur recevait du créancier hypothécaire, quand il lui fallait abandonner le bien grevé.

NANIWA—Ancien nom d'abord donné à la région, puis à la ville qui porte aujourd'hui le nom d'*Ōsaka*. (Les poëtes l'emploient encore). Cette ville, construite au IVe S[e] par l'Empereur *Nintoku*, portait primitivement le titre de *kiō* (capitale). Elle se développa surtout à partir du moment (vers 1584) où *Hideyoshi* s'y fût établi et y eût fait élever le château-fort, dont les restes frappent encore d'admiration.

NANUSHI—Maire d'une commune.—Synon : *Shōya*.

NARA—Résidence Impériale de 709 à 784. Aujourd'hui c'est une petite ville, qu'on visite pour ses temples et la colossale statue de *Butsu* qu'ils renferment. Les palais Impériaux ont totalement disparu.

NARIAKI—*Daimyō* de *Mito*, qui, bien qu'appartenant à la famille *Tokugawa* se mit à la tête du parti hostile au *shōgun*, vers

(1) Souvent le *na* était remplacé par une sorte de numéro d'ordre, le premier né s'appelant *Turō*, le second *Jirō*, le troisième *Saburō* etc.

le milieu de ce siècle. Enfermé en 1841, il fut délivré en 1854 et chargé de diriger la défense contre les étrangers. Il résigna ces fonctions en 1857, intrigua contre le Ministre *Iy Kamon no kami*, fut exilé à *Mito* en 1858 et mourut en 1861.

NARIHIRA (ARIWARA NO)—Poëte du IXe S[e], célèbre par sa beauté. Fréquemment on le représente au bas du *Fuji*, chevauchant avec ses serviteurs derrière lui.

NASU NO YOICHI—Pendant la lutte entre les *Taira* et les *Minamoto*, une princesse du camp des *Taira* défia l'armée ennemie de percer d'une flèche son éventail, qu'elle avait placé au loin sur un bateau. C'est *Nasu no Yoichi* qui fut choisi par les *Minamoto* pour relever le défi, (Sujet de *kakemono*).

NAWA NAGATOSHI—Partisan de l'Empereur *Go Daigo* qui aida celui-ci à s'évader de l'ile *Oki*. On le le représente portant l'Empereur sur ses épaules.

NENGO—Ere. Les Japonais empruntèrent à la Chine (VIIe S[e]) l'usage de donner une dénomination aux années. Cette dénomination était changée, non-seulement à l'avénement d'un Empereur, mais souvent aussi à l'occasion d'un fait important.

NETSUKE—Bouton de métal, de bois, d'ivoire etc., dont les Japonais se servent pour retenir à la ceinture la blague à tabac. Les anciens artistes s'ingéniaient à en faire de véritables bijoux de sculpture. Par extension, les Européens appellent souvent *netsuke* tous les ivoires sculptés.

NICHIREN—Bonze du XIIIe S[e], qui fonda l'une des sectes les plus populaires (*Hokke-shiu*) du Bouddhisme. Son fanatisme et la violence de ses attaques contre les autres sectes le fit enfermer puis exiler. Les peintres (par ex: *Hokusai* et *Kuni-yoshi*) ont reproduit les principaux épisodes de sa vie, pour laquelle d'ailleurs la légende s'est donné carrière. C'est ainsi qu'on voit se briser en l'air le sabre d'un soldat qui était venu pour le tuer.

NIMBETSU—Etat civil d'une personne. Le *nimbetsu-chō*, déposé à la mairie du domicile, constate l'âge, la famille, la religion, etc. du titulaire. Quand celui-ci change de *domicile* (un changement de résidence ne suffirait pas), son *nimbetsu-chō* le suit.

NINTOKU—Empereur (311-399), dont le règne, s'il faut en croire la tradition, fut un des plus heureux de l'antiquité Japonaise. On le vit pleurer, un jour qu'il contemplait la campagne, sur la misère des paysans. Pour la soulager et rendre la prospérité au peuple, il *abolit*, dit l'histoire, les impôts pendant plusieurs années, fit élever des digues, creuser des canaux, bâtir des magasins pour les réserves de riz, etc. et sut en même temps faire respecter le Japon par les pays voisins. Peu d'Empereurs sont restés aussi populaires.

NIPPON—(Littér: *Source de la lumière*). Les Japonais désignent par ce mot le Japon tout entier et non pas seulement, comme nos géographes, la principale des iles de l'archipel Japonais. Plus souvent ils écrivent, avec cette modestie commune du reste à toutes les nations: *Dai Nippon* (Grand Japon).

NISHIKI—Etoffe tissée de soies de plusieurs couleurs; brocart d'or ou d'argent.

NISHIKI-E—(Littér: *Dessin de diverses couleurs*). Ce terme n'est employé que pour les gravures coloriées. L'imagerie populaire au Japon s'est montrée, avec les *Hokusai*, les *Utamaro*, les *Hiroshige* etc. bien supérieure à l'imagerie Européenne. Elle ne remonte guère du reste qu'à 150 ans environ.

NITTA YOSHISADA—*Daimyō* de *Kōzuke*, qui aida (1333) l'Empereur *Go-Daigo* à chasser les *Hōjō* : c'est lui qui leur prit *Kamakura*. Lors de la révolte d'*Ashikaga* contre *Go-Daigo*, il fut, avec les troupes impériales, vaincu à *Take-no-shita*. Il mourut en 1338. On l'a représenté sur le papier-monnaie, jetant son sabre dans les vagues, en sacrifice aux dieux.

NIWAKA—Fête à l'occasion de laquelle avaient lieu, dans la rue, des danses et des représentations théâtrales.

NŌ—Sorte d'opéra mêlé de danse et de musique. On connaissait déja les *nō* sous les *Ashikaga* et c'était, à la Cour des *Tokugawa*, la seule danse admise. Les acteurs qui figuraient dans les *nō* comptaient parmi les fonctionnaires.

NOBORI—Drapeau exposé aux jours de fête. Plus spécialement on appelle ainsi certains objets hissés au sommet d'une perche, dans les premiers jours de Mai, par chaque famille qui s'est accrue d'un garçon pendant l'année. Généralement le *nobori* se compose d'une ou plusieurs immenses carpes de papier qui ondulent au souffle du vent, et d'une boule faite de bambous tressés et dorés. Parfois ce sont des drapeaux, des armes etc. Cette coutume semble remonter au VIIIe S^e.

NOBUNAGA (1533-1582)—Issu d'une famille de petits *daimyō* d'*Owari* (famille *Ota*), il se signala de bonne heure par son intrépidité. Progressivement il agrandit ses domaines, soulève contre lui une coalition, dirigée par les bonzes du *Hiyei-zan*, brûle leur monastère, dissout la coalition (1573) et dépose le dernier *shōgun* de la famille *Ashikaga*. Dès lors, devenu le véritable chef de l'Etat sous le titre de *Dainagon*, il put commencer le travail de réorganisation politique que devaient achever après lui *Hideyoshi* et *Iyeyasu*. Cependant il dut encore lutter contre une coalition nouvelle formée par les bonzes de *Hon-gwan-ji* (1575-1580). Il périt victime d'une trahison. Par haine des bonzes, il avait encouragé la propagande que faisaient les Jésuites.

NOMI NO SUKUNE—Personnage du Ier Siècle de notre ère, fameux par sa force corporelle. C'est de lui que date, suivant la tradition, l'origine des luttes de *sumo*.

NOMS—Voy. *Myōji*, *Na*, *Sei*.

NORIMONO—Palanquin. Voy. *Kago*.

NU-HI—Sorte de serf ou esclave. Le mot est composé de *Nu* (homme) et *Hi* (femme). On a dit à tort, croyons-nous, que le Japon n'avait pas connu l'esclavage. Des documents positifs prouvent qu'au VIIIe S^e on achetait des *nu-hi*, au même titre que les animaux domestiques. Ce qui est vrai, c'est que la douceur et la politesse générale des maîtres devait corriger les rigueurs de la loi et rendre cette condition très-supportable On prononce encore *Nubi*.

NUIMONO—Etoffe de soie brodée.

O—Préfixe ajouté en signe de respect, à certains titres ou à certains noms de personnes ou de choses. Dans le langage populaire, il est devenu inséparable d'une foule de mots, comme le préfixe *Go.* (Ex: *O Tento Sama:* le Soleil; *o cha:* du thé, etc.). On ne l'emploie jamais pour soi-même. *O Kami san, o fude* indiquent qu'on entend parler de la femme d'un autre, du pinceau d'un autre.

Obi—Longue ceinture, généralement de soie, qui, enroulée plusieurs fois sur le *kimono*, sert à le maintenir fermé, du moins vers le milieu du corps. Les extrémités de l'*obi* sont rattachées par un nœud dont la forme et la dimension varient suivant le sexe, l'âge, le rang et la province. Aujourd'hui le nœud se place derrière le dos. Autrefois il se faisait sur le devant: depuis un siècle environ cette coutume n'existe plus que pour les femmes publiques.

Ogi—Eventail susceptible d'être plié, (par opposion à l'*uchiwa*). Il est presque toujours de papier monté sur des lames de bambou. Le *hi-ogi*, jadis porté par les dames nobles, était fait de lamelles de *hi-no-ki*. Suivant la tradition, l'*ogi* fut inventé par *Jingō Kōgō*, qui en aurait emprunté la forme à la chauve-souris. Synon: *Sensu.*

Ōgo-sho—Titre qu'on donnait, sous les *Tokugawa* au *shōgun* qui avait abdiqué.

Ōjin-Tennō—(211-310) Fils de *Jingō-Kōgō*, qui n'occupa réellement le trône que de 270 à 310. C'est à lui toutefois que la tradition rapporte les conquêtes faites par sa mère pendant sa conception. Aussi les militaires l'adorent-ils sous le nom de *Hachiman.* C'était le dieu spécial des *Minamoto.*

Oi—Boite rectangulaire à pieds, que les pèlerins portaient sur le dos. Ils y enfermaient des livres sacrés et les effets dont ils avaient besoin ponr la route.

Ōkio (Maruyama)—Fondateur de l'école de peinture naturaliste (Voy. *Shijo*) (1732-1785). Il fut, semble t'il, le premier qui conçut nettement l'idée de prendre, pour fondement de son art, la représentation sincère de la nature. Cependant il ignore la vraie perspective, les ombres portées et l'anatomie du corps humain. Il excella surtout dans le dessin des fleurs, des poissons et des animaux domestiques. Ajoutons que son influence sur le XIXe S[e] a été prépondérante. On a recueilli et gravé quelques uns de ses dessins (*Ōkio gwa fu*). C'est par milliers qu'il faut compter les faux *kakemono* vendus sous son nom.

Okuri-bi—(Littér : *Feu qui accompagne*). Feu qu'on allumait à la porte de la maison que quittait la jeune mariée, lorsqu'elle allait trouver son mari (*Coutume locale*), ou à la porte de la maison mortuaire, en cas de funérailles.

O-Metsuke—Voyez *Metsuke*.

Onchi—Terrain donné par le *shōgun*. La vente de ces terrains fut défendue au XIVe S[e], mais autorisée ou tolérée par la suite.

Oni—Sortes de diables ou gnômes, représentés avec 3 doigts à chaque extrémité et des cornes sur la tête. Ils figurent dans une foule de légendes (Voy. par ex : *Asahina*, *Raïko*, etc). Le premier jour du printemps (*Settsu-bun*), a lieu la cérémonie dite : *oni-yarai*. Elle consiste à jeter des pois cuits dans toutes les chambres de la maison, soi-disant pour en chasser les *oni*, et à prononcer la formule : "*Fuku wa uchi, oni wa soto*" c.à.d. : que les dieux du bonheur entrent ! que les *oni* sortent

Ono no Takamura—Fameux poëte et savant du IXe S[e]. C'est lui qui fonda la célèbre école d'*Ashikaga*.

Ono no Tofu—Calligraphe du Xe S[e], que les lettrés Japonais placent sur le même rang que les plus grands peintres. On le représente examinant une grenouille qui monte sur un saule.

Osaka—Voy. *Naniwa*.

Otoko-date—Homme chevaleresque. On nommait spécialement ainsi des associations, formées entre gens de la même classe (*rōnin*, *artisans*, *paysans*, etc.), pour se soutenir les uns les autres et défendre les opprimés. *Mitford* a consacré aux *otoko-date* l'un de ses plus jolis contes (*Tales of old Japan*).

Ottona—Chef d'un quartier. Cette dénomination, usitée dans les provinces méridionales, était inconnue à *Yedo* (Voy. *Kaempfer*).

Palanquin—Voy. *Kago*.

PIPE—Voy. *Kiseru.*

POËSIE—Voy. *Gidayū*, *Haikai*, *Jōruri*, *Renga*, *Uta.*

POTERIE—Voy. *Setomono*, *Yaki.* Outre les ouvrages traitant de l'art Japonais en général, comme celui de *M. Gonse*, on consultera avec fruit un article de *M. Brinkley* dans le *Chrysanthemum* ; *The ceramic art of Japan* de *M. M. Audsley* et *Bowes* ; enfin, pour les procédés techniques, *le Japon à l'Exposition Universelle.*

PRÊTRE—Voy. *Bōzu*, *Howo*, *Kannushi*, *Monzeki*, *Sōjō.*

RAKAN—Mot sanscrit par lequel on désigne les 500 disciples immédiats de *Shaka.* Vu la difficulté d'en figurer un si grand nombre (Voy. cependant les belles sculptures de *Narita*), les artistes se bornent généralement à représenter les 16 plus célèbres. (V. leurs noms dans l'introduction au *Guide* de *Satow*).

RAIKO—Personnage légendaire qui, sous un déguisement, pénétra dans la caverne des *oni*, les enivra et les massacra. (Voy. les détails de ce joli conte dans le *Mikado's Empire* de *Griffis*).

RENGA—Poësie, dont une personne compose le commencement et une autre la fin.

RENSHI—Branche cadette d'une famille. On désigne spécialement par ce mot les *Sankio.*

RI—Mesure de longueur, qui, jadis, variait avec les provinces. Aujourd'hui le *ri* vaut 36 *cho* ou 3927 mètres.

RIN-SHIU—Bonze et peintre du XIe S[e]. Il avait entrepris de représenter *Fudō*, le dieu du feu, quand le feu prit chez lui. Au lieu de chercher à l'éteindre, il se mit à étudier les jeux de la flamme.

RITSUŌ—(1662-1747) Rival de *Kōrin* comme artiste laqueur. Il excelle dans les laques incrustés de nacre. Il appartient, comme peintre, à l'école des *ukiyo-e.*

RIYENJŌ—Acte que le mari remettait à la femme après le divorce, afin qu'elle put se remarier. La rupture du mariage n'étant pas mieux publiée que sa formation, ce certificat de divorce était indispensable.

RIZIÈRE—Voy. *Den.*

Rōjū—Voy. *Go-Rōjū.*

Rokushaku—(Littér : *Six pieds*) On appelait ainsi, à cause de leur taille, les serviteurs qui portaient les lances, les hallebardes ou le *norimon* d'un *daimyō*. Vêtus de noir et les jambes nues, ils affectaient une allure spéciale.

Rōnin—*Samurai* qui, volontairement ou non, quittait le service du seigneur. Les *samurai* vivant de leur paie ou pension, le *rōnin* se trouvait sans ressources et vivait le plus souvent de brigandage. Les *rōnin* s'offraient d'ailleurs à tout individu qui avait besoin d'hommes déterminés pour tenter un coup d'audace. (Voy. pour les détails *Mitford loc. cit*). *M. Dousdebès* a donné une version Française de la famense histoire des 47 *Rōnin.*

Rusui—(Ordinairement : *o rusui*) Personne de confiance qui, en l'absence du *daimyō*, veillait sur sa famille et administrait ses biens. On appelait aussi de ce nom un officier qui était chargé de remplacer le *shōgun* absent.

Ryō—Domaine. On appelait : *Go-ryō-shō* le domaine Impérial, *Koku-ryō* celui d'une province, *Hyo-ro-ryō-sho* le domaine militaire, enfin *Sho-ryō* ou *Ryō-chi* (1) le domaine d'un *daimyō*,

Saburō—Prénom souvent donné au 3e fils d'une maison.

Sai-hai—Bâton de commandement que portaient les généraux. Il était garni de bandelettes de papier.

Saigio Hoshi—Guerrier poëte du XIIe Se qui se fit bonze.

Saigo Takamori—*Kerai* du prince de *Satsuma*, qui prit une part active au renversement du *shōgun* (1868). Ministre de la guerre en 1870, il se mit, en 1877, à la tête de l'insurrection de *Satsuma*, fut vaincu et se tua (1878). Sa mémoire est restée très-populaire.

Saikiō—(Littér : *Capitale de l'Ouest*). Nouvelle dénomination officielle de *Kyōto.*

Saito Sanemori—Guerrier du XIIe Se, qui, bien que très-vieux,

(1) *Ryō-chi* vise surtout les terres possédées par le *daimyō*. *Han* (littér *limite* ou *clôture*) exprime plutôt l'ensemble des habitants soumis à son autorité.

voulut prendre part à la guerre contre *Yoshinaka* et se fit noircir la barbe, pour trouver des adversaires dignes de lui. Il fut tué et sa tête fut portée à *Yoshinaka*, qui le reconnut.

SAKAZUKI—Petite coupe, généralement de très-fine porcelaine, dans laquelle se boit le *sake* (sorte de bière extraite du riz).

SAMA—Terme de grand respect, placé après le nom ou le titre d'une personne. Le peuple et surtout les femmes du peuple abusent de cette expression, qui est devenue l'inévitable appendice de certains noms (par ex : *Kubo Sama*, *Taiko Sama* etc.). Elle date de l'époque des *Ashikaga*. Auparavant on employait le mot *Dono*.

SAMURAI—(Littér : *Garde*). Dès avant *Yoritomo*, ce mot fut employé comme synonyme de *Buke* (homme d'armes). Avant les *Tokugawa*, il comprenait même le *shōgun* et les *daimyō*. Aujourd'hui il est remplacé par le titre de *Shizoku*. Les *samurai* constituaient la classe guerrière, par opposition aux classes laborieuses (*heimin*). Leurs plus importants priviléges consistaient à recevoir une pension, à porter deux sabres et à pouvoir se faire justice eux-mêmes sur la classe inférieure. (Le port des deux sabres subsista jusqu'en 1876). Les *samurai* se mariaient entre eux. La qualité de *samurai* se transmettait à tous les enfants, bien que l'héritier seul reçut une pension. Un *daimyō* pouvait élever un *heimin* au rang de *samurai*. Les *samurai* se partageaient en plusieurs classes hiérarchisées. Ainsi dans certaines provinces on les distinguait en : *Uma-mawari*, *Te-mawari*, *Shimban* et *Kachi*.

SANGI—Membre du Conseil de Gouvernement, qui étaient chargés de délibérer sur les affaires politiques, la décision devant être prise par les *Sanko*.

SANKE ou GO SANKE—Dénomination sous laquelle on comprenait les trois familles des *daimyō* de *Mito*, *Owari* et *Kii*, lesquelles descendaient de trois fils d'*Iyeyasu*. C'est dans l'une d'elles que devait être pris le successeur du *shōgun* qui mourait sans héritier.

SANKIN—Loi qui obligeait les *Daimyō* à habiter alternativement *Yedo* et leurs domaines. Edictée en 1635, elle fut abrogée en 1862, après avoir assuré pendant plus de deux siècles la toute-puissance des *Tokugawa.* Dès 1634, le *shōgun* avait exigé que chaque *daimyō* laissât comme otages à *Yedo* sa femme et ses enfants.

Sankiō ou Go-Sankiō—On désignait sous ce nom les trois familles *Tayasu, Hitotsubashi* et *Shimizu,* lesquelles étaient issues des trois fils du *shōgun Yoshimune.* Bien que possédant des revenus territoriaux considérables, elles n'avaient pas, à proprement parler, de domaines seigneuriaux, ni par conséquent de *shiro.* Les *Sankiō* résidaient constamment à *Yedo* et leurs terres étaient administrées par un *Daikan.*

Sanko—Terme servant à désigner les trois grands *Dai-jin* (*Dajo Dai-jin, U-Dai-jin, Sa-Dai-jin*).

San-san-ku-do—(Littér: *Trois fois trois neuf*). Ces mots désignent la cérémonie du mariage, dans laquelle chacun des époux vide ou fait le simulacre de vider 9 petites coupes. En l'absence d'autres formalités destinées à manifester le consentement, celle-ci prend une importance capitale.

San-sen-jin—Un des dieux de la Guerre, qu'on représente avec trois têtes et six mains, monté sur une sorte de sanglier.

Sashi-hikaye—Voy. *Enryo.*

Sashi-mata—Sorte de fourche à deux dents dont le manche était, à son extrémité, garni de pointes. Les gardiens des portes s'en servaient pour accrocher et arrêter au passage les ennemis et les malfaiteurs.

Sato Tsuginobu—Soldat, qui, dans une bataille (XIIe S^{e}) couvrit *Yoshitsune* de son corps et mourut victime de son dévouement.

Se—Mesure de superficie, employée depuis la fin du XVIe S^{e}, pour les terrains de culture. 10 *se* valent un *tan.*

Sei—Vulgairement le mot *sei* est souvent employé comme synonyme de *myōji.* Mais jadis c'était le nom commun que prenait un groupe de familles assez analogue à la *gens* Romaine. C'est ainsi que *Iyeyasu,* par exemple, signait le plus souvent de son *Sei* (*Minamoto*) et non de son *myōji* (*Tokugawa*).

SEIKWA—Familles de *kuge* parmi lesquelles étaient pris les *Dai-jin* et les fonctionnaires inférieurs aux *Dai-jin*.

SEIRŌ—Terme employé en poësie ou dans les légendes des gravures pour désigner les maisons publiques. Les scènes et les héroïnes de *Seirō* tiennent, dans les *ukiyo-e*, une place énorme, dont on a droit de s'étonner. Vers 1848, un règlement du gouverneur d'*Yedo* avait interdit ces sujets aux peintres.

SEKI-SHO—Barrières établies à la limite de certaines provinces pour arrêter les gens suspects. L'une des plus importantes était celle de la passe d'*Hakone*. Les Japonais empruntèrent ce systême aux Chinois vers le VIIe Siècle. Les *seki-sho* jouèrent dans les épisodes dramatiques de l'histoire un rôle considérable. C'est là que le gouvernement faisait guetter les conspirateurs, qui, généralement du reste, s'échappaient par des chemins détournés ou passaient sous un déguisement.

SEKKE ou GO-SEKKE—On appelait ainsi 5 familles, issues de la famille *Fujiwara* (*Ichijō*, *Nijō*, *Kujō*, *Konoe* et *Takatsukasa*), parmi lesquelles étaient pris le *Kwampaku*, le régent (*sesshō*) et l'Impératrice.

SEKKU ou GO SEKKU—Nom donné aux 5 fêtes traditionnelles du Japon, que célèbrait et célèbre encore toute la population : (le 7e jour du 1er mois, le 3e jour du 3e mois, le 5e jour du 5e mois, le 7e jour du 7e mois, le 9e jour du 9e mois).

SENNIN—Sorte d'ermites qui sont adorés comme demi-dieux. Quelques uns sont devenus des types légendaires, sans cesse reproduits par les artistes. Citons, par exemple : *Gama-Sennin* (le *sennin* au crapaud); *Koi Sennin*, qu'on représente à cheval sur une carpe; *Kore-jin*, accompagné d'un tigre; *Kokaku Sennin*, qu'emporte une grue dans les airs; *Tsugen sensei*, qui fait sortir un cheval d'une gourde, etc.

SENSU—Eventail. Voy. *Ōgi*.

SENTŌ—Résidence d'un Empereur après son abdication. Parfois ce mot désigne l'Ex-Empereur lui-même, ou l'abdication.

SEPPUKU—Voy. *Harakiri*.

SESSHIŪ—Peintre que nombre d'amateurs et de critiques considèrent comme le plus grand artiste de l'antiquité. Voy. par ex : *Fenollosa. Review of the chapter on painting* etc. p. 14). Né vers 1420 d'une famille noble (*Ota*), il montra, dès son enfance, une vocation décidée pour la peinture. Passé en Chine (1460), il étudia d'abord les Chinois, mais bientôt les émerveilla et revint (1469) se fixer au temple d'*Unkoku-ji*. Il mourut en 1506, laissant pour élèves des artistes de premier ordre. Le grand *Kano* lui-même et son père durent beaucoup à son l'influence et à ses leçons.

SESSHŌ—Régent chargé de gouverner pendant la minorité de l'Empereur. Ce titre fut porté pour la première fois par *Jingō Kōgō*.

SETOMONO—Porcelaine. Ce nom vient de ce qu'autrefois la plupart des porcelaines se fabriquaient autour du village de *Seto* (*Owari*). On trouvera, dans la notice publiée (1878) sur le *Japon à l'Exposition*, l'indication des procédés de fabrication des diverses espèces de porcelaines, avec un historique.

SETSUBUN—(Littéralem : *Passage d'une saison à une autre*). Jour où commence le printemps. Il était, chaque année, déterminé par le calendrier officiel. Ce jour là avait lieu la cérémonie de l'*oni-yarai* (Voy. le mot *Oni*).

SHAKA (NIORAI)—Nom sous lequel on désigne au Japon *Çâkya-Mouni*, le fondateur du Bouddhisme. *Satow*, dans l'*Introduction* à son *Hand-Book for Japan* a résumé la biographie de *Shaka*, d'après un ouvrage Japonais (*Shaka Jitsu-roku*). Des milliers de peintres ont représenté, dans le style spécial des *Butsu-e*, la mort de *Shaka*, pleurée par toute la création.

SHAKU—Unité de longueur, qui forme la base de toutes les autres mesures. On distingue aujourd'hui : 1° le *shaku* ordinaire (*Kane shaku* ou *magari shaku*), lequel vaut 30 centimètres, et 2° le *kujira shaku*, employé surtout à la mesure des étoffes et valant près de 39 centimètres. L'un et l'autre se subdivisent en 10 *sun*. Dans le cours des siècles, la longueur du *shaku* a varié. On sait, par exemple, qu'avant le VIIIe S[e], le *shaku* de Corée (*Koma-shaku*) était de 35 centimètres et qu'on se servait en outre d'un petit *shaku* (*sho-shaku*) de 29 centimètres. En 713 l'usage du *Koma-shaku* avait disparu; en revanche, on trouve un *shaku* de 24 à 25 centimètres.

SHAKUDŌ—Alliage de cuivre, d'or et quelquefois d'argent: la proportion d'or, d'ailleurs variable, pouvait aller jusqu'à 4 pour 100. D'une belle couleur bleue, il était, sous les *Tokugawa*, employé surtout à fabriquer les pièces accessoires du sabre (*tsuba*, *kozuka* etc.).

SHAKUHACHI—Flûte verticale à 5 trous, sans anche ni clefs.

SHAMISEN—Sorte de guitare à 3 cordes. Sur la caisse sonore est tendue une peau de chat, d'où le sobriquet de *neko* (chat) appliqué aux musiciennes (*geisha*). Le *shamisen* est le plus répandu et le le plus redoutable des instruments de musique Japonais. On pense qu'il fut inventé par un aveugle d'*Izumi*, qui ajouta une corde au *Jamisen* des iles *Liu-Kiu* et remplaça par une peau de chat la peau de serpent du *jamisen*.

SHIBAI—Voy. *Théâtre*.

SHI-BU-ICHI—Alliage composé, pour les $\frac{3}{4}$ de cuivre, et, pour $\frac{1}{4}$ d'argent. On l'employait surtout, depuis le XVIIe S^e^, à fabriquer les pièces accessoires du sabre (*kozuka*, *kōgai* etc.).

SHICHI-FUKU-JIN—Voy. *Fuku-jin*.

SHIGEMORI (TAIRA)—Fils de *Kiyomori*, célèbre par son amour filial et sa fidélité à l'Empereur, qu'il protégea parfois même contre son père. On représente *Kiyomori* dissimulant son armure sous une robe de moine, pour éviter les objurgations de son fils.

SHIJŌ—Nom d'une école de peinture, née vers la fin du XVIIIe S^e^, et que les critiques Européens (Voy. par ex: *Anderson. Pictorial arts*) ont assez justement dénommée " école *naturaliste*. " C'est en effet la première qui se soit attachée à reproduire fidèlement la nature. Si les autres s'en inspirent, c'est avec une extrême latitude d'interprétation. Le vrai fondateur de cette école est *Ōkio*. Dans l'acception la plus large, on y fait entrer tous ceux qui se sont inspirés de ses principes. Mais les hommes du métier distinguent plusieurs sectes parmi les élèves d'*Ōkio* : l'une aurait gardé son nom de *Maruyama*, tandis qu'une autre aurait pris plus spécialement le nom de *Shijō* (lequel est emprunté au quartier de *Kyōto*, où se trouvait l'école). Bien que prenant de préférence leurs sujets dans la vie Japonaise, les peintres de *Shijō* ont laissé aux *ukiyo-e* les scènes populaires (Voir, pour compléter, l'article *Ōkio*).

SHIKKEN—Premier Ministre du *shōgun*. C'est la situation qu'occupèrent les *Hōjō* aux XIIe et XIIIe Siècles.

SHIMADAI—Petite table sur laquelle figurent, dans la cérémonie du mariage, les emblèmes d'une parfaite union et d'une longue félicité : la grue, la tortue et le vieux couple qui rappelle si bien *Philémon* et *Baucis*. Le plus souvent, le tout est obtenu par un ingénieux arrangement de branches d'arbres symboliques (le sapin, le prunier et le bambou). Cette coutume semble remonter à une antiquité reculée.

SHIMBAN—Voy. *Samurai*.

SHIN—Divinité Shintoïste, par opposition aux Dieux Bouddhistes (*Hotoke*). Synon : *Kami*.

SHINGEN (TAKEDA)—*Daimyō* de la province de *Kai*, qui fut, dit-on, avec *Kenshin*, son rival, le plus habile tacticien du XVIe Siècle.

SHINNŌ—Prince Impérial. Ce titre, qui impliquait la possibilité de monter un jour sur le trône, était conféré aux Princes Impériaux par un Décret. Les princesses recevaient le titre de *Nai-Shinnō*.

SHINRAN SHŌNIN—(1173-1262) Fondateur de la secte d'*Ikkō-Shiū* (ou *Shin-Shiū*, ou secte de *Hon-gwan-ji*), qui est encore aujourd'hui l'une des plus importantes, sinon la plus importante de toutes. Voir dans le *Hand-book* de *Satow* l'histoire et les doctrines de cette secte.

SHINTŌ—(Littér : *Voie des Kami*, par opposition à *Butsu dō* ou *Voie de Bouddha*. D'après une opinion, que semble partager M. *Satow*, ce mot signifierait originairement : *Coutumes du temps des kami* c.à.d. *coutumes nationales de l'antiquité*). On désigne ainsi la religion primitive du Japon, la seule qui fut pratiquée jusqu'à l'invasion des idées Chinoises et du Bouddhisme. Elle consiste surtout dans le culte des ancêtres. Négligée pendant plus de 10 siècles, même par les Empereurs, (plusieurs furent des Bouddhistes zélés), elle est redevenue, depuis 1868, la religion officielle. Le mouvement qui aboutit à cette restauration date du siècle dernier. *Kada Azuma-maro* (1669-1736) en fut l'initiateur; *Motoori* et *Hirata* (Voy. ces mots) les partisans actifs. Il existe, outre le pur *Shintō*, plusieurs doctrines plus ou moins mélangées de Bouddhisme (*Ryobu Shintō*, *Yuitsu Shintō* etc.). M. *Satow* a publié sur l'histoire du Shintoïsme d'excellentes études (*Asiat Soc.* 1879), qu'il a résumées en tête du *Hand-Book for Japan.*

SHIRO—Mesure de superficie, usitée aux VIIe et VIIIe Siècles. Elle valait, semble t'il, environ 22 mètres carrés.

SHIRO—Château-fort, composé d'un certain nombre de bâtiments dans une enceinte entourée de larges fossés. Les Japonais empruntèrent aux Chinois ces constructions, mais ils les modifièrent au XVIe S^e^, surtout dans la tour centrale (*Tenshu*). Les *Daimyō*, pour élever un *shiro* devaient y être autorisés par le *shōgun.* A défaut d'autorisation, ils ne pouvaient posséder qu'un *Jinya.* Peu à peu les vieux *shiro* disparaissent : les uns tombent en ruines, les autres sont rasés pour faire place à des casernes ou à des bureaux de sous-préfecture.

SHISHI—Lion. Peu familiers avec cet animal, les artistes Japonais ont adopté, pour type du lion, une manière de caniche enragé, qui rappelle quelque peu les lions héraldiques.

SHI-SHIN-DEN—Partie principale du palais Impérial, dans laquelle se tenait le Conseil des Ministres.

SHI-SHINNO—Terme servant à désigner les quatre branches de la famille Impériale (*Fushimi*, *Arisugawa*, *Katsura* et *Kanin*).

SHŌ—Mesure de capacité valant 1 litre, 80. Synon : *Masu.*

SHŌ—Instrument de musique. C'est une sorte d'orgue portative, dont les tuyaux sont de petits bambous. Il est originaire de Chine et n'est usité aujourd'hui que dans les cérémonies Shintoïstes, pour la fête de *Kōshi* (Confucius), ou en présence de l'Empereur.

SHŌ—Ministère. Le mot n'est employé qu'en composition. On comptait (le nombre n'a guère varié) 8 Ministères : 1° Le *Nakatsukasa no shō* (Intérieur); 2° le *Shiki bu shō* (Ministère des cérémonies); 3° le *Jibu shō* (Ministère chargé de déterminer les rites des funérailles ou des mariages, les généalogies etc.); 4° le *Mimbu shō* (commerce et agriculture); 5° le *Hyōbu-shō* (Guerre); 6° le *Giobu shō* (Justice); l'*Okura shō* (Finances) et le *Kunai-shō* (Maison Impériale). Sur leurs attributions et organisation, voy. *Dickson* (*Japan*).

SHOCHO ou SHOSHI—Gardien d'un *shoen*.

SHOEN—Nom donné, à partir du Xe Siècle, aux domaines des grands fonctionnaires de la Cour Impériale. C'est l'origine des fiefs. Ils se multiplièrent et devinrent des divisions administratives reconnues, quand *Yoritomo* eut (1185) nommé des *jito* pour les administrer.

SHOGI—Sorte de jeu d'échecs.

SHŌGUN—Général. Ce titre fut créé par l'Empereur *Suijin* (1er S[e] av. J. C.), qui avait partagé le Japon en quatre divisions militaires, commandées par quatre *shōgun*. Avec *Yoritomo*, nommé *Sei-i-tai-shōgun* (généralissime contre les barbares), le *shōgun* se trouva en fait à peu près indépendant de l'Empereur. Toutefois ses successeurs, les *shōgun* de *Kamakura* (*Minamoto*, *Fujiwara*, *Shinwo*) laissèrent toute l'autorité à leurs Ministres (1205-1333). Les premiers *Ashikaga* montrèrent plus de fermeté, mais les guerres civiles des XVe et XVIe Siècles annulèrent le pouvoir de ceux qui suivirent. Aux mains des *Tokugawa*, le shogunat devint une véritable royauté. Ils gouvernèrent le pays, de 1603 à 1868, avec une toute-puissance que les Empereurs peut-être n'avaient jamais eue.

SHŌJŌ—Etres imaginaires, qui habitent le fond de la mer, portent les cheveux rouges et prisent tout particulièrement le *sake*. (Légende d'origine Chinoise, à laquelle pourrait bien avoir donné lieu l'apparition des premiers Anglo-Saxons dans les mers de Chine). On les représente le plus souvent dansant autour d'un vaste pot de *sake.*—On appelle aussi *Shōjō* une petite mouche, qui paraît friande de cette liqueur.

SHŌMYŌ—Petit seigneur féodal. C'est surtout à l'époque des *Ashikaga* qu'on employait ce terme, par opposition au mot *daimyō*, lequel indiquait les possesseurs de grands fiefs.

SHŌNAGON—Fonctionnaire de l'administration Impériale, qui venait au dessous des *Sangi.*

SHOSHIDAI—Représentant du *shōgun* à la cour Impériale et gouverneur de *Kyōto.* Cette fonction, d'autant plus délicate que le *Shoshidai* ne communiquait avec l'Empereur que par des intermédiaires, était confiée à un *fudai-daimyō.* Sa mission principale était de surveiller les i.trigues de la Cour, pour en donner avis au *Shōgun.*

SHŌTOKU TAISHI—(572-621) Le *Genkō Shaku sho* (1) raconte que sa mère vit en songe apparaître un ange (*Bosatsu*), lequel lui annonça qu'elle accoucherait d'un enfant qui serait le *Sauveur du monde.* Elle répondit qu'elle n'était pas digne d'un tel honneur. Mais il lui sembla que le *bosatsu* s'absorbait en elle. Huit mois plus tard on entendit l'enfant murmurer dans le sein de sa mère, qui, après 12 mois de grossesse, accoucha sans douleur près d'une écurie, d'où le nom de *Umaya-do* donné à l'enfant. A ce moment une lumière dorée venue de l'Occident illumina le palais Impérial. L'enfant émerveilla bientôt ceux qui l'entouraient par sa piété. A 14 ans il remportait une victoire décisive sur les adversaires du Bouddhisme. En 593, il refusa le trône impérial qui lui était offert, mais gouverna réellement sous le nom de l'Impératrice *Suiko.* Il s'appliqua surtout à propager la religion nouvelle. On lui attribue un Code en 17 articles (*Kempō*), qui sont plutôt des conseils de morale et de politique que des règles de droit; un ouvrage historique probablement perdu en entier (le *Kujiki*), et l'introduction du premier calendrier au Japon.

(1) Cet ouvrage fut composé, en 1322, c.à.d. plus de deux Siècles avant l'arrivée des premiers Européens au Japon, par un bonze de la secte de *Tofukuji*, appelé *Shiren.*

SHŪBUN—Deux grands peintres du XVe Siècle semblent avoir porté ce nom. L'un, *Soga Shūbun*, serait un Chinois naturalisé Japonais, contemporain de *Jōsetsu*. L'autre, *Yekkei Shūbun*, aurait été bonze et élève de *Jōsetsu*. Beaucoup d'auteurs les confondent à tort et personne ne sait bien exactement ce qu'il faut attribuer à chacun d'eux. Il semble probable que l'école d'où sortirent *Jasoku*, *Oguri Sōtan* et *Nōami* fut fondée par le bonze.

SHUDENDŌJI—Voy. *Tsuna* et *Yorimitsu*.

SHŪGO ou SHŪGOKUSHI—Espèce de chef de la police, placé sous les ordres directs du *shōgun*. Les *shūgo* furent créés en 1185 pour administrer les provinces d'abord à côté, puis à la place des *kokushi*, que nommait l'Empereur. Ils avaient au dessous d'eux les *jito*.

SHUNKEI— Issu des *Fujiwara* par son père et des *Taira* par sa mère, *Shunkei* rapporta d'un voyage en Chine (1229) les procédés pour fabriquer la poterie, et s'établit à *Seto* (*Owari*). On l'y adore aujourd'hui comme un dieu. Son vrai nom est *Kato Shirozaemon*, *Shunkei* n'étant que son nom d'artiste.

SHUNSUI—Inventeur du roman réaliste, qui vécut au début de ce siècle. On connaît de lui surtout le *I-ro-ha bunko* et le *Mume goyomi*, dans lequel sont racontées les amours de *Ko-san* et *Kingoro*.

SOBA-YŌNIN—Conseiller intime. Il s'en trouvait un près du *shōgun*, comme aussi près de chaque *daimyō*.

SOBA-SHU—Fonctionnaire placé sous les ordres du *sobayōnin*.

SOGA—Deux frères de ce nom s'illustrèrent au XIIe S^e, en vengeant la mort de leur père, par la mort de son meurtrier *Kudo Suketsune*, partisans de *Yoritomo*. Les peintres, les romanciers et le théâtre ont propularisé leurs aventures.

SŌGORŌ—Maire et riche paysan d'un village de *Shimosa*, immortalisé par son courage. Chargé par ses compatriotes de réclamer contre la tyrannie du *daimyō* de *Sakura*, il osa s'adresser directement au *shōgun*, et fut mis à mort avec sa femme et ses enfants (1645). Ce drame est encore fréquemment représenté sur la scène. *Mitford* l'a conté en détail. *Sōgōro* du reste est aujourd'hui l'objet d'un culte.

Sōjō—Grand-Bonze. On distinguait le *Dai-Sōjō*, au sommet de la hiérarchie Bouddhiste, le *Shō Sōjō*, qui venait après lui et le *Gon-Sōjō*, ou *Vice-Sōjō*.

Soku—Mesure de capacité usitée au VIIIe et au IXe Siècles. Elle valait alors 5 *shō*. Un décret de 812 déclare que 400 *soku* de riz équivalent à un cheval.

Soroban—Abaque ou boîte à compter, usitée dans l'Extrême-Orient. Les Japonais l'ont empruntée aux Chinois.

Sotoba—Tablette de bois sur laquelle est inscrite en caractères Sanscrits une sentence Bouddhiste. Placée près d'une tombe, elle facilite l'entrée du défunt en paradis.

Soto-ori-hime—Belle-sœur et maîtresse de l'Empereur *Inkiō* (412-453), fameuse par sa beauté et ses poësies. Elle est adorée comme déesse de la poësie sous le nom de *Tamatsu-hima Miojin*.

Sotsu—Soldat de condition inférieure.

Sozei—Impôt. Dans l'ancien Japon, on ne connaissait d'autre impôt, au sens strict du mot, que l'impôt foncier. Il dut, selon les époques, varier de 3 pour 100 (VIIe Siècle) à 50 pour 100 en moyenne (XVIIIe Siècle); certaines terres payaient jusqu'à 60 pour 100. On l'acquittait très-généralement en nature. Primitivement, il était perçu tout entier pour le compte de l'Empereur. A partir de l'année 1186, le Gouvernement Impérial n'en reçut plus qu'un quart. Plus tard enfin la totalité fut attribuée au *daimyō* ou au *samurai* qui avait reçu des terres de son seigneur. Outre l'impôt proprement dit, les populations avaient régulièrement à fournir certaines prestations (entretien des routes, transport des *yakunin*, etc.) (Voy. le mot *yo*). Enfin, trop souvent, l'autorité prélevait des sommes plus ou moins fortes, sous couleur d'emprunts forcés, que d'ailleurs elle ne remboursait pas (*kari-age*, *yokin*) [1].

(1) Le *shōgun* les imposait aux *daimyō* ; ceux-ci aux plus riches paysans ou marchands.

Sō-TSUI-HOSHI—Voy. *Tsui-hoshi.*

SUBERAGI ou SUMERAGI ou SUMERA-MIKOTO—Titre que portaient les Empereurs de l'antiquité.

SUGAWARA—Puissante famille du IXe Siècle, dont le plus illustre membre est *Michizane.* Elle était originaire de *Kawachi.* Un moment elle balança l'influence des *Fujiwara.* Les *daimyō* de *Kaga* en étaient issus.

SUGOROKU—Jeu de dés, fort à la mode autrefois.

SUICIDE—Voyez *Hara-kiri.*

SUKE—Vice-gouverneur d'une province, qui, avant le XIIe Siècle, était placé sous les ordres du gouverneur (*Kami*). Le *Kami* résidant le plus souvent à *Kyōto,* le *Suke* se trouvait être le véritable administrateur.

SURIMONO—(Littér : *Chose imprimée*). Des documents du Xe Siècle parlant de *suri hon,* on peut conjecturer que l'imprimerie au moyen de planches de bois gravées date du VIIIe ou du IXe S^e. La tradition fait remonter au XIIIe S^e l'usage des caractères mobiles. Pourtant M. *Satow* (*Asiat, Soc.* 1882) estime que les Japonais l'ont emprunté aux Coréens après l'expédition de *Hideyoshi* (1592). Aujourd'hui le nom de *surimono* s'applique à de petites cartes qu'on avait coutume de faire circuler, aux environs du nouvel an, en manière de compliment et de félicitations. Sur ces cartes étaient imprimées une poësie et une gravure d'une facture toute particulière et fort curieuse. Telle était, du moins à *Yedo,* la coutume, depuis la fin du siècle dernier. *Hokusai, Utamaro, Hanzan* et bien d'autres ont laissé en ce genre de petits chefs-d'œuvre. Ajoutons que les poëtes faisaient pour eux et leurs amis composer des *surimono.* Ceux-ci n'étaient pas dans le commerce. A *Kyōto,* où les peintres étaient bien plus nombreux, on se servait du pinceau, au lieu d'imprimer.

SUSANŌ—Dieu Shintoïste, que les antiques traditions représentent comme une sorte de Mars violent, brutal et querelleur. Après avoir reçu l'Océan en partage, de son père *Izanagi,* il mit le désordre sur terre et, montant au ciel, effraya si bien sa sœur *Amaterasu,* la déesse du Soleil, qu'elle se cacha dans une caverne. Il fallut toute la diplomatie des dieux pour l'en faire sortir. *Susanō* finit par se marier et s'établir à *Izumo*.

SUTOKU ou SHUTOKU—Empereur (1124-1141) célèbre surtout par ses malheurs. Il dut abdiquer, très-jeune encore, en faveur d'un enfant de 3 ans, *Konoe Tennō*, par suite des intrigues de *Bi-fuku-Mon-in*, concubine de l'ex-Empereur *Toba*. A la mort de *Konoe Tennō*, il voulut remonter sur le trône, avec l'aide des *Minamoto* (guerre de *Hōgen*). Mais, défait par *Kiyōmori*, il fut exilé dans la province de *Sanuki* et mourut dans le désespoir. Les marins l'adorent sous le nom de *Kompira*.

SUWO—Vêtement de chanvre ou de soie et chanvre, qu'on attachait par-devant avec des cordelettes.

SUZURI—Pierre sur laquelle on délaie l'encre de Chine. Elle est parfois contenue, avec les pinceaux, dans une boîte, dite *suzuri-bako*. L'usage des *suzuri* fut importé de Chine.

TABI—Chaussettes. Elles sont généralement faites de coton, bleues ou blanches. Le pouce seul y est séparé des autres doigts. Il était interdit de porter des *tabi* dans le palais du *shōgun*.

TACHI—Grand sabre qu'on portait avec l'armure. Au lieu d'être passé dans la ceinture, comme le *katana*, il était suspendu par des cordons de soie. Le fourreau du *tachi*, très-solide, pouvait à la rigueur, servir d'arme. Pour les cérémonies, on l'enveloppait de cordelettes de soie.

TACHIBANA—Famille qui, au VIIIe Siècle, disputa le pouvoir aux *Fujiwara*. L'un de ses membres, *Moroe*, poëte et homme d'Etat, forma le recueil de poësies dit *Manyo shu*.

TACHIBANA HIME—Femme de *Yamato-Dake*. La flotte de celui-ci, assaillie par une tempête, allait périr dans la baie d'*Yedo*, quand *Tachibana* se jeta dans la mer pour apaiser la colère céleste. La légende ajoute que *Yamato Dake* la regretta plus tard (Voy. *Azuma*).

TADAMORI (TAIRA)—Courtisan célèbre par son courage et son

adresse. Il avait si bien conquis les bonnes grâces de *Shirakawa Tennō*, que celui-ci ne se fâcha point, quand sa principle *mekake* devint grosse des œuvres de *Tadamori*. Il fut même convenu que si l'enfant à naître était une fille, l'Empereur s'en chargerait. Ce fut un fils, *Kiyomori*. (Voy. ce mot). Plusieurs épisodes de la vie de *Tadamori* sont célèbres. Prévenu un jour que ses ennemis le voulaient faire périr au palais, où il était interdit, sous peine de mort, de porter une arme, il s'y présenta avec une épée de bois. On le représente encore allant seul, le soir, à la rencontre d'un bonze, que ses compagnons effrayés prenaient pour un *oni* (diable).

TAIKO—Tambour. Celui qui servait à donner le signal, dans une bataille, s'appelait *Jin-daiko*. Les *geisha*, dans leurs concerts, frappent, à l'aide de deux baguettes, un petit tambour, dit *shime-daiko*, lequel est fort employé aussi dans les *nō*.—Voy. en outre *Tsuzumi*.

TAIKŌ—Titre que recevait le *kwampaku* en retraite. Spécialement on appelle ainsi *Hideyoshi*.

TAIKUN—Titre, d'origine Chinoise, sous lequel les Européens ont longtemps désigné le *shōgun*. Il ne lui a jamais été donné par les Japonais.

TAIRA—(Prononc. Chin: *Heishi*) Famille issue de l'Empereur *Kwammu*, qui, dès la fin du Xe Siècle, commença à occuper d'importantes fonctions militaires. Pendant le XIIe S^e^, sa rivalité avec les *Minamoto* ensanglanta le pays. D'abord victorieuse, elle finit par succomber complètement (1185). M. F. *Turettini* a publié une histoire des *Taira*. Voy. en outre *Kiyomori*, *Masakado*, *Shigemori*, *Tadamori*.

TAIRŌ—Premier Ministre du *Shōgun*. C'était toujours un *fudai-daimyō*.

TAISHI—Prince héritier présomptif du trône Impérial.

TAISHŌ—Général en chef. Ce titre fut créé au commencement du IXe S^e^. On distinguait le *Sa-konye no taishō* et le *U-konye no taishō*; titres qui devinrent, par abréviation, *Sa-taishō* (Général de gauche) et *U-taishō* (Général de droite).[1]

TAISHU—Primitivement on appelait ainsi les Princes Impériaux qui gouvernaient les trois provinces de *Hitachi*, *Kazusa* et *Kōzuke*. (En réalité, du reste, elles étaient administrées par un *suke*). Ce mot n'est plus employé qu'en poësie.

TAKARA-BUNE—Peinture représentant un bateau chargé de richesses et monté par les *Shichi-fuku-jin*. (Voy. *Fuku-jin*). Dans le ciel vole une grue; dans l'eau nage une tortue; le soleil se lève à l'horizon. Cette peinture, placée sous l'oreiller, le premier Janvier, donne des songes heureux, qui doivent se réaliser dans l'année. Les agences de transports maritimes font distribuer, comme étrennes, un grand nombre de ces images.

TAKAUJI (ASHIKAGA)—Fondateur de la puissance des *Ashikaga*. En trahissant la cause des *Hōjō*, il aida *Go-Daigo* à les renverser (1333). Chargé de rétablir la paix dans le *Kuanto*, il se proclama *shōgun* (1335). *Go-Daigo* ayant refusé de ratifier cette nomination, il plaça sur le trône Impérial *Kōmiō Tennō* (1336) et força *Go-Daigo* à s'enfuir. Ainsi commença la rivalité des Empereurs du Nord et des Empereurs du Sud. *Takauji* avait, disent les historiens, quelque habileté comme peintre de *Butsu e*.

TAKENOUCHI NO SUKUNE—Général et homme d'état, que l'histoire fait vivre plus de 300 ans. C'est lui qui, sous *Keikō-Tennō*, dont il était le Ministre, parcourut toutes les provinces du Japon. Il conseilla à l'Empereur de soumettre les *Ebisu* (*Aino*) (Ier Siècle ap. J.C.). Grâce à lui l'Impératrice *Jingō-Kōgō* put mener à bien l'expédition de Corée (200) et réprimer les tentatives faites pour la renverser. Il mourut vers l'an 390.

TAMETOMO—Fameux guerrier du XIIe S^e^. Les exploits de cet Hercule, surtout pendant la guerre de *Hōgen*, ont fourni à la légende et aux arts une mine inépuisable. Tantôt on le voit

(1) Au Japon, à l'inverse de nos idées Européennes, la place à gauche entraîne une supériorité de rang. Le *Sa-Daijin* était supérieur en rang à l'*U-Daijin*.

coulant un bateau d'une flèche, tantôt transperçant deux hommes à la fois, tantôt bandant un arc formidable devant les *oni*. Il serait, dit-on, l'ancêtre des rois de *Liu-Kiu*.

TAMICHI—Général du IVe S[e] ap. J.C. Il contraignit les Coréens à payer le tribut qu'ils avaient d'abord promis, puis refusé. Il fut tué, en 367, dans une expédition contre les *Ebisu*. Suivant la légende, son âme passa dans le corps d'un grand serpent (*ja*), qu'on représente dévorant des *Ebisu*. Cette naïveté fait songer à certaine fable de *La Fontaine* (*Livre III. Fable X*).

TAN—Subdivision du *cho*, qui équivaut à 991 mètres carrés.

TAN—Longueur d'étoffe nécessaire pour un vêtement Japonais (*kimono*). UN *tan* (*ittan*) équivaut à 9[m], 83.

TANDAI—Titre donné, sous les *Hōjō*, aux gouverneurs de *Kyōto*, *Kiu-Siu* et *Nagato*.

TANEHIKO—Auteur d'un célèbre roman satirique (*Inaka Genji*), pour lequel il perdit son titre de *hatamoto*. Les aventures de son héros forment un des sujets les plus communs de *nishiki-e*.

TANIWA—Ancien nom du pays, qui, divisé (713), forma les provinces de *Tamba* et *Tango*.

TANSU—Sorte de commode portative. Presque toujours les *tansu* sont accouplés deux à deux et superposés. Le *cha-dansu*, petite étagère de bois ou de bambou, généralement fort élégante, sert à remiser le service à thé et ses accessoires.

TANTŌ—Petit sabre qui, en cas de guerre, se portait à droite. Il n'avait pas de garde. Le fourreau affectait le plus souvent la forme d'une crevette.—Synon : *Metezashi*.

TANYŪ ou MORINOBU—(1601-1675) Descendant de *Kano Motonobu*. C'est, après celui-ci, le plus illustre représentant de l'école des *Kano*. On peut le considérer comme le plus original des peintres du XVIIe Siècle, parmi ceux, du moins, qui se rattachent aux écoles Chinoises.

TARO—Prénom qu'on donne parfois au fils aîné, jamais à un autre.

Taro—Voy. *Urashima.*

Tatami—Sorte de tapis de paille de riz, recouvert d'une natte de jonc, épais de 5 centimètres, large de 0^m, 90 et long de 1^m, 80. On en couvre le plancher de toutes les chambres Japonaises et c'est par le nombre de *tatami*, qu'on évalue la superficie de celles-ci ([1]). Le *tatami*, qui sert à la fois de plancher, de table, de siège et de lit, donne à la maison Japonaise un cachet tout à fait à part, Il est certain qu'il a beaucoup influé sur les mœurs du pays, le genre de vie, la forme des vêtements etc.

Tate—Grand Bouclier de bois, parfois garni de cuir, que les Japonais empruntèrent aux Coréens ou aux Chinois. L'archer le posait devant lui avant de tirer. Le *te-tate* était porté à la main.

Tatsu—Dragon. On le considère comme le roi des animaux et le symbole du pouvoir. (Voy. la monnaie actuelle). Les peintres le représentent fréquemment.—Syn: *Ryu*; d où *Ryu-gan* (littér: *figure de dragon*), pour désigner l'Empereur.

Tawara—Mesure de capacité, valant environ 72 litres.

Tedai—Sorte de secrétaire, factotum, ou serviteur supérieur par opposition aux *chūgen* (domestiques inférieurs). ([2])

Tejō—Menottes. L'application des *tejō* constituait une peine.

Te-mawari—(Littér: *Qui tourne autour de la main*)—Voy. *Samurai.*

Temple—Voy. *Miya, Tera, Kami-dana.*

Tenchi ou Tenji-Tennō—Alors qu'il n'était encore que prince Impérial, sous le nom de *Nakano-ōe,* il réprima un complot formé contre sa mère, l'Impératrice *Kōgioku.* Quand celle-ci abdiqua, en 645, il refusa la couronne. Lorsqu'enfin sa mère, qui était remontée sur le trône (sous le nom de *Saimei*), mourut, il garda le deuil 6 ans et ne prit officiellement le pouvoir qu'en 668. Il semble bien avoir été l'un des plus remarquables souverains de l'antiquité

(1) 2 *tatami* valent 1 *tsubo.*

(2) Le mot *banto* est réservé aux premiers commis d'une maison de commerce. *Tedai* est plus général et s'applique même mieux au domestique de *samurai.*

Japonaise. Il travailla efficacement à la défense du pays et fit, sur le modèle des lois Chinoises, composer un Code (*Omi-rio*), en 22 volumes, dont il n'est malheureusement rien resté. Poëte distingué, il favorisa beaucoup la culture des lettres Chinoises.

TENGU—Etre fabuleux, avec un long nez et les ailes d'un oiseau, habitant les montagnes, surtout le *Miogi san* et les environs de *Nikko*. On conte sur les *tengu* maintes histoires merveilleuses. C'est un *tengu*, qui enseigna l'escrime à *Yoshitsune*. Les *tengu* sont servis par d'autres génies ailés ayant à peu près la tête d'un corbeau.

TENNIN—Espèces d'anges, que les Bouddhistes représentent sous les traits de belles jeunes-filles, voltigeant dans le ciel et y faisant de la musique.

TENNŌ—Empereur. C'est le titre qu'on accolle au nom posthume des Empereurs.

TENRYŌ—Domaine propre du *shōgun*. C'est à lui que les populations payaient l'impôt. Partout ailleurs l'impôt appartenait entièrement au *daimyō* (quelquefois à un *samurai*), dont il constituait le revenu.

TEN-SHŌ-KŌ DAIJIN—Voy. *Amaterasu*.

TENUGUI—Petite serviette en coton, qui sert à la fois d'essuie-mains, de torchon, de coiffure, etc. etc.

TERA—Temple ou monastère Bouddhiste. Généralement les bonzes vivent en communauté autour du temple.

THÉ—Voy. *Chaia*, *Cha no yu*.

THÉÂTRE—Il paraît probable qu'avant le XVIIe S^e les Japonais n'eurent d'autres pièces de théâtre que les *Nō*. On inventa, au commencement du XVIIe Siècle, les *Jōruri* et les *Ningyō-tsukai* (marionnettes). Peu de temps après apparurent les premiers théâtres. D'abord ce furent des baraques provisoires, faites de planches et couvertes de chaume. Peu à peu elles s'améliorèrent. En 1692 on y établit des galeries supérieures; vers 1760, les plaques tournantes. Le Gouvernement semble avoir vu de mauvais œil ce genre de distraction. Il supprima les premiers théâtres. Puis, quand il eut levé cette prohibition, il défendit aux femmes d'y paraître. Aussi les rôles de femmes y sont ils encore aujourd'hui tenus par des hommes. On offrait jadis aux acteurs des fleurs, lorsqu'ils traversaient la salle pour gagner la scène : d'où le nom de *Hana michi* donné au chemin qu'ils prenaient. On trouvera d'intéressants détails dans le curieux chapitre que *M. Bousquet* (*le Japon Moderne*) a consacré à cette matière. Voy. aussi *Mitford* (*Tales of old Japan. Note on Asakusa*).

To—Multiple du *shō*, valant environ 18 litres.

Toba no Sōjō ou Gakuyu—Peintre du XIIe Siècle, immortalisé par ses caricatures, (quoiqu'il ait également laissé de belles peintures religieuses.) Le mot *tobae* (littér : dessin de *Toba*) est devenu le substantif, qui exprime l'idée de caricature.

Tobuhi—Feu qui servait de signal en cas de guerre. C'était soit une fusée, soit un feu qu'on allumait en haut d'une tour.—Synon : *Noroshi.*

Tōdori—Chef de quartier (sous les *Tokugawa*). Il était choisi par les *hatamoto,* administrait gratuitement, et avait sous ses ordres les *nemban* et *tsukiban.*

Tojime—(Littéralem : *Ce qui ferme*). Peine qui consistait à tenir fermées les portes d'une maison.

Tōkaidō—Route Orientale de *Kyōto* à *Yedo.* On y avait établi 53 relais de porteurs (*tsugi*) pour le transport des voyageurs et des bagages. *Hokusai, Eisen, Hiroshige, Toyokuni* et bien d'autres les ont pris pour sujet de leurs albums.(1) (La collection se compose presque toujours de 56 dessins). *Tōkaidō* désigne aussi une des grandes circonscriptions (*dō*) du Japon. (Voir la *carte du Japon féodal*).

Tokimasa Hōjō—Beau-père de *Yoritomo,* qui, pendant les premières années du XIIIe Siècle, fut, avec sa fille *Masago,* le chef réel du Gouvernement, et fonda la puissance de la famille *Hōjō.*

(1) Nous avons plus haut donné la liste de ces 53 *tsugi* avec les caractères Chinois correspondants.

TOKIMUNE HŌJŌ—*Shikken* de 1261 à 1283; c'est lui qui repoussa l'invasion Mongole (1274 et 1281).

TOKIWA GOZEN—Femme de *Yoshitomo Minamoto* et mère de *Yoshitsune*. Après la grande défaite des *Minamoto* (1159), elle s'enfuit. Mais *Kiyomori* ayant menacé de tuer sa mère, *Tokiwa* se présenta devant lui, et, pour sauver ses enfants, consentit à devenir sa concubine. La fuite de *Tokiwa* et de ses 3 enfants, dans la campagne couverte de neige, est restée, pour les artistes, un sujet de prédilection.

TOKIYORI HŌJŌ—Homme d'état, qui, pour étudier les mœurs et les besoins des populations, parcourut le Japon sous le costume de bonze-pèlerin. *Shikken* de 1246 à 1261, il se signala par son excellente administration. Entre temps, il peignait, dit-on, avec quelque habileté (*Butsu-e*).

TOKUGAWA—Branche de la famille *Minamoto*. Ce nom de *Tokugawa* fut pris au XIIe Siècle par *Yoshisue*, arrière-petit-fils du fameux *Yoshiye*. Les *Tokugawa*, qui habitient la province de *Kōzuke*, en furent, au XIVe Siècle, chassés par les *Ashikaga*. Ils se réfugièrent dans celle de *Mikawa*. (Voy. *Matsudaira*). Au XVIe Siècle, l'un d'eux, *Iyeyasu*, s'empara du shogunat. Les *Tokugawa* gardèrent ce poste 265 ans (1603-1868), et, durant cette longue période, procurèrent au pays une tranquillité, dont l'histoire du monde offre peu d'exemples. En revanche, leur despotisme jaloux dut singulièrement abaisser les caractères et affaiblir l'initiative individuelle; l'isolement, dans lequel ils enfermèrent le Japon, devait fatalement enrayer ses progrès; enfin cette trop longue paix ne pouvait manquer de faire disparaître les vertus guerrières et chevaleresques des siècles passés.

TOKUSEI—Acte par lequel le Gouvernement libérait tous les débiteurs vis-à-vis de leurs créanciers et leur faisait restituer ce qu'ils avaient donné en gage. Des décrets de ce genre apparaissent dès le XIIIe Siècle; mais ils devinrent plus fréquents sous les *Ashikaga*. Le prétexte invoqué était d'arriver à l'égalité des fortunes. Toutefois on peut penser que le Gouvernement croyait trouver là un moyen d'assurer le recouvrement des impôts. Il est probable que cet usage disparut au XVIe Siècle.

TOMO—Gantelet de cuir, que les archers portaient fixé près du coude pour garantir leur main et leur avant-bras.

TOMOE GOZEN—Maîtresse de *Kiso Yoshinaka* (XIIe Siècle), restée célèbre par sa force physique. (On dit d'une femme très-robuste que c'est une *Tomoe Gozen*). On la représente à cheval, déracinant un arbre et s'en faisant une massue. Elle fut cependant vaincue par *Kajiwara*, qui l'épousa et en eut pour fils le fameux *Asahina*.

TONOE—Garde du palais Impérial. Le *Tonoe-bukuro* (Manuel du garde) était classique, sous l'ancien régime.

TORII—Espèce de grand portail de pierre, bois ou bronze, placé devant les temples Shintoïstes. Il se compose de deux montants verticaux et de deux pièces horizontales; (la pièce supérieure toutefois est souvent relevée aux deux extrémités). L'origine des *torii* remonte probablement aux premiers siècles de l'antiquité Japonaise. (Voy. *Satow. Asiat. Soc. II.* p. 116).

TORI-OI—Femmes, qui, au mois de Janvier, vont, de porte en porte, jouer et chanter certains airs spéciaux Elles cachent leur visage sous de longs chapeaux et passent pour s'habiller avec une distinction inimitable. Les *tori-oi* appartenaient autrefois à la classe des *eta*.

TŌRŌ—Lanterne de pierre ou de bronze, placée sur un piédestal analogue. La hauteur des *tōrō* varie d'un à deux ou même trois mètres. Ces lanternes sont le plus souvent disposées dans les jardins ou devant les temples, parfois formant comme une allée d'un effet très-original.

TOSA-RIŪ—Nom d'une école de peintnre, fondée vers le XIIIe Siècle par *Fujiwara no Tsunetaka*, qui habitait la province de *Tosa*. C'est la branche principale du genre *Yamato*. Elle paraît avoir, plus que toute autre école, échappé à l'influence Chinoise, et conservé fidèlement les traditions des peintres primitifs, avec leurs conventions naïves. Elle ne représente d'ailleurs jamais que des scènes de l'histoire ou de la légende nationale et des paysages Japonais, offrant ainsi un intêret spécial aux érudits. Elle était en honneur jadis à *Kyōto* plutôt qu'à *Yedo.*

TOSHI-KOSHI—(Littér : *Séparation de l'année*). Passage d'une année à une autre. Le dernier jour de l'année, le 14e du 1er mois et le 1er jour du printemps (*setsubun*), on pratiquait certaines cérémonies. Par exemple on buvait du thé aromatisé de *sanshō* (sorte de poivre très-parfumé). Pour les cérémonies spéciales au *setsubun*, voy. *Oni-yarai.*

TOSHINARI TAIRA—Guerrier poëte du XIIe Siècle. Après la défaite des *Taira*, il alla lui-même, avant de rejoindre les débris de l'armée vaincue, présenter ses poësies à l'officier que l'Empereur avait chargé de composer un recueil, qui fut le *Senzai-shū* (Sujet de *kakemono*).

TOSHIYORI—(Littér : *vieillard*). Conseiller du maire (*nanushi*) On appelait également *Toshiyori* ou *Rōjū* les hommes qui constituaient le conseil privé du *Shōgun.* Ils avaient au dessous d'eux les *Waka-toshiyori*, sortes de sous-secrétaires d'Etat.

TOYO—Ancien nom de la contrée qui forma les provinces de *Būngo* et *Buzen.*

TOYOKUNI (UTAGAWA)—(1769-1825) Un des peintres d'*ukiyo-e* les plus populaires. Il était goûté surtout à *Yedo*, peut-être parce qu'il choissait volontiers ses sujets dans le monde des théâtres. Il était élève de *Toyoharu.* Il permit à *Kunisada* de signer de son nom; mais les œuvres de chacun d'eux se distinguent aisément.

TOYOTOMI—Nom que porta *Hideyoshi* quand il eut été adopté par la famille *Fujiwara.* Voy. *Hideyoshi.*

TOZAMA—*Iyeyasu*, dans le *Buke hiaku kajo*, appelle ainsi les *daimyō* qui ne reconnurent son autoritié qu'après 1600. Ce mot désigne étymologiquement ceux qui ne sont pas vassaux du *shōgun*, par opposition aux *Fudai daimyō.* La distinction subsista, même quand tous les *daimyō* eurent reconnu la suprématie des *Tokugawa.* Moins favorisés que les *fudai*, les *tozama* formèrent en majorité le parti de la Révolution qui renversa le gouvernement shogunal.

TSUBA—Garde du sabre, plate et ronde. Presque toujours finement ciselée, elle était de fer dans les armes de guerre et de différents métaux précieux (or, argent, cuivre, *shibuichi*, *shakudo*) dans les armes d'apparat.

TSUBO—Mesure de superficie équivalente à 2 *tatami* ou 3 mètres carrés, 305. Elle est usitée dans l'évaluation des terrains habités.

TSUI-HOSHI—(Littér : *Commis pour saisir*). On appelait ainsi très-anciennement un officier de police assez élevé. *Yoritomo*, avant de devenir *shōgun* était *Sō-tsui hoshi* c.à.d : Commandant en chef de la police : fonction considérable.

TSUINA—Synon. des mots *Oni-yarai.*

TSUITATE—Panneau encadré, monté sur un pied massif et souvent décoré de peintures sur ses deux faces. Parfois le cadre en est laqué et garni de beaux cuivres dorés. Le *tsuitate* sert à masquer l'entrée d'une chambre, un bureau ou un objet quelconque : c'est le paravent à une feuille. On le trouve surtout dans les temples et dans les maisons aristocratiques.

TSUJI-BAN—Agent chargé de la surveillance des rues. On trouvait un *tsuji-ban-shō* c.à.d. un bureau de police, au carrefour des principales rues et devant le *yashiki* de chaque *daimyō.*

TSUKUSHI—Primitivement, c'était l'ancien nom de *Kiu-Siu.* Puis on désigna ainsi le pays qui, divisé, forma les deux provinces de *Chikugo* et *Chikuzen.*

TSUKUBO—Arme que les gardes des portes tenaient à leur portée pour arrêter les malfaiteurs. Elle avait la forme d'un T dont l'extrémité serait garnie de pointes.

TTUNA (WATANABE NO)—Personnage légendaire (XI° Siècle). Garde du Palais à *Kyōto*, il coupa le bras du féroce *Shudendoji*, espèce d'ogre qui cherchait à l'enlever. L'ogre réussit, par ruse, à reprendre ensuite son bras.

TSUNEMOTO—Ancêtre des *Minamoto* et célèbre général du X° S°. On le représente souvent perçant un cerf d'une flèche dans le palais Impérial.

TSUNETAKA—Peintre du XIII° S°, descendant des *Fujiwara.*

Elève de l'école de *Kasuga*, il alla, vers 1230, se fixer à *Tosa*, prit le nom de cette province et le transmit à son école, qui le garda. Celle-ci le compte, avec *Motomitsu* et *Mitsuoki*, parmi les trois peintres (*Sampitsu*), qui font sa gloire.

TSURI-ZEIRO—Machine de guerre. Elle se composait essentiellement d'une boîte de cuir très-épais, qu'on pouvait, au moyen d'une poulie, élever ou abaisser à volonté. On y plaçait un homme qui d'en haut observait l'ennemi.

TSURUGI—Longue épée à deux tranchants, plus étroite que le *ken*.

TSUZUMI—Petit tambour, en forme de sablier, qu'on frappe avec la main. Il figure aujourd'hui dans les concerts de *geisha* et dans les *Nō*.

UCHIKAKE—Longue robe de soie, que portaeint jadis, par dessus la ceinture, les femmes nobles et les jeunes-filles de toute condition à l'occasion du mariage. Aujourd'hui elle n'est plus en usage que dans les maisons publiques. Synon : *Kaidori*.

UCHIMONO—(Littér : *chose forgée*). Spécialement on désigne par ce mot la hallebarde que portaient les soldats qui escortaient un *daimyō*. La lame était couverte d'un fourreau de bois laqué, lequel était souvent enveloppé lui même d'un sac de soie.

UCHIWA—Eventail de bambou et de papier, qui passe généralement en Europe pour un écran. Les chefs d'armée avaient, comme bâton de commandement, un *uchiwa* de forme spéciale (*gumbai uchiwa*), qu'on fait encore figurer dans les luttes de *sumo*.

UKIYO-E—Dessin de l'école dite vulgaire ou réaliste. Cette école fut fondée vers la fin du XVI° Siècle ou le commencement du XVII°, par *Iwasa* (1) *Matahei* (ou *Matabe*). Elle se distingue de toutes les autres, non seulement par une facture spéciale, mais aussi par le choix de ses sujets et la manière réaliste dont elle les traite. Le plus souvent elle s'attache à peindre les scènes de la vie courante, ou les traits des acteurs célèbres et des courtisanes à la

(1) Nous avons dit plus haut que le nom d'*ukiyo-e* venait du surnom *d'Ukiyo* donné à *Nishikawa Sukenobu*. Des historiens pensent que ce surnom appartenait à *Matahei* lui-même. Voy. par ex : le *Fuzoku kagami ga ike*.

mode. Généralement reproduits et popularisés par la gravure, les *ukiyo-e* sont beaucoup plus appréciés en Europe qu'au Japon. Les classes aristocratiques de ce pays ont toujours refusé de voir, dans les peintres et graveurs d'*ukiyo-e*, autre chose que des ouvriers. Ceux ci n'avaient en effet, ni l'instruction générale ni l'élégance ou la virtuosité de pinceau des autres artistes. Ils n'en ont pas moins laissé des chefs-d'œuvre de fantaisie et d'observation vraie. Les anciens *ukiyo-e* sont devenus presque introuvables au Japon même, ou atteignent des prix fort élevés.

Uma-mawari—Garde du corps d'un *daimyō*. Voy. *Samurai*.

Une-me—Servante du palais Impérial. Les provinces avaient l'obligation d'offrir à l'Empereur un certain nombre d'*une-me*, jolies et de haute extraction. Elles seules approchaient la personne du souverain.

Uran-bon—Voy. *Bon*.

Urashima Taro—Personnage d'une légende populaire, souvent exploitée par les artistes. C'était un pêcheur, qu'une déesse de la mer emmena dans les palais sous-marins qu'elle habitait. Quand il revint sur terre, ses parents étaient morts depuis un siècle. Il vieillit subitement, après avoir ouvert, malgré la défense de la déesse, une boîte qu'elle lui avait remise. L'histoire est contée au long par *Griffis* (*Mikado's Empire*).

Urushi—Laque. Suivant une tradition, l'arbre à laque aurait été découvert par *Yamato Dake*, au commencement du IIe Siècle après J.C. Mais il était probablement connu, même au Japon, plusieurs siècles auparavant. On appelle spécialement *makie* les laques sur fond d'or (les premiers remontent au VIe S^e); *tsui-shu* les laques ronges sculptés, imités des Chinois, et *nashi-ji* (littér: *fond poire*) les laques poudrés d'or ou argent. (Pour plus de détails, consulter *le Japon à l'Exposition Universelle* et une étude publiée dans les *Trans. of Asiat. Soc.* 1880).

Uta—Poësie ou chant. A proprement parler, ce mot ne s'applique qu'à la poësie purement Japonaise, qu'on écrit, autant qu'il se peut, en *kana*, et avec des termes de la langue *Yamato*, par opposition aux *shi* ou poësies Chinoises. Cette poësie se compose de 31 syllabes. Le *naga-uta* est une sorte de poëme lyrique. La chanson vulgaire s'appelle *hayari-uta.*

UTAMARO (KITAGAWA)—Un des plus aimables artistes de l'école vulgaire. Il a vécu vers la fin du XVIII° Siècle et le commencement de celui-ci. On connaît de lui surtout des suites de *nishiki-e.* A l'inverse de ses confrères, il jugea indigne de lui de consacrer son pinceau à reproduire les traits des acteurs célèbres. Aussi était-il beaucoup moins goûté à *Yedo* qu'en province. En revanche il se plaisait à représenter les types et les mœurs des courtisanes.

VÊTEMENTS—Peut-être n'est-il aucun pays, où l'on ait attribué aux minuties du costume autant d'importance qu'on l'a fait en Chine et au Japon. La forme, la coupe, la couleur, la matière etc. étaient jadis sévèrement déterminés, soit par les règlements (Voy. l'*Ao Bioshi*), soit par les mœurs, suivant l'âge, le sexe, le rang de chacun et les circonstances. A ne prendre que le strict nécessaire, le costume des hommes se composait essentiellement d'un ou plusieurs *kimono* (selon la saison), d'une ceinture et d'un *fundoshi.* Les femmes y ajoutaient une chemise (*jiban*) et une sorte de jupon court (*yumoji*). Pour les détails voir: *Geta, Haori, Hakama, Haku-cho, Hitatare, Jittoku, Kamishimo, Kasane, Kataginu, Kimono, Maedare, Obi, Suwo, Tabi, Uchi-kake, Waraji, Yukata, Zori.* Consulter en outre l'*histoire du costume Japonais* publiée par *M. Conder* (*Asiat. Soc.* 1880 s.). Nous devons ajouter que les Japonais, séduits par la grâce et le confort des vêtements Européens, abandonnent chaque jour un peu de leur costume national.

WAKA-DOSHIYORI—Voy. *Toshiyori.*

WAKIZASHI—Petit sabre qui se portait à gauche, avec le *katana,* en tout temps.

WANI—Savant Coréen, qui, selon la tradition, vint à la Cour de l'Empereur du Japon (285 av. J.C.) et importa dans ce pays les premiers éléments de la civilisation Chinoise.

WARAJI—Sandales de paille fixées au pied par des cordelettes de même matière. C'était jadis la chaussure de guerre. Aujourd'hui on n'en use qu'en voyage. Si elle a l'inconvénient de mal protéger le pied contre les pierres de la route, elle offre, par contre, l'avantage de ne point le déformer et, de pouvoir, grâce à la modicité de son prix, être renouvelée très-souvent et partout.

YADOBIBI—Congé qu'on accorde aux domestiques le 16 Janvier et le 16 Juillet, soi-disant pour leur permettre de visiter leur famille. Ces jours là, paraît-il, les *oni* de l'enfer eux-mêmes quittent leurs marmites et laissent reposer les damnés.

YA-JIRUSHI—Signes servant d'enseignes aux maisons de commerce et remplaçant même, dans certaines provinces, le nom commercial. Ils se composent, le plus souvent, de caractères Chinois, encadrés dans une figure, (un cercle ou un triangle, par exemple,) ou de signes idéographiques spéciaux. *M. Chamberlain* a publié sur ce sujet une curieuse étude, avec reproduction des enseignes les plus ordinaires. (*Asiat. Soc.* 1887).

YAKI ou YAKI-MONO—(Littér: *Chose cuite*) Terme général servant à désigner toute espèce de poterie. Voy. dans *le Japon à l'Exposition Universelle* (1871) de minutieux détails sur les diverses variétés de poteries, leur origine et leur mode de fabrication. Employé en composition (*Awata-yaki, Imari-yaki*) ce mot veut dire : procédé, genre de fabrication.

YAKKO—Sorte de servitude appliquée jadis comme peine aux joueurs ou aux femmes coupables de prostitution clandestine.

YAKUNIN—Fonctionnaire. Jadis ce terme était propre aux fonctionnaires du Gouvernement shogunal.

YAMABUSHI—Branche de la secte Bouddhiste de *Shingon.* Fondée, au IXe Siècle, par *Rigen Daishi,* elle recrute ses adeptes parmi les fanatiques de bas étage. Adonnés à la divination et aux plus grossières superstitions, ceux-ci parcourent les montagnes sacrées pour imiter *Shaka.*

YAMATO—Province centrale du Japon. Autrefois ce mot s'appliquait à tout l'Empire Japonais : cette large acception lui est encore donnée en poësie.—On appelle langue *Yamato* celle qui est pure de tout élément Chinois. Cette langue n'est plus guère usitée que dans les *uta*. Le langage et le style des femmes instruites s'en rapproche quelque peu, tandis que les hommes lettrés affectent de n'employer que les mots d'origine Chinoise pour parler et les caractères Chinois pour écrire.—On appelle *Yamato riū* une école de peinture fondée au XI° Siècle par *Fujiwara Motomitsu*. Si elle a emprunté quelque chose à la Chine, elle est cependant restée par sa méthode et les sujets qu'elle préfère la plus nationale de toutes. Ses dessins rappellent souvent nos enluminures du moyen-âge. L'école de *Tosa* (Voy. *Tosa*) n'en est qu'une branche: mais le nom de *Yamato* n'est usité que pour les peintres primitifs. Elle a rendu le grand service de faire connaître à la postérité les costumes, les mœurs et les cérémonies de l'ancien Japon.

Yamato-Dake—Le plus célèbre héros des temps fabuleux. Fils de l'Empereur *Keikō* (71-130), il soumit les *Kumaso* de *Tsukushi*, puis le *Kuanto* et le massif de *Shinano*. Les artistes le représentent tantôt déguisé en fille (il s'appelait alors *O Usu*) et massacrant deux chefs *Kumaso*, tantôt se frayant de son épée un passage à travers les herbes en flammes, tantôt combattant les mauvais génies. On lui attribue, probablement à tort, la découverte de l'arbre à laque.

Yari—Lance. Les Japonais en avaient de toutes sortes et, bien entendu, l'emploi de chacune était minutieusement déterminé. *Te-yari* ou *Ko-yari* désignait une petite lance, *Naga-yari* une grande lance, *jūmonji-yari* une lance en croix, *kagi-yari* ou *kama-yari* une lance à crochet, etc.

Yashiki—Terrain sur lequel est bâtie une maison. Jadis chaque fonctionnaire ou *samurai* relevant du *shōgun* en recevait un *yashiki*, dont l'étendue était en proportion de son rang. Les *daimyō* possédaient deux et parfois trois *yashiki*: 1° un *kami-yashiki*, dans le *shiro* ou près du *shiro*; 2° un *shimo-yashiki*, espèce de maison de campagne; 3° enfin un *naka-yashiki*, intermédiaire entre les deux précédents. A d'autres points de vue, on distinguait le *kakae-chi*, ou *yashiki* sans constructions ni palissades, et le *kakae-*

yashiki, ou terrain bâti et entouré de palissades. Les *machi-yashiki* étaient placés sous la surveillance du *machi-bugyō*. Le *Ao Biōshi*, classique en la matière, contient les règlements sèvères qui s'y référaient. Ils ont été résumés dans un article des *Trans. of Asiat. Soc.* (1878). Avant l'époque militaire c.à.d. avant le XIIe Siècle, les demeures des grands devaient être fort différentes des *yashiki* féodaux et surtout présenter un aspect moins sombre et moins rébarbatif.

Yashiro—Temple du culte Shintoïste. Il se distingue des *tera*, ou temples Bouddhistes, surtout par les *torii*, qui, en nombre plus ou moins grand, se dressent devant lui; par les bandelettes de papier suspendues à son seuil et par l'absence d'images figurant la divinité. La construction elle-même a ses règles spéciales, mais les temples de style Shintoïste pur sont rares. Pour plus de détails, voy. le *Hand-Book* de *Satow*.

Yasumasa—Personnage mi-légendaire du Xe S^e. Attaqué la nuit par un brigand fameux, tandis qu'il jouait de la flûte dans la campagne, il le terrifia si bien, par l'éclat seul de son regard, que cet homme consentit à le suivre.

Yasutoki Hōjō—Le plus remarquable des *Hōjō*. Ministre tout-puissant (*shikken*) du *shōgun*, il gouverna le Japon de 1225 à 1243, réprima les désordres des bonzes, protégea les sciences et les arts et fit rédiger un Code, le *Jo-ei-shiki-moku* (1232).

Yatoi—Employé auxiliaire d'une administration publique. C'est le titre sous lequel sont désignés, par exemple, les Européens engagés au service du Gouvernement Japonais.

Yedo—On sait qu'au XVe S^e il n'existait sur l'emplacement actuel de *Yedo*, qu'une forteresse fondée en 1456 et quelques villages. Successivement prise et reprise par les *Uesugi* et les *Hōjō* d'*Odawara* (XVIe S^e), cette forteresse finit par tomber aux mains d'*Iyeyasu*, qui, en 1590, choisit ce lieu pour y établir sa capitale. Les *shōgun* continuèrent à y résider jusqu'en 1868. Depuis lors, *Yedo* (aujourd'hui *Tōkiō*), est devenue le siége de la résidence Impériale et du Gouvernement Japonais. Voir, pour plus de détails,

Satow (*Hand-Book*), et les cartes géologiques et historiques qu'a publiées avec notes un érudit Japonais, *M. Otori*. Parmi les innombrables volumes de gravures se référant à *Yedo*, ceux d'*Hokusai* et de *Hiroshige* tiennent le premier rang.

YEZO—Les anciens historiens entendaient, par ce mot, la partie du Japon septentrional habitée par les Barbares insoumis (*Ebisu*). Cette partie alla en diminuant de siècle en siècle. Aujourd'hui on appelle de ce nom la grande ile (1) située au Nord du détroit de *Tsugaru*. Il est difficile de savoir exactement à quelle époque la découvrirent les Japonais : mais on ne peut douter qu'ils l'aient connue au XIIe S^{e}. Cependant ils ne l'occupèrent qu'au milieu du XVe. Le *daimyō* de *Matsumae*, qui l'administrait, jouissait d'une indépendance à peu près absolue. Il n'était maître d'ailleurs que des côtes méridionales de l'ile. *M. Appert*, dans la *carte du Japon féodal* qu'il a publiée, indique, d'après une carte Japonaise, les bureaux de perception des impôts c.à.d. les établissement officiels, qui existaient à *Yezo* en 1850. On trouvera, dans un *Mémoire* de *M. Chamberlain*, publié par l'Université Impériale, la liste des livres, articles et manuscrits Japonais ou étrangers qui se réfèrent à cette ile.

YŌ—Prestation personnelle, due à l'autorité par les habitants. Probablement c'est à la Chine que les Empereurs empruntèrent, vers le VIIe Siècle, l'organisation des *yo*. Le *Taihō-riō* (VIIIe Siècle) permet d'exiger de chaque homme valide 40 jours de service par an. Le contribuable pouvait d'ailleurs se libérer en fournissant, au lieu de son travail personnel, une quantité d'étoffes déterminée. Sous la féodalité, c'était le *daimyō* qui imposait les *yō* (transport des *yakunin* ou des riz de l'impôt, entretien ou construction des routes ou des bâtiments seigneuriaux etc.). Au XVIIIe Siècle ces prestations personnelles étaient presque partout converties en redevances obligatoires de denrées ou d'argent.

YŌJO—Fille adoptée, sans que cette adoption implique l'idée d'un mariage avec le maître ou le fils de la maison.

(1) Officiellement elle s'appelle *Hokkaidō*.

Yokin—Sorte de harpe Chinoise, à 13 cordes, analogue au *koto*.

Yome—Fille qui entre dans une famille, comme femme du maître ou du fils de la maison. C'est la condition ordinaire de la femme mariée. Elle quitte sa famille propre et les parents de son mari deviennent ses parents à elle. Ce n'est qu'exceptionnellement que l'inverse se produit, c.à.d. que le mari entre, comme *muko*, dans la famille de sa femme. (Voy. *Kuchler*. *Asiat. Soc.* 1885).

Yomitsu-kuni—(Littér : *le pays de la retraite des âmes*). La lune, où se trouvent à la fois le Paradis et l'Enfer Japonais.

Yoriki—*Samurai* qui faisait fonction d'agent de police. Il était un peu supérieur au *dōshin*.

Yorimasa (Minamoto)—C'est lui qui, après la grande défaite que *Kiyomori* avait infligée aux *Minamoto*, prit les armes le premier contre les *Taïra*. La légende le représente perçant d'une flèche un monstre perché sur le toit du palais Impérial.

Yorimitsu—Officier de la garde Impériale, que l'Empereur *Ichijō* chargea de tuer un ogre terrible, *Shutendōji*, lequel enlevait et dévorait les plus belles filles de *Kyōto*. Parti avec quatre compagnons, *Yorimitsu* découvrit la caverne de l'ogre dans la province de *Tamba*, l'enivra et lui coupa la tête. (Voy. *Mitford. loc. cit. Note on Asakusa*).

Yoritomo (Minamoto)—(1146-1199). Quoique fils de *Yoshimoto*, chef du parti de *Minamoto*, il fut épargné dans le grand massacre qui suivit la défaite de ce parti (1159). Exilé à *Izu*, il réussit à tromper la vigilance de ses gardes, prit les armes (vers 1180) et, après une alternative de revers et de succès, finit par écraser absolument les *Taïra* (1185). Nommé d'abord *So-tsui-hoshi* (1186), puis *Sei-i-tai-shōgun* (1192), il gouverna en maître absolu le Japon. C'est lui qui organisa méthodiquement le régime de la féodalité militaire. Il fonda *Kamakura* et en fit le siége de son gouvernement.

Yoriyoshi (Minamoto)—Général qui fut chargé de réprimer la révolte d'*Abe no Yoritoki* (XIe Siècle). On le représente parfois faisant, de la pointe de son arc, jaillir une source.

Yoroi—Partie de l'armure, qui protégeait le torse : c'était tantôt une cuirasse, tantôt une cotte de mailles.

Yōsai (Kikuchi)—(1783-1878). D'abord élève de *Kano*, il emprunta quelque peu à toutes les écoles et même aux Européens, pour se composer une manière très-originale. Généralement impressioniste dans ses *kakemono*, il s'est montré, dans le *Zenken kojitsu* (Galerie des hommes célèbres), dessinateur hors ligne. Pour composer cet ouvrage, qui l'a fait connaître en Europe, il parcourut toutes les provincesdu Japon, s'y livrant à de patientes recherches.

Yose—Café-concert du Japon. Pour la plus modeste somme, les pauvres gens, peuvent, pendant des soirées entières, y voir figurer des danseurs, des musiciens, des escamoteurs et surtout d'intarissables conteurs, quelquefois amusants.

Yoshimitsu (Minamoto)—Il réprima avec son frère *Yoshiye*, la révolte d'*Oshiū* (1088-1091). On le représente transmettant à un élève, au milieu de la nuit, snr les montagnes, les secrets de la musique.

Yoshimitsu (Ashikaga)—Le plus remarquable des *Ashikaga*. Amateur éclairé des beaux-arts, il a laissé lui-même des peintures estimées. C'est lui qui réconcilia (1392) les deux Cours du Nord et du Sud. *Shōgun* depuis 1338, il abdiqua en 1393, mais continua à exercer le pouvoir, pacifia le pays et rétablit les relations avec la Chine. On lui reproche toutefois de s'être reconnu le vassal de l'Empereur de Chine, qui lui envoya le titre de roi du Japon. Il mourut en 1408, dans le joli palais de *Kin-kakuji*, qu'il s'était fait construire près de *Kyōto*.

Yoshimune—*Shōgun* (1616-1744) resté populaire, sous le nom de *Kome-shōgun*, par ses mesures en faveur de l'agriculture et de l'industrie. Il se montra aussi favorable que le lui permirent les préjugés du temps aux sciences Européennes. Il révisa les lois promulguées depuis *Iyeyasu*, et en fit composer deux recueils : le *Hatto gaki* et le *Kuji-kata-sadame-gaki*.

Yoshitsune (Minamoto)—Le plus populaire des héros Japonais. Fils de *Yoshitomo* et de *Tokiwa Gozen*, il fut sauvé par sa mère du désatre de sa famille (1159). Un *tengu* (Voy. ce mot) lui enseigna l'escrime et, de bonne heure, il illustra son premier nom d'*Ushi-Waka* (Voy. *Benkei*). Avec son frère aîné, *Yoritomo*, il prit les armes contre les *Taira* et c'est lui qui remporta la victoire décisive de *Dan-no-ura* (1185). Devenu suspect à *Yoritomo*, il dut s'enfuir (1189). La légende le fait vivre à *Yezo*, parmi les *Aïno*. On a soutenu qu'il n'était autre que le fameux *Gengis-kan*. Les aventures de *Yoshitsune* ne pouvaient manquer d'inspirer une foule d'artistes. Citons seulement une suite de gravures de *Hiroshige* (*Yoshitsune ichi dai ki*).

YOSHIWARA—Faubourg relié au côté Nord d'*Yedo* par une longue digue qui traverse des rizières. C'est là que, depuis 1657, se trouvent groupées les principales maisons publiques. Les peintres d'*ukiyo-e* (par ex: *Masanobu*, *Eishi*, *Utamaro*, *Kyomasa*, *Eizan*, etc.) ont pris soin d'en révéler les détours à leurs contemporains. (Un arrêté rendu vers 1848 interdit ces publications). Les romanciers et les auteurs dramatiques y placent volontiers quelques scènes de leurs œuvres. A l'époque de certaines fêtes, la foule s'y porte en masse.

YOSHIYE MINAMOTO—Fils de *Yoriyoshi* (voy. plus haut). I réprima (1188-1191) la révolte des *Kiowara* à *Oshiū*. C'est lui qui fonda, à *Kamakura*, le temple dédié à *Hachiman* : d'où lui est resté le nom de *Hachiman Taro*. On raconte qu'un jour il devina, en voyant des oies s'envoler dans la plaine, la présence de l'ennemi. (Sujet de *kakemono*).

YUKATA—Robe de coton, sans doublure, qui se porte en été, ou au sortir du bain.

YUMI—Arc. C'était, au moyen-âge, l'arme ordinaire. L'usage en devint de plus en plus rare à partir du XVIe S[e]. Les arcs qu'on trouve aujourd'hui dans les collections Européennes n'ont jamais été que des armes d'exercice ou de parade.—On appelait *O-yumi* ou *tono-yumi* l'arquebuse importée par les Coréens au VIIe S[e].

ZEN—Petite table laquée et généralement carrée, sur laquelle sont disposés les différents mets dont se compose un service. Chaque convive a la sienne.

Zenji (Iso no)—Femme du XIIe Siècle qui passe pour avoir inventé le théâtre. Il est probable que son jeu se bornait à une sorte de ballet-pantomime.

Zoku-myō—Nom qu'on donnait à une personne vivante, dans la conversation. *Yoshitsune*, par exemple, avait pour *zoku-myō* le nom de *Kuro*.

Zōkwan—Fonction toute nominale que l'Empereur conférait, après leur mort, aux fonctionnaires les plus élevés. C'est ainsi que *M. Okubo, sangi*, fut élevé, après avoir été assassiné, aux fonctions d'*U-daijin*.

Zōri—Sandales de paille, qu'on porte généralement sur les vérandahs de la maison, pour passer d'une pièce à une autre. Autrefois les *samurai* qui escortaient le *shōgun* ou un *daimyō*, ne pouvant avoir de *geta*, portaient des *zōri*.

Zui-jin—Gardes du corps, armés d'un arc et d'un sabre, que quelques fonctionnaires très-élevés étaient, par une faveur exceptionnelle, autorisés à prendre pour les escorter au dehors. Quand ceux ci entraient au Palais, les *Zui-jin* restaient à la porte. On appelle aussi *Zui-jin* des dieux inférieurs qui ont pour mission de garder les divinités supérieures. Leurs statues se placent de chaque côté de la porte principale du *miya*.

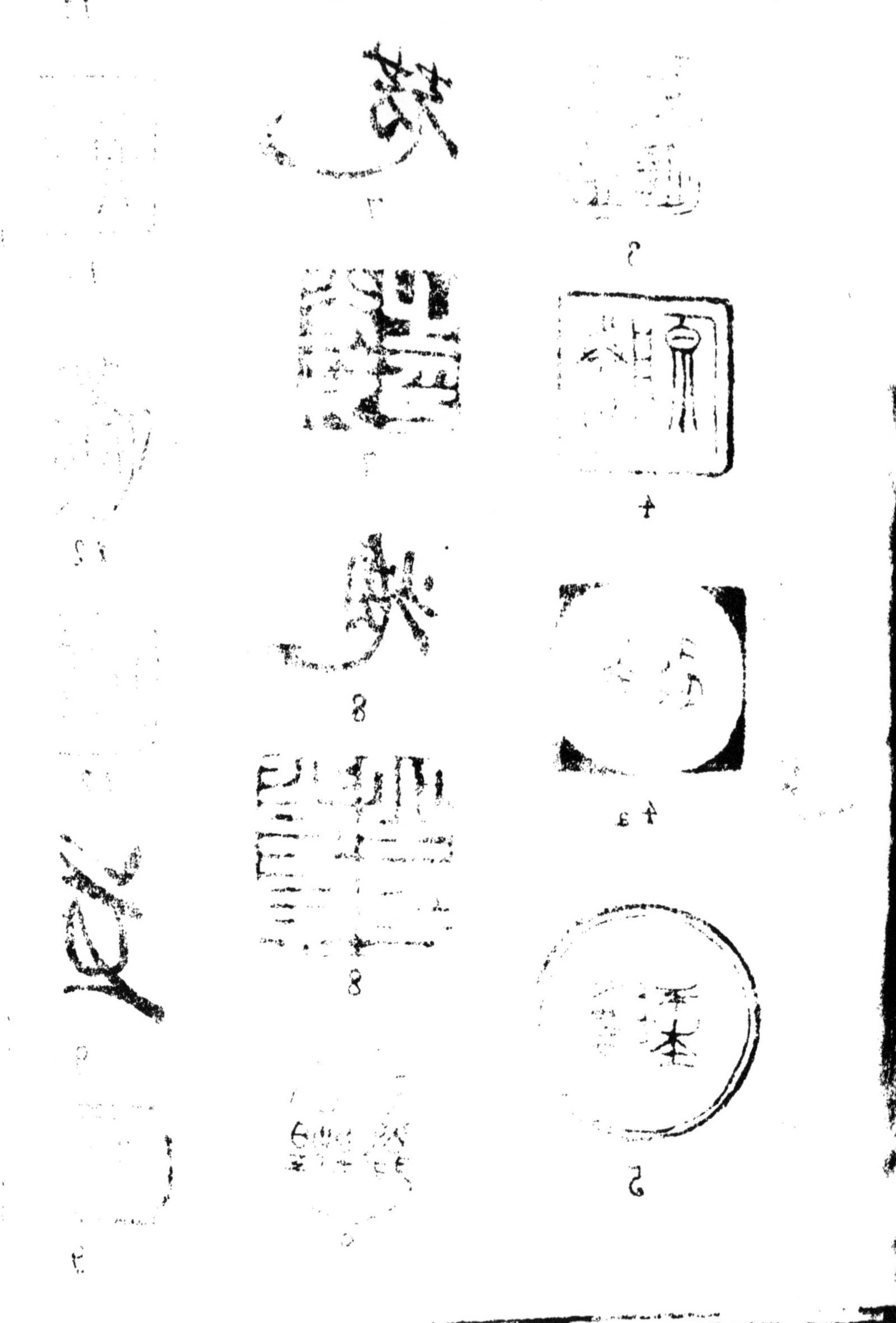

II

NOMS DES PEINTRES

CORRESPONDANT AUX NUMÉROS

CI-CONTRE.

1 *Kose Kanaoka.*
2 *Nobuzane.*
3 *Mitsunobu (Tosa).*
4 *Mitsuoki (Tosa).*
5 *Iwasa Matahei.*
6 *Tosa Sôjô.*
7 *Mitsuyoshi (Tosa).*
8 *Mitsusada (Tosa).*
9 *Shôjô ou Shôkwadô.*
10 *Jôsetsu.*
11 *Shûbun.*
12 *Oguri Sôtan.*
13 *Shôkei ou Keishoki.*
14 *Nôami.*
15 *Sôami.*
16 *Sesshiû.*
17 *Shûgetsu.*
18 *Soga Jasoku.*
19 *Sesson.*
20 *Meishô ou Chô-Densu.*
21 *Motonobu (Kano).*
22 *Masanobu (Kano).*
23 *Motonobu (Kano).*
24 *Yukinobu ou Utanosuke (Kano).*
25 *Eitoku (Kano).*
26 *Naonobu (Kano).*
27 *Takanobu (Kano).*
28 *Tanyû (Kano).*
29 *Soga Shôhaku.*
30 *Tsunenobu (Kano).*
31 *Sanraku ou Mitsuyori (Kano).*
32 *Eishin ou Yasunobu (Kano).*
33 *Morikage.*
34 *Hanabusa Itchô.*
35 *Nagasawa Rôsetsu.*
36 *Nomura Sôtatsu.*
37 *Yosha Buson.*
38 *Ogata Kenzan.*
39 *Ogata Kôrin.*
40 *Ganku.*
41 *Ikeno Taikadô.*
42 *Maruyama Ôkio.*
43 *Mori Sosen.*
44 *Gekkei ou Goshun.*
45 *Gassen.*
46 *Yuki.*
47 *Tanomura Chikuden.*
48 *Tani Bunchô.*
49 *Hôitsu.*
50 *Kikuchi Yôsai.*
51 *Yamagisawa Kien.*
52 *Itô Jakuchû.*
53 *Watanabe Kwazan.*

II

NOMS DES PEINTRES

CORRESPONDANT AUX NUMÉROS

CI-CONTRE.

1 *Kose Kanaoka.*
2 *Nobuzane.*
3 *Mitsunobu* (*Tosa*).
4 *Mitsuoki* (*Tosa*).
5 *Iwasa Matahei.*
6 *Toba Sōjō.*
7 *Mitsuyoshi* (*Tosa*).
8 *Mitsusada* (*Tosa*).
9 *Shōjō* ou *Shōkwadō.*
10 *Jōsetsu.*
11 *Shūbun.*
12 *Oguri Sōtan.*
13 *Shōkei* ou *Keishoki.*
14 *Nōami.*
15 *Sōami.*
16 *Sesshiū.*
17 *Shūgetsu.*
18 *Soga Jasoku.*
19 *Sesson.*
20 *Meichō* ou *Chō-Densu.*
21 *Mitsunobu* (*Kano*).
22 *Masanobu* (*Kano*).
23 *Motonobu* (*Kano*).
24 *Yukinobu* ou *Utanosuke* (*Kano*).
25 *Eitoku* (*Kano*).
26 *Naonobu* (*Kano*).
27 *Takanobu* (*Kano*).
28 *Tanyū* (*Kano*).
29 *Soga Shōhaku.*
30 *Tsunenobu* (*Kano*).
31 *Sanraku* ou *Mitsuyori* (*Kano*).
32 *Eishin* ou *Yasunobu* (*Kano*).
33 *Morikage.*
34 *Hanabusa Itchō.*
35 *Nagasawa Rōsetsu.*
36 *Nomura Sōdatsu.*
37 *Yosha Buson.*
38 *Ogata Kenzan.*
39 *Ogata Kōrin.*
40 *Ganku.*
41 *Ikeno Taikadō.*
42 *Maruyama Ōkio.*
43 *Mori Sosen.*
44 *Gekkei* ou *Goshun.*
45 *Gessen.*
46 *Yuhi.*
47 *Tanomura Chikuden.*
48 *Tani Bunchō.*
49 *Hōitsu.*
50 *Kikuchi Yōsai.*
51 *Yanagisawa Kien.*
52 *Itō Jakuchū.*
53 *Watanabe Kwazan.*

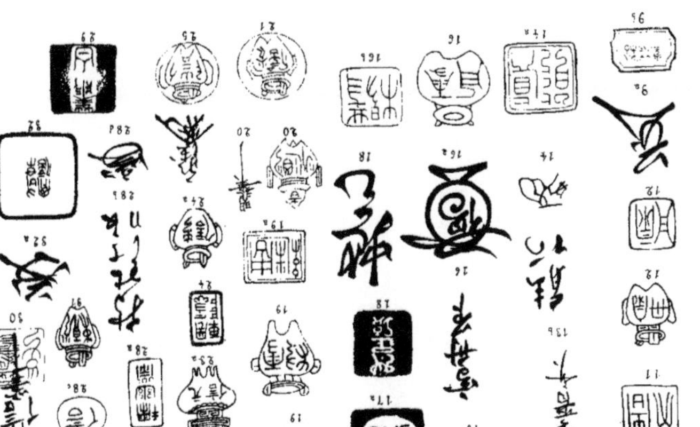
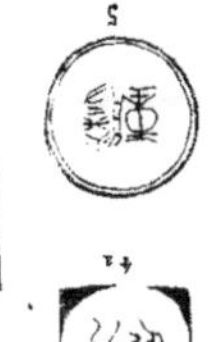
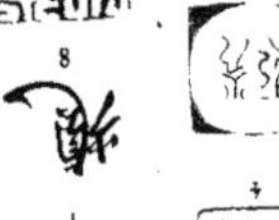

I

ADDITIONS AU DICTIONNAIRE.

CHAUSSURES—Voy. *Geta*, *Tabi*, *Waraji*, *Zori*.

COUTUMES—Voy. surtout: *Cha no yu*, *Fukusa*, *Gembuku*, *Gofu*, *Haniwa*, *Hara-kiri*, *Harai*, *Hina*, *Hirō*, *Ihai*, *In*, *Inkyo*, *Mei-butsu*, *Mukojima*, *Nakōdo*, *Nobori*, *Nu-hi*, *Otoko-date*, *Shima-dai*, *Takara-bune*, *Toshi-koshi*, *Yadoribi*.

FONCTIONS—Voy. surtout: *Bugyō*, *Daijin*, *Daikan*, *Kokushi*, *Kokushu*, *Metsuke*, *Shikken*, *Tsui-hoshi*, *Yakunin*, *Yatoi*.

FÉODALITÉ—Voy. surtout: *Baishin*, *Daimyō*, *Fudai*, *Han*, *Hatamoto*, *Jinya*, *Jito*, *Kenjo-mono*, *Rōnin*, *Samurai*, *Sankin*, *Shiro*, *Shoen*, *Tozama*.

GOUVERNEMENT—Voy. surtout: *Bakufu*, *Da-jō-kwan*, *Shōgun*, *Shoshidai*, *Taikun*.

GRAVURE—Voy. surtout: *Kusazoshi*, *Nishiki-e*, *Surimono*. Pour les détails consulter *Anderson* (*Pictorial Arts of Japan*).

HICHIRIKI—Petit hautbois Japonais à anche double.

IMPÔT—Voy. *Sozei*, *Yo*.

IYEMITSU—Troisième *shōgun* de la famille *Tokugawa* (1623-1650); le plus remarquable des successeurs d'*Iyeyasu*. C'est lui qui soumit définitivement les *daimyō* à l'autorité *shogunale*, (Voy. *Sankin*), acheva d'extirper les Christianisme du Japon et ferma le pays aux étrangers pour deux siècles. Il édicta toute une série d'excellentes mesures économiques ou administratives. C'est à son initiative qne les Japonais doivent les temples de *Nikko*, le triomphe de leur architecture. Il était lui-même élève de *Tanyū* et peintre estimable.

Légendes—Voy. surtout: *Daruma*, *Kappa*, *Matsura*, *Momotaro*, *Oni*, *Sennin*, *Shōjō*, *Shotoku*, *Susanō*, *Tametomo*, *Tengu*, *Urashima*, *Tsuna*, *Yamato-Dake*.

Organisation administrative—Voy. surtout: *Den*, *Go-nin-gumi*, *Gun*, *Kōkai*, *Machi*, *Nimbetsu*, *Seki-shō*, *Shō*.

Organisation sociale—Voy. surtout: *Eta*, *Heimin*, *Hinin*, *Komuso*.

Peinture—Voy. surtout: *Bunjinga*, *Kakemono*, *Kano*, *Shijō*, *Ukiyo-e*, *Yamato*. Consulter pour les détails: *Gonse*, (*L'Art Japonais*), la critique de cet ouvrage par *M. Fenollosa* (*Review of the chapter on painting by Gonse*) et Anderson (*Pictorial Arts of Japan*).

TABLE DES MATIÈRES.

IMPRIMERIE KOKUBUNSHA, TŌKIŌ.

ERRATA.

	Au lieu de:	Lire:
P. 6; L. 10	*Ka no e muma*	*Ki no e muma*
P. 17; L. 21.	*Kiō-hō* 亨保	*Kiō-hō* 享保
P. 17; L. 25.	*Kiō-wa* 亨和	*Kiō-wa* 享和
P. 29; L. 3, 4.	714 *Reiki*	715 *Reiki* (1)
P. 32; L. 2, 3.	841 *Kasho*	848 *Kasho* (2)
P. 38; L. ult.	1175	1185
P. 39; en-tête.	*Tamehisa Tosa Tsunetaka*	*Tamehisa, Tosa Tsunetaka*
P. 45; L. 18.	1361 *Owa*	1361 *Kōan*
P. 160; L. 19.	*Asashina*	*Asahina*
P. 183; L. 30.	*Inshin-igo*	*Ishin-igo*
P. 208; L. 7.	*Murasaki Shikebu*	*Murasaki Shikibu*
P. 238; L. 10.	*Toshinari*	*Tadanori*
P. 239; L. 27.	*Ttuna*	*Tsuna*
P. 239; L. 28.	*Shudendōji*	*Ibarakidōji*

(1) (2) Une erreur d'impression a fait placer les mots *Reiki* et *Kasho* une ligne trop haut.

www.ingramcontent.com/pod-product-compliance
Ingram Content Group UK Ltd.
Pitfield, Milton Keynes, MK11 3LW, UK
UKHW020545180726
13838UKWH00001B/43

9 782329 402512